Thomas Methfessel

# NOCH FLIESSEN SHIVAS TRÄNEN...

### Riesige Staudämme im Tal der Narmada sollen indische Stammesvölker aus ihrer Heimat verdrängen

DURGA PRESS Taschenbuch 1

DURGA PRESS Taschenbuch Band 1
1. Auflage 1988
© DURGA PRESS - Verlag des Indienbüros
    Luitpoldstr. 20, 8036 Herrsching
Alle Rechte vorbehalten
Umschlaggestaltung: Waltraud Haub,
unter Verwendung eines Fotos von
Christian Sauer
Druck: Kübrich, Gilching


CIP-Kurztitelaufnahme der Deutschen Bibliothek

Methfessel, Thomas:
Noch fließen Shivas Tränen: Riesige Staudämme
im Tal der Narmada sollen indische Stammesvölker aus ihrer Heimat verdrängen/Thomas Methfessel.
1. Auflage - Herrsching: DURGA PRESS 1988
(DURGA PRESS Taschenbuch; Bd. 1)
ISBN 3-927211-00-1

# VORWORT

Die Narmada ist einer der heiligen Flüsse Indiens. Der Legende nach kommt
sogar der Ganges, der in Indien auch weiblich ist ("Ganga"), jährlich
einmal in Gestalt einer schwarzen Kuh zur Narmada, um sich in ihr zu reini-
gen und danach weiß in sein Bett zurückzukehren. Während ein Bad im Ganges
zur Reinigung der menschlichen Seele führt, genügt bei der Narmada bereits
ihr Anblick.

Auch um ihre Entstehung rankt sich eine reichhaltige Mythologie. So
soll Shiva, neben Brahma und Vishnu eine der drei Hauptgottheiten im Hinduismus, einst im Bergland von Amarkantak zwei Tränen vergossen haben. Die
eine bildete fortan den Fluß Son, der in nordöstlicher Richtung zum Ganges
hinfließt, die andere wurde zur westwärts verlaufenden Narmada. Beide
sind nur durch eine schmale Wasserscheide voneinander getrennt. Nach einer
anderen Legende sollten die Narmada und der Son einander heiraten, wurden
aber hintergangen. Aus Verzweiflung ergossen sie sich fortan in entgegen-
gesetzte Himmelsrichtungen, und die Narmada blieb bis zum heutigen Tage
jungfräulich (KALPAVRIKSH 1985, S. 270; RAO 1979, S. 18; WWF 1986, S.
3).

An den Ufern der Narmada gibt es viele Tempel und zahlreiche heilige
Städte, die täglich von vielen Pilgern besucht werden. Nach dem Willen
der indischen Planer sollen diese alten Tempel nun um einige monumentale
neue "Tempel des modernen Indiens" - so bezeichnete einst Nehru, der erste
Premierminister des unabhängigen Indien, die großen Staudämme - bereichert
werden.

Der Titel dieses Buches "Noch fließen Shivas Tränen" soll zwei Dinge
zum Ausdruck bringen: Zum einen ist die Narmada bis heute neben dem Brahma-
putra der einzige große Fluß Indiens, der noch weitgehend ungenutzt und
natürlich dem Meer zufließt. Zum anderen kann ihr künftiges Schicksal
- die Verbarrikadierung durch eine ganze Kette von Staudämmen, die Zerstörung großer Waldgebiete und die soziale Entwurzelung von über hunderttausend Bauernfamilien, von denen viele zu den indischen Stammesvölkern gehören - die Götter nur zu Tränen rühren. Zwar haben sich bereits starke
Gegenkräfte gesammelt, die der Naturzerstörung und dem menschlichen Elend

nicht weiter tatenlos zusehen wollen, aber vorerst scheint das Schicksal der Narmada, ihre wirtschaftliche Inwertsetzung zugunsten einer sozialen Minderheit - der städtischen Mittel und Oberschicht und der wohlhabenderen Bauern im Bewässerungsgebiet - so gut wie besiegelt zu sein..

Dieses Buch wurde zunächst als Diplomarbeit im Fach Geographie bei Prof. E. EHLERS abgefaßt und trug den etwas nüchternen Titel: "Umsiedlung und Rehabilitation als Folge eines großen Staudamms - das Beispiel des Sardar-Sarovar-Projekts in Westindien". Es basiert auf einem fast halbjährigen Studienaufenthalt in Indien (Okt. 1986 - März 1987) im Rahmen des ASA-Programms der Carl-Duisberg-Gesellschaft (CDG), das meinen Projektvorschlag aufgenommen hatte. Mein Erkenntnisinteresse galt vor allem den negativen Folgewirkungen von Großprojekten auf die armen Bevölkerungsgruppen im Rahmen einer "Modernisierungs"-orientierten Entwicklungsstrategie mit westlicher Finanzhilfe. Schon vorher hatte ich mich einige Zeit mit Problemen anderer großer Staudämme in Entwicklungsländern beschäftigt.

Das Buch greift eine heikle Frage der Entwicklungspolitik auf: Dürfen solche Großprojekte von den westlichen Industrieländern unterstützt bzw. finanziert werden oder nicht? Das Sardar-Sarovar-Projekt in Gujarat ist eines der größten Staudammprojekte in Indien und soll nach den Vorstellungen der Regierung vor allem die landwirtschaftliche Produktion durch ein riesiges Bewässerungsgebiet stark erhöhen. Es wird durch die Weltbank mitfinanziert, zu deren Budget auch die Bundesrepublik Deutschland ihren Teil beiträgt, weshalb sie auch in die Verantwortung genommen werden muß. Die ökologischen und sozialen Konsequenzen werden in den Gutachten der Weltbank zwar nicht völlig verschwiegen, aber in ihrer ganzen Tragweite doch heruntergespielt. Interessant ist in diesem Zusammenhang, daß die Weltbank in einigen Punkten die indische Regierung dazu gedrängt hat, diese Probleme in ihrer Planung stärker zu berücksichtigen. Dies geschah jedoch auch unter dem öffentlichen Druck von Protestkampagnen in Indien und im westlichen Ausland gegen die zerstörerischen Folgen des Projekts (vgl. Kap. 5).

Im September 1988 soll in West-Berlin die Jahrestagung von Weltbank und IWF (Internationaler Währungsfonds) stattfinden. Hierzu wurden bereits zahlreiche Aktionen seitens entwicklungspolitischer Aktionsgruppen angekündigt. Es wird zu verschiedenen Formen von öffentlicher Debatte über die Entwicklungspolitik der Weltbank und der Bundesregierung kommen, wobei mit Sicherheit auch die Projekte an der Narmada (Sardar Sarovar und Narmada Sagar) zur Sprache kommen werden.

Dieses Buch kann gerade durch seine detaillierte Faktenbeschreibung eine gute Argumentationshilfe für Kritiker von Weltbankprojekten abgeben. Denn üblicherweise spielen die Vertreter der staatlichen Entwicklungsagenturen ihre Überlegenheit in der Kenntnis über technische, ökonomische und juristische Details gegen eine eher moralisch vorgetragene Kritik aus. Solche konkreten Fallstudien wie diese werden sonst eher als interne Dokumente für die Weltbank, die GTZ usw. angefertigt und gelangen selten in die Hände ihrer Opponenten.

Im Gegensatz zu vielen mehr journalistischen Büchern wird hier anhand von Dorfbeispielen aus einer kleineren Region mit wissenschaftlicher Gründlichkeit auf die Veränderung der Lebenssituation der Betroffenen eingegangen, die ihre alten Dörfer wegen des künftigen Stausees verlassen müssen. Dabei werden auch die alten Wirtschaftsformen und Kulturtraditionen beschrieben und die neu geschaffenen Realitäten nach der Umsiedlung an den gesetzlichen Rahmenbedingungen gemessen. Mit längeren Zitaten sollen dem Leser die Einschätzungen der Dorfbewohner aus ihrem eigenen Munde nahegebracht werden. Dabei ging es mir auch darum, ein bei uns weit verbreitetes, romantisierendes Bild von den Stammesvölkern durch eine möglichst authentische Darstellung ihrer Lebensweise und ihrer Entwicklungswünsche etwas zu verändern (vgl. z.B. Kap. 7.4.4.).

Während der überwiegend gemeinsamen Projektarbeit in Indien mit meinem Team-Kollegen Christian SAUER, dem ich an dieser Stelle für seine engagierte Mitarbeit danken möchte, trafen wir mit vielen interessanten Personen zusammen - angefangen mit Regierungsvertretern, über Ingenieure, kritische Wissenschaftler und Journalisten, unabhängige Sozialarbeiter bis hin zu den Bewohnern der betroffenen Dörfer (vgl. Anhang 2). Jeder trug auf seine Weise etwas dazu bei, uns ein vielgestaltiges Bild über das Projekt und seine Auswirkungen zu geben; ihnen allen sei hiermit herzlich dafür gedankt. Zu ganz besonderem Dank bin ich den Mitarbeitern der "Rajpipla Social Service Society" (RSSS), der "Chhatra Yuva Sangarsh Vahini" (CYSV) (vgl. Kap. 5.5.) sowie des "Centre for Social Studies" (CSS) verpflichtet, ohne deren uneigennützige Hilfe diese Arbeit nicht hätte entstehen können. Schließlich sei an dieser Stelle auch dem ASA-Programm (CDG) für die Finanzierung des Studienvorhabens gedankt und der DSE (Deutsche Stiftung für internationale Entwicklung) für die sprachliche Vorbereitung.

Wie in diesem Buch beschrieben wird, nützen konkrete Informationen und Solidaritätskampagnen im Ausland auch den Betroffenen und ihren Vertretern oft ganz erheblich dabei, ihre Interessen gegenüber den staatlichen Behörden geltend zu machen (vgl. Kap. 5.5.). Von den indischen Gruppierungen, die sich für die Rechte von benachteiligten Bevölkerungsgruppen und gegen die weitere Umweltzerstörung engagieren, ist uns auf unsere Frage hin, wie wir denn ihnen nützen könnten, wiederholt gesagt worden: "Informiert die Menschen bei euch zu Hause!" Mit der vorliegenden Studie kann ich diesem Auftrag nur unzureichend nachkommen; dennoch möchte ich sie den betroffenen Bauernfamilien in der von uns besuchten Narmada-Region widmen.


Marburg/Lahn, April 1988

# INHALTSVERZEICHNIS

# VERZEICHNIS DER TABELLEN

# VERZEICHNIS DER ABBILDUNGEN

## VERZEICHNIS DER FOTOS

(Fotos 1-4 und 8-13: T. Methfessel; Fotos 5-7: C. Sauer)

# 1. EINLEITUNG

## 1.1. Wissenschaftlicher Rahmen

Die Untersuchung eines größeren Staudammprojektes mit seinen vielfältigen Wirkungen auf die Natur und den wirtschaftenden Menschen stellt eine sehr interessante Aufgabe für einen Geographen dar, gerade weil er seine Kenntnisse auf relativ verschiedenen Gebieten dabei zum Einsatz bringen kann. So ergeben sich zwangsläufig Überschneidungen mit "benachbarten" Wissenschaften wie der Soziologie, der Ökonomie, der Ökologie und der Ethnologie sowie mit Arbeitsfeldern aus dem Spektrum von Politik, Recht und Technik.

Für den Geographen bestünde auf dem Gebiet der Planung, Durchführung und Evaluierung derartiger Projekte durchaus ein angemessenes Berufsfeld. Dort könnte er in interdisziplinärer Zusammenarbeit insbesondere seine Kenntnisse vom Wechselspiel zwischen Mensch und Natur auf der räumlichen Ebene (mit ihren verschiedenen Größendimensionen) sowie auf der zeitlichen (prozessualen) Ebene einbringen. Dazu wäre eine beiderseitige Annäherung notwendig: 1. Sozialgeographisches (soziologisches) sowie physisch-geographisches (ökologisches) Fachwissen müßte stärker in die immer noch stark technisch, ökonomisch und politisch ausgerichtete **Entwicklungsplanung** eingehen. 2. Geographen müßten sich die nötigen technischen, ökonomischen und politischen Kategorien aneignen, um ihr Fachwissen besser für eine konkrete Entwicklungsplanung nutzbar zu machen (vgl. CERNEA 1985, S. 7f).

In der vorliegenden Arbeit wird lediglich auf eines der Hauptprobleme im Zusammenhang mit großen Staudämmen eingegangen, nämlich das der massenhaften Umsiedlung. Andere wesentliche Aspekte wie die Folgen für die Natur und die zu hinterfragende Erfüllung der ökonomischen Zielsetzungen können im Rahmen dieser Arbeit nicht diskutiert werden.

In der deutschsprachigen geographischen Literatur gibt es zahlreiche Untersuchungen über Bewässerungswirtschaft, jedoch nur einige wenige, die sich mit dem Aspekt der Umsiedler und ihrer ökonomischen und sozialen Rehabilitation befassen. Genannt seien hier die umfangreichen Arbeiten von MEYER (1984) zum Euphrat-Damm-Projekt in Syrien, von THOMI (1981) zum Akosombo-(Volta)-Damm in Ghana und von KRIMMEL (1982) zum Mahaweli-Projekt in Sri Lanka. Auch in der Studie von KOHLHEPP (1987) über das Itaipú-Projekt in Brasilien, die sich beispielhaft mit den vielfältigen Auswirkungen eines einzelnen Staudammes befaßt, kommt das Umsiedlungsproblem zur Sprache. Andere Arbeiten legen das Schwergewicht auf die sozialgeographische Analyse von Bewässerungsgebieten (z.B. BOHLE 1981b, HEINRITZ 1977 und POPP 1983). Abgesehen von KOHLHEPP's Studie für die GTZ, die etwa zeitgleich mit dem Projektabschluß herauskam, werden meist die Ergebnisse des jeweiligen Projektes erst eine Reihe von Jahren später untersucht und bewertet.

In entwicklungspolitischen Publikationen finden sich einige kritische Analysen über die Folgen von größeren Staudämmen (z.B. BUKO 1985; EPK 1/1984; ERKLÄRUNG VON BERN 1985; SCHWEFEL 1985); dabei wird die Frage der erzwungenen Umsiedlung aber eher oberflächlich behandelt. Eine Fundierung durch mehr wissenschaftliche Analysen, u.a. von Geographen, wäre hier sicher wünschenswert. Ausführlichere Analysen zur Frage der Umsiedlung und Rehabilitation finden sich dagegen im englischen Sprachraum; hier sind vor allem die umfassenden Sammelbände von GOLDSMITH/HILDYARD (1984, 1986) über "Social and Environmental Effects of Large Dams" sowie die Fallstudien von SCUDDER (1966, 1973a,b, 1983) zu Staudämmen in verschiedenen Entwicklungsländern zu nennen.

In der Auseinandersetzung um den Stellenwert der Geographie als Wissenschaft ist es eine bei uns in den letzten Jahren häufiger zu hörende Forderung, daß geographische Entwicklungsländer-Forschung **aktualitätsbezogen** und **problemorientiert** sein solle. Diesem Anspruch folgend, soll in dieser Arbeit ein großes Staudamm-Projekt in Indien, das sich noch im Anfangsstadium seiner Realisierung befindet, auf einige seiner schon eingetretenen Wirkungen hin untersucht werden. Sie konzentriert sich auf die Darstellung der sozialräumlichen Prozesse in einer Teilregion bis zum aktuellen Zeitpunkt der Untersuchung (Stand: Anfang 1987).

Zum Sardar-Sarovar-Projekt wurden in Indien bereits zahlreiche projektbegleitende Studien veröffentlicht, darunter sowohl staatliche Auftragsstudien über die ökologischen (M.S. UNIVERSITY BARODA 1983) und die sozialen Folgen (z.B. JOSHI 1983) als auch kritische Analysen (z.B. KALPAVRIKSH 1985). Es gibt dazu auch einige Arbeiten von Geographen (DAS 1982, 1983, 1986 und DORIA 1983). Im Gegensatz zu den indischen Studien kann von der vorliegenden Arbeit kein Einfluß auf den weiteren Projektverlauf erwartet werden. Doch sollte eine solche Analyse als angewandte Geographie diesem Anspruch im Prinzip gerecht werden und einen Beitrag dazu leisten, was in der Entwicklungspolitik heute allgemein als "Monitoring & Evaluation" bezeichnet wird.

Wenn in den folgenden Kapiteln schwerpunktmäßig auf die Frage der Umsiedler (im Englischen treffender als "oustees" bezeichnet) und ihrer Rehabilitation eingegangen wird, so gehört dies zum Theoriebereich der Sozialgeographie, enger eingegrenzt zu dem der Zwangsmigration. In der Geographie werden darunter hauptsächlich die aus ökonomischen (Sklavenhandel) oder politischen und religiösen Gründen (Flüchtlingsströme) erzwungenen internationalen Wanderungen verstanden (vgl. LEIB/MERTINS 1983). Erzwungene Binnenwanderungen größerer Gruppen von Menschen infolge von großen landwirtschaftlichen, industriellen und militärischen Projekten (z.B. Staudammprojekte) stellen einen relativ neuen Zweig geographischer Entwicklungsländer-Forschung dar.

Der im Bau befindliche Staudamm kann als (exogen verursachte) technologische Innovation aufgefaßt werden, auf den die betroffene Bevölkerung mit raumwirksamen Prozessen und sozial uneinheitlich reagiert. Gemäß dem verhaltenstheoretischen Ansatz sollen ihre Reaktionen (Wahrnehmung - Bewertung - Entscheidung - raumaktives Verhalten) sowie die jeweiligen Einflußfaktoren (Wissen/Unwissen, soziale Normen, individuelle Handlungsbereitschaft) untersucht werden (vgl. WAGNER 1981, S. 100ff. und MEYER 1984, S. 84). Die Frage nach der Akzeptanz der neuen Dörfer und der Bereitschaft, unter veränderten äußeren Bedingungen neue Agrartechniken anzuwenden (Innovationsfähigkeit), gehört ebenfalls zu diesem Zweig der Sozialgeographie ("social adaption" - FERNEA/KENNEDY 1966).


## 1.2. Grundlegende Fragestellungen und Arbeitshypothesen


Dem wachsenden Bevölkerungsdruck (vgl. EHLERS 1984, S. 132f) versucht die indische Regierung mit einer **Agrarpolitik** zu begegnen, die auf eine forcierte Nutzung der natürlichen Ressourcen (Boden, Wasser, Mensch) durch kapitalintensive, industrielle Inputs (Verwendung von Mineraldünger, Pestiziden und Hochleistungssaatgut, Mechanisierung und großflächige Bewässerung) setzt. In den Gebieten der **"Grünen Revolution"** wurde so die Produktion zwar erheblich gesteigert (vgl. BOHLE 1981a, 1987), aber weite Gebiete Indiens verharren weiterhin in Stagnation. Überall dort, wo der Modernisierungsprozeß stattfindet, wird nicht nur ein sozioökonomischer, sondern auch ein soziokultureller Wandel initiiert. Alle sogenannten "rückständigen" Bevölkerungsgruppen sollen nach und nach in die "moderne Zivilisation" geführt werden.

Als Beispiel für das Aufeinanderprallen dieses staatlich verordneten Modernisierungsprozesses und der traditionellen ländlichen Lebensweise wird in dieser Arbeit auf einen Teil der Umsiedler, die dem Sardar-Sarovar-Stausee weichen müssen, näher eingegangen und gefragt, wie die Auswirkungen dieser Entwicklungsmaßnahme für sie zu spüren sein werden. Da es sich hierbei vorwiegend um Stammesvölker ("Adivasis") handelt, kommt zu der sozialen noch eine ethnisch-politische Komponente hinzu. Im einzelnen ergeben sich folgende **Fragestellungen:**

1. Welche Entwicklungsziele verfolgt die indische Regierung mit dem Sardar-Sarovar-Projekt? (Kapitel 3).
2. Welche Rechte haben die Umsiedler und wie werden diese wahrgenommen? (Kapitel 4 und 5)

3. Wie sieht die traditionelle Lebensweise der umzusiedelnden Bevölkerungsgruppen aus? (Kapitel 6.2.)

4. Wie hat sie sich in den letzten 20 bis 30 Jahren verändert? (Kapitel 6.3.)

5. Welche neue Prozesse werden durch den Staudammbau unter den Umzusiedelnden ausgelöst? (Kapitel 7.1. - 7.3.)

6. Nach welchen Kriterien erfolgen ihre Umsiedlungsentscheidungen? (Kapitel 7.3., 7.4.)

7. Wie stark ist die "Entwicklungsbereitschaft" der verschiedenen zur Umsiedlung gezwungenen ethnischen und sozialen Gruppen? (Kapitel 7.4.)

8. Wie verändern sich die Lebensweise und die Kultur der Umgesiedelten in den Neuansiedlungsdörfern? (Kapitel 7.5.)

9. Welchen Stellenwert mißt die Regierung ihrer Rehabilitation bei? Sind die Umsiedler Nutznießer oder Leidtragende des Projektes? (Kapitel 8).

Umsiedlung aus der gewohnten Umgebung in eine neue stellt in jedem Fall eine Krisensituation für die betroffenen Menschen dar (vgl. dazu u.a. SCUDDER 1983, S. 1f). Von der Durchführung sozialpolitischer Maßnahmen des Staates (**Rehabilitation**) hängt es ab, ob und inwieweit sie eine Chance zur Teilnahme am angestrebten Entwicklungsfortschritt und zur Steigerung ihres Lebensstandards erhalten. Rehabilitation, wird sie gut durchgeführt, kann aber die Kosten eines solchen Großprojektes erheblich erhöhen. Um ein günstiges Kosten-Nutzen-Gesamtverhältnis zu erreichen, sind die Behörden meist interessiert daran, die berechneten sozialen und ökologischen Kosten möglichst gering zu halten.

Da ein Gesamturteil über das behandelte Projekt nur nach eingehender Analyse aller eingetretenen und zu erwartenden Folgen möglich wäre, sollen hier nur einige bewußt zugespitzte **Arbeitshypothesen** zur Frage der Umsiedlung aufgestellt werden, die auch schon der praktischen Untersuchungsarbeit in Indien zugrundelagen:

1. Der größte Teil der Umsiedler nimmt nicht an den geplanten Entwicklungsfortschritten teil und wird durch unzureichende Rehabilitation sozioökonomisch marginalisiert.

2. Die Umsiedlung führt zur Aufsplitterung der alten Dorfgemeinschaften und damit zur sozialen Desintegration.

3. Für die Stammesbevölkerung bedeuten ihre Verdrängung aus der angestammten Umgebung und eine aufgezwungene "Modernisierung" zugleich den Verlust ihrer kulturellen Identität ("Ethnozid"-These).

Alternativ dazu läßt sich eine weitere These aufstellen, die in etwa die Position des Staates zum Ausdruck bringt:

4. Die Umsiedler, die überwiegend zur rückständigen Stammesbevölkerung gehören, bekommen durch das Staudammprojekt die Chance, am regionalen Entwicklungsprozeß teilzuhaben.

## 1.3. Quellenmaterial

Da die vorliegende Arbeit eine projektbegleitende Studie darstellt, entspricht sie gewissermaßen einer Momentaufnahme zu einem bestimmten Zeitpunkt der Durchführung des Projektes. Sie kann daher nicht so präzise Aussagen treffen wie eine empirische Ex-post-Analyse, die sich auf ein breiteres Datenmaterial stützt.

Die folgenden Ausführungen basieren:

1. auf weitgehend in Indien gesammelter Literatur, statistischen Daten und Kartenmaterial sowie

2. auf selbst durchgeführten Interviews, Diskussionen und persönlichen Eindrücken im Projektgebiet.

Dabei stellt das sekundäre gedruckte Material (Punkt 1) die bedeutendere Grundlage für die Arbeit dar, während das primäre empirische Material (Punkt 2) eher ergänzenden Charakter hat.

Das gesamte verwendete Quellenmaterial läßt sich wie folgt detaillierter aufschlüsseln:

1a. Veröffentlichte und unveröffentlichte Planungsunterlagen und Berichte der indischen Zentralregierung, der beteiligten Bundesstaaten sowie der Weltbank;

1b. Auftragsstudien von wissenschaftlichen Instituten über verschiedene Teilaspekte des Projektes;

1c. Analysen und Arbeitspapiere von unabhängigen, sozial und ökologisch engagierten Gruppierungen über die Auswirkungen des Projektes;

1d. verschiedenartigste, überwiegend indische Presseartikel;

2a. Expertengespräche mit Vertretern von staatlichen Planungsbehörden und anderen beteiligten Institutionen;

2b. Diskussionen mit kritischen Wissenschaftlern, Journalisten und unabhängigen Sozialarbeitern ("voluntary groups");

2c. Interviews mit Dorfführern und betroffenen Bauern von verschiedenen Stämmen und Dörfern;

2d. Notizen, Skizzen, Karten und Fotos, die auf persönlichen Beobachtungen im Projektgebiet basieren.

Dazu sind einige Anmerkungen über die **Zuverlässigkeit** der erhaltenen Informationen notwendig:

Insbesondere beim Zahlenmaterial sind einige eklatante Widersprüche kaum zu übersehen. Das liegt zum einen an verschiedenen Informanten mit zum Teil unterschiedlichen Interessen und zum anderen an variierenden Angaben im Laufe der Zeit (z.B. über die Projektkosten). Die offiziellen Statistiken und Karten zeigen oft einen überholten Stand; so sind z.B. die Zensus-Ergebnisse von 1981 erst teilweise ausgewertet und verfügbar. Wo die verfügbaren statistischen Daten inkonsistent sind, wurden vom Verfasser die den Umständen nach wahrscheinlichsten ausgewählt, um dem Leser die mühselige eigene Beurteilung zu ersparen. An entscheidenden Stellen wird auf die Widersprüchlichkeit von Daten im Text oder in den Anmerkungen hingewiesen.

Glücklicherweise gibt es eine Reihe sehr detaillierter Dorfstudien mit vielen empirisch erhobenen Daten, angefertigt vom "Centre for Social Studies" (CSS) in Surat, auf die sich vor allem das sechste Kapitel und Teile des siebenten Kapitels stützen. Ergänzend werden hier eigene Erfahrungen, überwiegend qualitative Informationen, aus einigen Dörfern zu Hilfe genommen, die somit als Fallbeispiele näher beschrieben werden können.

Da jeweils nur tageweise Dorfbesuche möglich waren, beschränken sich die eigenen Erhebungen auf teils offene, teils halbstandardisierte **Einzelinterviews** (vgl. Anhang 1). Sie wurden mit Hilfe einiger dort seit Jahren selbstlos engagierter, unabhängiger Sozialarbeiter durchgeführt, die vom Englischen ins Gujarati und zurück ins Englische übersetzten. Leider war nicht immer eindeutig feststellbar, was Übersetzung und was Kommentar von ihnen war.

Die Interview-Partner, darunter einige Dorfführer, wurden entweder von den Übersetzern oder mehr oder weniger zufällig ausgewählt. Die Interviews fanden meist im Rahmen einer größeren Gruppe von Menschen statt, die mitunter eingriffen, ihre Meinung äußerten und den Hauptgesprächspartner beeinflußten. In der Regel gaben die Befragten bereitwillig Auskunft, da wir in Begleitung der von ihnen sehr geschätzten Sozialarbeiter kamen, die ihnen gegen die Regierung helfen. So variierte ihre Haltung als Interviewte zwischen freundlicher Erwiderung unseres Interesses als Ausländer an ihrem Schicksal bis hin zu scheinbarer Gleichgültigkeit.

Neben diesen Interviews mit direkt Betroffenen wurden eine Reihe von **Expertengesprächen** an verschiedenen Orten geführt (vgl. Anhang 2), und zwar in Form von offenen Interviews mit einem groben Gesprächsleitfaden. Die Erfahrung zeigte, daß die Gesprächspartner von staatlicher Seite in der Regel umso auskunftsbereiter über das Projekt und die mit ihm verbundenen Probleme waren, je höherrangig ihre Stellung in der indischen Bürokratie war. Insgesamt war es möglich, durch Kontakte zu verschiedensten Seiten vielfältige Informationen zu erhalten, die zum Teil in diese Arbeit eingehen.

## 2. INTERNATIONALE ERFAHRUNGEN MIT DEM PROBLEM DER UN- FREIWILLIGEN UMSIEDLUNG BEI GROSSEN STAUDAMMPROJEKTEN

In den letzten zehn Jahren ist die Planung und Durchführung großer Staudammprojekte zunehmend ins Kreuzfeuer internationaler Kritik geraten.

"Bei fast allen bisherigen Staudammprojekten wurden zumeist nur technische und finanzielle Fragen beantwortet, hin und wieder ökonomische, selten ökologische, fast nie soziale. Auf unbeabsichtigte Aus- und Nebenwirkungen und auf soziale Probleme wurde nur dann hingewiesen, wenn sie den Projektfortschritt verzögerten oder gefährdeten." (SCHWEFEL 1985, S. 20)

Die Umsiedlung einer meist großen Zahl von Menschen aus dem Stauseebereich bildete dabei einen der wichtigsten Angriffspunkte.

"Resettlement, both from the point of view of the local people and from that of the government, has probably been the least satisfactory process associated with the creation of man-made lakes." (SCUDDER 1973b, S. 707)

SCHWEFEL (1985, S. 21) klagt vor allem den Staat als Verantwortlichen an, wenn er behauptet:

"Bisweilen (...) wird für die Umsiedlung von Tieren, Gräbern und archäologischem 'Kram' mehr getan und mehr Öffentlichkeit gewonnen als für die Umsiedlung von Menschen."

Als moralisches Grundprinzip galt in vielen Fällen, daß die betroffenen Bevölkerungsgruppen nach ihrer Umsiedlung nicht schlechter als vorher dastehen sollten (SCUDDER 1973b, S. 720). Die Praxis bewies aber oft genug das Gegenteil; Umsiedler wurden in vielen Fällen eher als hinderlich für die angestrebten Projektziele, denn als Teilhaber am zukünftigen Entwicklungsprozeß angesehen. Ein indischer Sozialwissenschaftler bemerkt dazu in seiner kritischen Studie "Dams - Are We Damned?":

"The situation is paradoxical. The dam is built ostensibly to improve the plight of the rural poor, and by a strange coincidence these are the very people who suffer the most. The urban and rural elite on the other hand talk about the 'larger interest of the nation' and reap the benefits of hydel-power and 'green revolution'." (PARANJPYE 1986, S. 14)

Tab. 2.1: Umsiedlerzahlen ausgewählter Staudammprojekte

| Projekt | Fluß | Land | Umsiedler |
|---|---|---|---|
| Kariba | Sambesi | Sambia, Zimbabwe | 57.000 |
| Akosombo | Volta | Ghana | 78.000 |
| Assuan | Nil | Ägypten | 120.000 |
| Assad-Lake | Euphrat | Syrien | 64.000 |
| Itaipú | Parana | Brasilien | 50.000 |
| Sobradinho | São Francisco | Brasilien | 70.000 |
| Sardar Sarovar | Narmada | Indien | 67.000 |
| Narmada Sagar (a) | Narmada | Indien | 80.000 |
| Ra Mang Project (a) | Mekong | Vietnam | ca. 450.000 |
| Three Georges Scheme (a) | Jangtsekiang | China | ca. 1.400.000 |

Quellen: EPK 1/1984; ERKLÄRUNG VON BERN 1985; GOLDSMITH/HILDYARD 1984,
S. 15f; WWF 1986, S. 26f; (a) geplante Projekte

Wie Tabelle 2.1 zeigt, ist das Ausmaß der notwendigen Umsiedlungsmaßnahmen oft beträchtlich. Es gibt inzwischen eine ganze Reihe von soziologischen, ethnologischen und geographischen Studien, die sich speziell mit dem Schicksal der zur Umsiedlung gezwungenen Menschen beschäftigen. Bis Anfang der 70er Jahre beschränkten sich diese im wesentlichen auf Studien über die drei großen afrikanischen Stauseen
Kariba, Volta und Assuan (vgl. u.a. BROKENSHA 1963, 1968; COLSON
1971; FAHIM 1973; FERNEA/KENNEDY 1966; FRISCHEN/MANSHARD 1971;
SCHAMP 1966; SCUDDER 1966, 1973a,b). Mittlerweile gibt es aber neuere
Studien, die zeigen, daß das Umsiedlerproblem in allen Erdteilen von
ähnlich großer Bedeutung ist (z.B. KOHLHEPP 1987 zum Itaipú-Projekt
in Brasilien, MEYER 1984 zum Euphrat-Projekt in Syrien und VARMA 1985
zum Narmada-Projekt in Indien).

Bezugnehmend auf Erfahrungen vom Kariba-, Volta- und Assuan-Pro-
jekt bemängelt SCUDDER (1966, S. 100f), daß die Umsiedlerbevölkerung
als Menschenpotential für die Entwicklung der Region nicht genügend
Beachtung finde. Es würden zu wenige projektbegleitende sozialwissenschaftliche Studien angefertigt, um eine wirksame Rehabilitation der
Betroffenen durchführen zu können. Umsiedlungen würden oft in Form
von "crash programms" ablaufen, mit dem Ziel, die Bevölkerung möglichst schnell aus dem Stauseebereich hinauszubekommen.

Die Zeit für die Vorbereitungen der Umsiedlung ist oft zu kurz bemessen, und die bereitgestellten Finanzmittel sind zu gering, als daß eine ausreichende sozioökonomische Basis (Land, Häuser, Infrastruktur) in den Zuzugsgebieten geschaffen werden könnte. Fast immer steigen die Umsiedlungskosten auf das Mehrfache der ursprünglich veranschlagten Größenordnung. Der Grund für ihre Untertreibung liegt auf der Hand:

"Sometimes financial costs of resettlement may be sufficiently great to offset expected benefits of dam construction in comparison to alternate uses of funds." (ACKERMANN et al. 1973, S. 28)

Grundsätzlich gibt es zwei Möglichkeiten der Umsiedlung:

- die individuelle, ungelenkte Abwanderung der Betroffenen, die eine Barentschädigung für ihr aufgegebenes Land und Haus erhalten;
- die geplante gemeinschaftliche Umsiedlung in ländliche Neusiedlungsgebiete (SCHAMP 1966, S. 285).

In jedem Fall ist aber im Gegensatz zur freiwilligen Migration, die selektiv erfolgt, eine Rückkehr ausgeschlossen, und es entsteht infolge der großen Masse von Betroffenen oft eine Situation der Konkurrenz unter ihnen (EIDEM 1973, S. 736). Auch kann die geringe Kommunikation zwischen Umsiedlern und Behörden, die dem Prinzip "Development from above" folgen, schnell zu Mißverständnissen und unnötigen Konflikten führen:

"Government-initiated suggestions or regulations are often taken as orders and are strongly resented by the Nubians." (FAHIM 1973, S. 484)[1]

SCUDDER (1973a, S. 51ff.) unterscheidet drei Arten von Streßfaktoren für die unfreiwilligen Umsiedler:

- **psychologischen Streß** - aus Trauer um die verlorene Heimat, Angst vor der Zukunft und einem Gefühl der Machtlosigkeit gegenüber dem Auseinanderbrechen der alten Gemeinschaft;
- **physiologischen Streß** - ablesbar an zunehmenden Krankheiten und Todesfällen, z.T. infolge plötzlich veränderter Nahrungsgewohnheiten;

---

1 Die Umsiedlung der ägyptischen Nubier infolge des Baus des Assuan-Staudamms ist mit all ihren Aspekten in mehreren Beiträgen recht ausführlich beschrieben worden (u.a. FAHIM 1973; FERNEA/KENNEDY 1966; SCHAMP 1966).

- **soziokulturellen Streß** – weil die gewohnten wirtschaftlichen, sozialen und kulturellen Aktivitäten sich auflösen und die alten dörflichen Führungsstrukturen auseinanderbrechen, oft in streitende Fraktionen.

Die Einstellungen der Betroffenen variieren von Ablehnung und Fatalismus wegen der Vertreibung vom Geburtsort bis hin zu Optimismus, da die neuen Dörfer mitunter bessere Wasserstellen, Verkehrsanbindungen und Sozialeinrichtungen versprechen. Die verschiedenen Einstellungen lassen sich meist mit alters- und einkommensmäßigen Unterschieden erklären. Auf die Frage, welche Gruppen mit soziokulturellem Rückzug und welche mit einem Prozeß der Anpassung reagieren, wird in Kapitel 7 zurückzukommen sein. In der Regel begreift aber nur eine Minderheit der Betroffenen die Umsiedlung als Entwicklungschance, die meisten widersetzen sich aktiv oder passiv.

"Throughout the world, most relocatees desire to remain as close as possible to their original homes or families or tribal associates, although a significant minority opt to use relocation to seek a new life elsewhere." (ACKERMANN et al. 1973, S. 27)

Dies hat schon SATTERFIELD (1937, S. 260) hinsichtlich der Umsiedlung im amerikanischen Tennessee Valley festgestellt. Erschwerend kommt hinzu, daß es sich oft um Bevölkerungsgruppen handelt, die bislang in relativ abgelegenen Gebieten gelebt haben und infolge ihrer Armut und mangelnden Bildung Neuerungen eher ablehnend gegenüberstehen. In der Übergangsperiode nach ihrer Umsiedlung sind diese Menschen erfahrungsgemäß sehr verunsichert, konservativ und vermeiden jedes Risiko.

"People learn to cope primarily by using old behavioral patterns and old premises in new ways. In other words, they change only so much as is neccessary to continue doing under new conditions what they previously valued." (SCUDDER 1973b, S. 708)

Erst wenn sie nach einigen Jahren eine Art sozioökonomischer Basissicherheit wiedergefunden haben, erweisen sie sich als offener für Innovationen, "the majority are apt to shift to a dynamic development stance" (SCUDDER 1983, S. 3). FERNEA/KENNEDY (1966, S. 351) berichten gar von einem dramatischen Wandel im neuen Nubien (Ägypten) und "a new air of optimism" nach anfänglichen Schwierigkeiten und einem vorherrschenden Gefühl der Desillusionierung. Ein vom Staat geplanter direkter Übergang von der Subsistenzwirtschaft zur Marktwirtschaft führt dagegen wie z.B. in Ghana (FRISCHEN/MANSHARD 1971, S. 60 und GRAHAM 1986) eher zum Scheitern. Daher, so lautet ein Ergebnis von THOMI (1981, S. 343),

"muß auch das erste Ziel eines Umsiedlungsprogrammes in der Rehabilitation der Bevölkerung und nicht in der maximalen Durchsetzung von Wandel bestehen."

Während der Übergangsperiode besteht auch die Gefahr, daß die aktiveren Teile der Umsiedler anderswo Arbeit suchen, während die weniger stark motivierten sich daran gewöhnen, sich durch staatliche Hilfen oder Zuschüsse von ihren Familienangehörigen, die in einem Lohnarbeitsverhältnis stehen, über Wasser zu halten (SCUDDER 1966, S. 101).

Es sollte also im Interesse der verantwortlichen Behörden liegen, sie durch möglichst gute Rahmenbedingungen für ihre ökonomische und soziale Rehabilitation an den Zuzugsorten als einen wichtigen Teil des Entwicklungspotentials der Region miteinzubeziehen. Auch die Weltbank betont dies in einer neueren Veröffentlichung:

"Because the involuntary resettlement process dismantles a previous production system and a way of life, (...) all resettlement programs must be development programs as well. Whenever possible, involuntary resettlement must be avoided or minimized, and alternative solutions explored. (...) Thus, the goal is to help them ( the involuntary resettled people - T.M.) share in the benefits of the new development, besides compensating them for transitional hardships." (WORLD BANK 1986b)

Dabei stellt sich nicht selten das Problem, wie die Umsiedler mit der in der Zuzugsregion bereits ansässigen Bevölkerung auskommen, die mitunter anderen ethnischen Gruppen zugehört oder andere Wirtschaftsformen praktiziert. Letztere empfinden die Umsiedler oft als Konkurrenten und erschweren deshalb ihre Integration in die neue Umgebung. Dies gilt insbesondere dann, wenn sie aufgrund von Mangel an verfügbarem Land einen Teil ihrer Felder an die Umsiedler abtreten müssen.

Während die Bauern vor allem ausreichend Ersatzland für Ackerbau und Viehhaltung zu ihrer ökonomischen Rehabilitation benötigen, gilt es für die Landlosen. die Dorfhandwerker sowie für die kleinen Pächter und Marginalbauern, die nicht allein von der Landwirtschaft leben können, neue Beschäftigungsmöglichkeiten zu schaffen. Die Erfahrungen zeigen aber, daß gerade diese Gruppen oft völlig ruiniert werden, während die wohlhabenden Bauern noch am ehesten von der Umsiedlung profitieren.

FERNEA/KENNEDY (1966, S. 352ff.) stellten für die ägyptischen Nubier eine Vereinfachung und Aufgabe traditioneller Kulturelemente fest und eine Assimilation an die vorherrschende ägyptische Landeskultur. Damit stellt sich neben dem Problem der ökonomischen Rehabilitation auch die Frage nach dem Überleben ethnischer Minderheiten in einem landesweiten Modernisierungsprozeß. Eine Zerstörung traditioneller Kulturen und ein geplanter Wandel hin zum sog. "Fortschritt" ist aber häufig ein einkalkulierter Nebeneffekt der staatlichen Planung (GOLDSMITH/HILDYARD 1984, S. 46).

Im folgenden soll ein Überblick über die wichtigsten genannten Probleme bei der Umsiedlung und Rehabilitation gegeben werden:

- Fehlen gesetzlicher Regelungen für die Rehabilitation der Umsiedler;
- Mangel an ausreichenden finanziellen Mitteln und geschultem Personal für die Planung, Durchführung und Evaluierung der Umsiedlung;
- Entschädigung durch Land, das meist von geringerer Größe und schlechterer Qualität ist;
- bei Barkompensation oft Verlust an sozialem Status und Selbständigkeit, z.B. Absinken von Bauern zu landlosen Arbeitern;
- entschädigungslose Abwanderung von Teilen der Betroffenen in noch unerschlossene Waldgebiete oder in die Städte, insbesondere derjenigen, die wegen mangelnder Grundbucheintragungen leer ausgehen;
- keine Entschädigung für Ernteverluste während der Umsiedlung und für den Verlust an Einkommen aus Waldprodukten, Fischerei usw.;
- teilweise chaotisch durchgeführte Umsiedlungen in "letzter Sekunde", mitunter sogar als gewaltsame Vetreibung;
- psychologische Streßfaktoren vor, während und nach der Umsiedlung, insbesondere für ethnische Minderheiten, Frauen und alte Leute;
- soziale Desintegration gewachsener Dorfgemeinschaften und kultureller Identitätsverlust;

- Umsiedlung aus der Heimat der Vorväter in oft weit entfernte, kulturell "fremde" Regionen;
- mangelnde Verfügbarkeit von Ackerland und Infrastruktur am neuen Ort zum Zeitpunkt der Umsiedlung;
- mangelnde finanzielle und agrotechnische Anpassungsbeihilfen bei einer notwendigen Änderung der vertrauten Anbauweise;
- ungesicherte Beschäftigung in den Zuzugsgebieten und Notwendigkeit zu temporärer Arbeitsmigration;
- zu wenig Ausbildungsprogramme für alternative Verdienstquellen und Verlust von bisherigen Nebeneinkünften, z.B. bei Mangel an Viehweiden;
- Probleme mit bereits ansässigen Bevölkerungsgruppen im Neusiedlungsgebiet;
- Nichtbeteiligung der Betroffenen an der Planung der neuen Siedlungen, Mißachtung ihrer Lebenskultur und infolgedessen nicht-angepaßte, nicht-akzeptierte Siedlungs- und Hausformen. (vgl. u.a. BUKO 1985, S. 61f, MEYER 1984, S. 46f, SCHWEFEL 1985, S. 21)

Angesichts der globalen Erfahrungen mit Problemen der Umsiedlung und Rehabilitation gibt SCUDDER (1983, S. 3) folgende **Empfehlungen** für das Sardar-Sarovar-Projekt, die sicherlich verallgemeinert werden dürfen:

1. Die Umsiedlung soll nur dorthin erfolgen, wohin die Betroffenen gehen wollen, d.h. in der Regel in benachbarte Gebiete.
2. Die Umsiedlung soll entsprechend den Wünschen der Betroffenen nach Haushalten, Stammesgruppen oder Dörfern erfolgen.
3. Das Hauptgewicht soll auf die wirtschaftlichen Entwicklungsmöglichkeiten für die Umsiedler gelegt werden, ergänzt um "self-help-housing"-Programme.
4. Planung und Durchführung sollen in Händen einer ausreichend mit Personal und Finanzen ausgestatteten Behörde liegen.

TAKES (1973, S. 720f) nennt drei Elemente, die zu jeder Rehabilitation von Umsiedlern gehören sollten:

"(1) compensation for the loss of property,
(2) provision of adequate new means of living, and
(3) participation in benefits brought about by the dam project."

Auf diese Kriterien wird später bei der Bewertung der Rehabilitation der Narmada-Umsiedler zurückzukommen sein.

Abschließend soll hier auf ein grundsätzliches Problem hingewiesen werden, nämlich auf die Rolle der westlichen Experten und ihrer Studien in den Augen der betroffenen Länder. VARMA (1985, S. 459ff.), einer der hauptverantwortlichen Planer des Narmada-Projektes, spricht den westlichen Ländern das Recht ab, den Entwicklungsländern vorzuschreiben, wie sie ihre Umsiedler zu behandeln hätten. Denn während der Kolonialzeit, und z.T. noch bis heute, hätten jene nicht die geringsten Rücksichten auf die einheimische Bevölkerung genommen, wenn es um ihre Interessen an Land, Bodenschätzen usw. ging. Heute kommen ihre Experten und wollen den Regierungen der Entwicklungsländer die 'bestmöglichen' Ratschläge geben. Doch verlieren sie dabei oft die finanziellen Folgen ihrer Vorschläge aus der Sicht.

"The westerners try to create an impression that compared to the government of the country, they feel much more for the oustees. (...) It is one thing to draw up an impressive resettlement plan for the oustees but quite another to find resources to implement the plan. (...) He (the westerner - T.M.) sermonises from a high pedestal forgetting that the prescriptions now being offered to solve the oustees' problems were not followed by the western countries themselves when they passed through a phase of development through which the third world countries are negotiating in the present times. But all this is not intended to build up an alibi for a developing country to show callousness in treating its oustees. Good advice coming from any quarter has to be welcomed. (...) There should be no blind imitation of what has been attempted or done elsewhere in the world but much could be learnt from experiences in countries similarly situated. At times a bait of outright financial assistance is offered by affluent countries or international organisations conditional upon the adaption of a particular pattern of oustees resettlement. (...) It has to be remembered that no curse could be worse than that of dependency on others. It is much better to move forward, albeit slowly on one's own steam and be master of one's own destiny than to submit to the dictates of the outside agencies." (a.a.O., S. 462f)

# 3. DAS SARDAR-SAROVAR-PROJEKT

## 3.1. Klima und Landwirtschaft in Gujarat

Weite Teile von Indien leiden erheblich unter der Wechselhaftigkeit der jährlichen Monsunregen. Zu den besonders stark betroffenen Gebieten gehört auch der Bundesstaat Gujarat, der im Norden an die Wüstengebiete Pakistans und Rajasthans grenzt, während im Süden die Ausläufer der regenreichen West-Ghats die klimatische Situation bestimmen. Seit 1900 wurden mehr als 25 Dürrejahre mit schweren Nahrungsmittelkrisen registriert; 1987 war eines der schlimmsten davon. Hinzu kamen einige folgenschwere Überschwemmungen in der Küstenniederung, verursacht durch monsunale Hochwässer.

Wie Abbildung 3.1a zeigt, nimmt der durchschnittliche Jahresniederschlag von der Narmada-Mündung (ca. 900 mm) nach Nordwesten hin rasch ab und liegt an der Grenze zu Pakistan bereits unter 300 mm, nach Süden und Osten hingegen steigt er unter dem Einfluß der Ausläufer der West-Ghats deutlich an. Zugleich wächst die durchschnittliche Abweichung des Jahresniederschlages von seinem Mittelwert von 30% auf über 60% in nordwestlicher Richtung. Die Monsunregen im westlichen und zentralen Indien konzentrieren sich auf die vier Monate Juni bis September, während denen über 90% des Jahresniederschlages fallen. Zudem können sie bisweilen als Starkregen fallen, so daß der größte Teil von ihnen ungenutzt an der Oberfläche abfließt, wenn sie nicht in Wasserspeichern aufgefangen werden.

Die von Norden her kommenden Flüsse Sabarmati und Mahi führen vergleichsweise wenig Wasser und können periodisch austrocknen, wohingegen die Narmada und in geringerem Maße auch der Tapti, die von Osten her aus einer regenreicheren Zone stammen (mit bis zu 1.500 mm Jahresniederschlag - vgl. Abb. 3.1b), größere Wassermengen nach Gujarat transportieren (vgl. RAO 1979, S. 61ff.). Mit der Fertigstellung des Ukai-Dammes am Tapti (1973) und mit dem Kadana-Projekt am Mahi

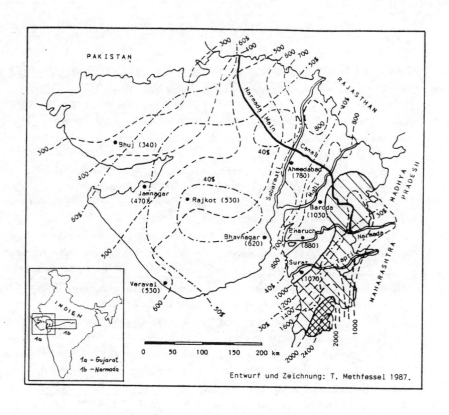

Abb. 3.1a/b: Gujarat und Narmada-Einzugsgebiet -
Jahresniederschläge und ihre Variabilität

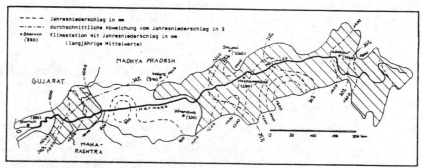

Quellen: National Atlas of India, Plate 74, 1979; Climatological Atlas of India, Part A, 1981;
Irrigation Atlas of India 1972; WALTER/LIETH 1960.

entstanden die beiden größten kanalbewässerten Gebiete in Gujarat mit 264.000 ha (Ukai) bzw. 186.000 ha (Kadana) (MANKODI/GANGOPADHYAY 1983, G. SINGH 1970, S. 228). Dagegen fließt fast das gesamte Wasser der Narmada bis heute ungenutzt ins Meer ab.[1]

Ebenso wie das östlich angrenzende Madhya Pradesh liegt Gujarat in bezug auf die Größe seiner Bewässerungsflächen noch erheblich hinter dem indischen Landesdurchschnitt zurück (RAO 1979, S. 131). Auch der Anteil der Kanalbewässerung ist in beiden Staaten gering. Hauptquelle der Bewässerung sind in Gujarat einfach gegrabene Brunnen und Tiefbrunnen (tube-wells), aus denen das Wasser überwiegend mit Dieselmotoren, zum Teil auch mit Elektromotoren auf die Felder gepumpt wird (R. L. SINGH 1971, S. 896; GOG 1979a, S. 271).

Größere Teile der landwirtschaftlichen Nutzfläche in Gujarat dienen der Produktion von "cash-crops". Mitte der 60er Jahre machten Erdnüsse, vor allem auf der Halbinsel Kathiawar angebaut, 20% und Baumwolle, im Ostteil des Staates konzentriert, 17% der Anbaufläche aus. Hinzu kommt ein erheblicher Teil des indischen Tabakanbaus im Gebiet zwischen Mahi und Sabarmati und eine rasche Ausweitung des Zuckerrohranbaus im Bewässerungsgebiet des Ukai-Projektes (vgl. Abb. 3.2a). Weniger als 50% der Anbauflächen dienen der Produktion von Nahrungsgetreide und Hülsenfrüchten, vor allem der Hirsearten Jowar und Bajra sowie der Hülsenfrucht Tur als Kharif-Früchte (Monsun-Periode) und Weizen als Rabi-Frucht (Winter-Periode) (G. SINGH 1970, S. 226ff.).

Obwohl Gujarat bisher nicht zu den Gebieten der "Grünen Revolution" zählt und der Anteil der bewässerten Anbauflächen für Indien unterdurchschnittlich ist, liegt seine landwirtschaftliche Produktivität doch deutlich höher als die in den meisten Teilen des Dekkan-Hochlandes. Die tiefgründigen und fruchtbaren Schwarzerden ("Regure"[2] ) und die

---

1  Bisher sind im gesamten Narmada-Becken lediglich zwei große Stauseen fertiggestellt (Tawa und Barna - vgl. Abb. 3.2b), die etwa 6% des Gesamtabflusses speichern (RAO 1979, S. 61). Drei weitere (Bargi, Kolar und Sukta) sind inzwischen fast vollendet.

2  Als "Regure" werden die indischen Schwarzerdeböden (black cotton soils) bezeichnet, die sich durch eine gute Wasserspeicherkapazität und einen relativ hohen Nährstoffreichtum auszeichnen. Sie haben sich als Verwitterungsprodukt auf der Trapp-Dekkan-Deckenlava ausgebildet (DOMRÖS 1981, S. 132f).

anderen alluvialen Böden in der Küstenebene, die sich von Ahmedabad bis südlich von Surat hinzieht, lassen im Regenfeldbau noch mittlere Erträge zu, wenn sie auch von Saison zu Saison stark schwanken können (a.a.O., S. 55).

Durch das Sardar-Sarovar-Projekt soll sich die Bewässerungsfläche Gujarats um rund 50% vermehren und die landwirtschaftliche Produktivität einen Sprung nach vorne machen. Zugleich soll es die wachsende Nachfrage der Millionenstädte Ahmedabad, Baroda und Surat in der Küstenebene nach Trinkwasser und industriellen Brauchwasser befriedigen und Strom in die benachbarten Bundesstaaten liefern. Die Nutzeffekte des Projektes dürften vor allem dem Teil von Gujarat zugute kommen, der ohnehin schon relativ stärker entwickelt ist und von einer Bevölkerung bewohnt wird, der man einen regen Handelsgeist nachsagt. Der zurückgebliebene östliche Randsaum hingegen, dessen relativ unfruchtbares Berg- und Hügelland ganz überwiegend von "Adivasis"[3] bewohnt wird, die bislang nur wenig Anteil an der sozioökonomischen Entwicklung Indiens hatten, wird dagegen den Hauptteil der sozialen und ökologischen Folgeprobleme zu tragen haben. Diese absehbare **Verstärkung der regionalen Disparitäten** in Gujarat infolge des Projektes kann hier lediglich angedeutet, aber im Rahmen dieser Arbeit nicht weiter ausgeführt werden.

---

3    "Adivasi" ist das Hindi-Wort für Ureinwohner. Die "Adivasis" bilden mit rund 50 Millionen Menschen (1981) 7% der Gesamtbevölkerung. Sie besiedelten Indien lange vor den indoarischen Einwanderungswellen und zählen zu den australiden und palämongoliden, z.T. auch zu den dravidischen Völkerschaften. Insgesamt gibt es mehrere hundert Stammesgruppen in Indien, die überwiegend die ländlichen Rückzugsgebiete bewohnen (vgl. u.a. CINEMART 1985; SCHERMERHORN 1978). Anthropologen bezeichnen sie als "Aboriginals", indische Politiker als "backward Hindus"; die offizielle Bezeichnung, die auch in der indischen Verfassung benutzt wird, ist "schedulded tribes" (WWF 1986, S. 23 - vgl. 4.4.).

## 3.2. Zur Geschichte des Narmada-Valley-Projektes

Die **Narmada** ist mit 1.312 km Länge der längste westwärts fließende Fluß auf dem indischen Subkontinent und steht ihrer jährlichen Abflußmenge nach an siebter Stelle unter den großen Flüssen Indiens. Sie entspringt auf dem Maikala-Plateau bei Amarkantak im nordöstlichen Madhya Pradesh auf einer Höhe von 1.050 m und mündet im südlichen Gujarat in den Golf von Cambay. Die Narmada fließt durch einen Grabenbruch zwischen zwei ost-westwärts verlaufenden Gebirgen, den Vindhya- und den Satpura-Bergen, die nur selten eine Höhe von über 1.000 m erreichen. In ihrem oberen Abschnitt trennt sie zwei große geologische Einheiten, die altpaläozoischen Vindhyan-Formationen und die kreide- bis tertiärzeitliche Dekkan-Lava.

Etwa 100 km vor ihrem Austritt in die Küstenebene von Gujarat beginnt ein verkehrsmäßig nicht erschlossenes Durchbruchstal, dessen Hänge z.T. noch bewaldet und nur relativ schlecht landwirtschaftlich nutzbar sind. Dieses Gebiet wird fast ausschließlich von verschiedenen Stammesgruppen bewohnt und gehört bis heute zu den am wenigsten entwickelten Teilräumen Indiens. Von seinem Relief her bildet es günstige Voraussetzungen für die Anlage eines großen Stausees. Nach KREBS (1939, S. 230) hat sich die Narmada hier in einem tektonischen Hebungsbereich (Kreuzung der Achsen der Satpura-Berge und der West-Ghats) antezedent eingeschnitten, was Kritikern des Projektes heute allen Anlaß zu der Behauptung gibt, es sei nicht vor Erdbeben sicher.

Die Idee, das Wasser der Narmada zur Bewässerung der relativ trockenen Landstriche von Gujarat zu nutzen, ist schon alt. Im Jahre 1863 machte Mr. Balston, ein britischer Unternehmer, der Kolonialregierung von Indien den Vorschlag, einen Damm quer durch die Narmada zu errichten, um die Ebenen zwischen Tapti und Mahi zu bewässern (WWF 1986, S. 7). Dieser Damm sollte etwa an der Stelle des Sardar-Sarovar-Dammes entstehen.

Kurz vor der Unabhängigkeit Indiens (1947) kam erneut die Idee auf, das Wasser der Narmada nutzbar zu machen. In den 50er Jahren entstand dann ein erster **Master-Plan**, der den Bau von 30 größeren Staudämmen vorsah, dazu die Errichtung von 135 mittleren und 3.000 klei-

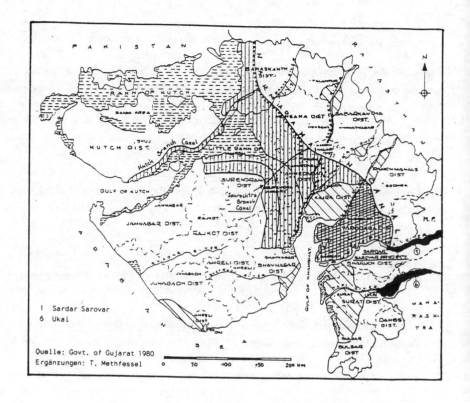

Abb. 3.2a/b: Gujarat und Narmada-Einzugsgebiet - Stauseen und
Bewässerungsgebiete des Narmada-Valley-Projekts

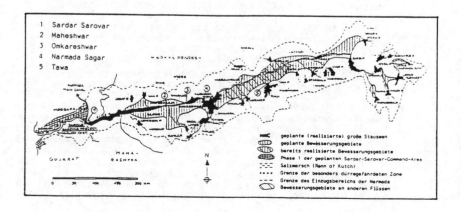

neren Bewässerungsprojekten[4] an der Narmada und ihren Nebenflüssen
(vgl. u.a. KALPAVRIKSH 1985, S. 270). Die überarbeiteten Fassungen
des Master-Plans von 1965 und 1972 änderten an der Gesamtdimension
des Projektes nichts (vgl. Abb. 3.2).

Alle Projekte zusammen sollen einmal 4-5 Mio. ha Agrarland bewäs-
sern, fast die Hälfte davon in Gujarat. Einige der Dämme sollen zudem
Hydroenergie erzeugen mit einer Gesamtkapazität von mindestens 2.700
MW (WORLD BANK 1985a, S. 4). Wasserversorgung, Regulierung der
Hochwasserfluten, Förderung von Fischereiwesen, Transport und Touris-
mus sowie hunderttausende neuer Arbeitsplätze - so lauten die weiteren
Entwicklungsziele der Regierung. Rund 11 Millionen Menschen, überwiegend Landbevölkerung, sollen einmal Nutznießer dieses gigantischen
Entwicklungsprojektes sein (KALPAVRIKSH 1985, S. 270). Dafür gehen
offizielle Schätzungen über die Zahl der dafür notwendigen Umsiedler
bis an die Millionengrenze, über den Waldverlust bis zu 350.000 ha und
über den Verlust an Kulturland bis zu 200.000 ha (vgl. a.a.O., S. 284;
ALVARES/BILLOREY 1987b, S. 10).

Die verantwortlichen Behörden betonen die dringende Notwendigkeit,
endlich das Wasser der Narmada wirtschaftlich zu nutzen, und haben
zu diesem Zweck ihre Kosten-Nutzen-Rechnungen[5] mehrfach so abgeän-
dert, daß die einzelnen Projekte nicht wegen mangelnder Rentabilität

----

4   Die Einteilung indischer Bewässerungsprojekte in große, mittlere
    und kleine erfolgt nach der größe ihrer "culturable command
    area":
    große Projekte        -        über 10.000 ha
    mittlere "            -    2.000 (400) - 10.000 ha
    kleine  "             -        unter 2.000 (400) ha (GOI 1985a, S. 72)
    Die Zahl in Klammern gibt den bis 1978 gültigen Grenzwert an, der
    dem Master-Plan für das Narmada-Valley noch zugrunde lag.

5   Seit den 60er Jahren gilt eine Kosten-Nutzen-Relation von min-
    destens 1:1,5 als Vorbedingung für die Genehmigung von Großpro-
    jekten (vgl. PARANJPYE 1986). Doch wurden durch dieses Kriterium
    bislang keine Projekte zu Fall gebracht; vielmehr wird meist so-
    lange mit den Zahlen jongliert, bis allen Kostensteigerungen zum
    Trotz am Ende eine Zahl von z.B. 1:1,51 (!) wie beim Narmada-Sa-
    gar-Projekt auf dem Papier steht (Sardar-Sarovar-Projekt:
    1 : 1,84) Oft werden dafür unglaublich anmutende Steigerungsraten
    für die landwirtschaftliche Produktion zugrunde gelegt, im Falle
    des Narmada-Sagar-Projektes das 8-fache (!), beim Sardar-
    Sarovar-Projekt 'nur' das 3,5-fache (KALPAVRIKSH 1985, S. 283;
    WORLD BANK 1985a, S. 49; ALVARES/BILLOREY 1987b, S.28).

vorzeitig gestoppt werden konnten. Kritiker führen dagegen vor allem die unwiederbringlichen Verluste an großen Waldflächen und wild lebenden Tieren, die seismischen Risiken, die übertriebenen Daten über den Jahresabfluß der Narmada, die Belastungen für die Hunderttausende von Umsiedlern sowie die den Nutzen langfristig weit übersteigenden Kosten als Argumente an und fordern zumindest eine deutliche Reduzierung der Dimension der Hauptdämme "Sardar Sarovar" und "Narmada Sagar"[6] (vgl. u.a. KALPAVRIKSH 1985; ALVARES/BILLOREY 1987a,b). Auf die anhaltende Debatte über die ökologischen Auswirkungen kann im Rahmen dieser Arbeit nicht weiter eingegangen werden.

Tab. 3.1: Wichtige Daten über die größten Staudämme im Narmada-Tal

|  | Sardar Sarovar | Narmada Sagar | Omkareshwar +Maheshwar |  |
|---|---|---|---|---|
| Bewässerungsfläche (a) | 1.790.000 | 123.000 | 132.000 | ha |
| inst. Kraftwerkskapazität (a) | 1.000 (+450) | 1.000 | 590 | MW |
| Stauseefläche | 37.000 | 91.400 | 14.200 (e) | ha |
| Gesamtspeicherraum (b) | 9.500 (c) | 12.200 | 1.000 (e) | Mio.m³ |
| Gesamtkosten (b) | 42.400 (c) | 13.900 | 8.200 (e) | Mio.Rs. |
| Überflutete Waldfläche | 13.700 | 40.300 | 2.500 (e) | ha |
| Überflutetes Kulturland (d) | 11.300 | 44.300 | 7.000 | |
| Zahl der Umsiedler (d) | 67.000 | 80.500 | 21.700 | |
| betroffene Dörfer | 235 | 254 | 85 | |

Quellen: VARMA 1985; DORIA 1983; CSE 1985; ALVARES/BILLOREY 1987a
(a) Die reale Stromproduktion wird inzwischen viel geringer geschätzt, als es die installierte Kapazität erlauben würde. Grund war die Überschätzung des verfügbaren Wasserpotentials.
(b) in Preisen von 1984.
(c) WORLD BANK (1985a, S. 96) gibt hier 61.000 Mio. Rs. an.
(d) nach Zensus-Daten von 1981; neuere Schätzungen gehen bis zu insg. 300.000 (ALVARES/BILLOREY 1987a, S. 66; WWF 1986, S. 27).
(e) Daten nur für Omkareshwar.

Die blinde "Fortschritts"-Gläubigkeit, mit der schon der frühere Premierminister NEHRU die neuen Staudämme stolz als die "Tempel des modernen Indiens" bezeichnete, scheint bei den politischen Entscheidungsträgern trotz einiger neuer Einsichten im wesentlichen ungebrochen zu sein. NEHRU war es auch, der im Jahre 1961 den heute noch zu besichtigenden Grundstein für den Navagam-Damm in Gujarat, etwa drei Kilo-

---

6   "Sardar Sarovar" bedeutet "Sardar"-See, benannt nach einem bekannten Politiker der Anfangszeit des unabhängigen Indien. "Narmada Sagar" (=Narmada-See) wurde inzwischen offiziell in "Indira Sarovar" umbenannt, nach Indira Gandhi, deren Namen heute verschiedenste Großprojekte tragen.

meter unterhalb der Baustelle des Sardar-Sarovar-Dammes legte und den Dorfleuten "jobs at the dam site and land in the command area to those losing land owing to the project" versprach (zitiert nach: DAS 1983, S. 57).

Aber so wie die Aufsplitterung des Narmada-Gebietes in zahlreiche halbautonome Fürstentümer vor der Unabhängigkeit die Durchführung eines so großen Entwicklungsprojektes behindert hatte, so waren es nach 1947 die beteiligten Bundesstaaten, die sich nicht einig werden konnten über die Aufteilung des Wassers und der erzeugbaren Energie. Deshalb wurde 1969 das "Narmada Water Disputes Tribunal" (NWDT) eingesetzt, das für seine schwierige Aufgabe zehn Jahre benötigte, ehe es 1979 einen für alle Seiten verbindlichen Schiedsspruch erließ. Die darin festgelegten Nutzanteile an Wasser und Strom gehen aus Tabelle 3.2 hervor.

Tab. 3.2: Aufteilung von Wasser und Energie der Narmada auf die beteiligten Bundesstaaten (lt. NWDT-Beschluß von 1979)

| Bundesstaat | Anteil am Einzugsgebiet (%) | Wassermenge gefordert (Mrd. m³) | Wassermenge zugeteilt (Mrd. m³) | Wasseranteil (%) | Energieanteil (%) |
|---|---|---|---|---|---|
| Gujarat | 11,5 | 27,5 | 11,1 | 32 | 16 |
| Madhya Pradesh | 87,0 | 29,7 | 22,5 | 65 | 57 |
| Maharashtra | 1,5 | 0,3 | 0,3 | 1 | 27 |
| Rajasthan | - | 0,6 | 0,6 | 2 | - |
| Insgesamt | 100 | 57,8 | 34,5 | 100 | 100 |

Quellen: WORLD BANK 1985a, S. 3; DORIA 1983, S. 7)

Der **Sardar-Sarovar-Damm** bildet den letzten in einer ganzen Kette von Dämmen im unteren Abschnitt der Narmada, deren jeweilige Stauseen stets bis an den Fuß des vorgelagerten Staudammes reichen (vgl. Abb. 3.3 und 3.4). Da er als einziger der 30 geplanten großen Dämme in Gujarat liegt, war die Regierung von Gujarat bestrebt, ihn so groß wie möglich zu bauen, um entsprechend mehr Nutzen zu haben. Von einer 1960 vorgesehenen Stauseehöhe von 96 m über NN wuchsen die Plangrößen auf 128 m (1963) und auf 150 m (1965). Dabei gewann Gujarat den Bundesstaat Rajasthan als "Verbündeten" gegen Madhya Pradesh und Maharashtra, weil dieser nur bei einer größeren Dammhöhe Anteile am Narmada-Wasser erhalten konnte (DORIA 1983, S. 6).

Abb. 3.3: Schematischer Längsschnitt des Narmada-Valley-Projekts
(wichtigster Teilabschnitt)

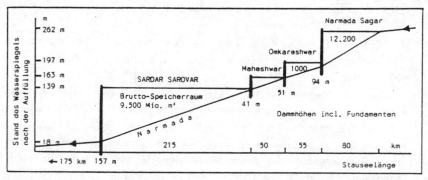

Quellen: VARMA 1985 und DORIA 1983          Entwurf und Zeichnung: T. Methfessel

Abb. 3.4: Modell des Sardar-Sarovar-Damms

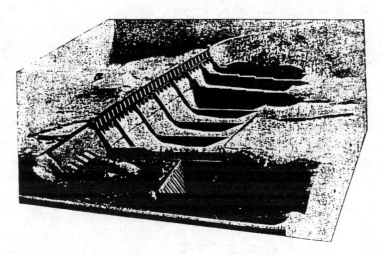

Quelle: GOG o.J. (Sardar Sarovar Project - Salient Features)

Der NWDT-Beschluß legte eine Stauseehöhe von 137 m fest und eine Ausgangshöhe von 91 m für den 450 km langen Bewässerungshauptkanal, der bis an die Grenze von Rajasthan führen soll. Weiterhin wurden Madhya Pradesh regelmäßige Wasserabgaben aus dem noch größeren Reservoir Narmada-Sagar zugunsten von Gujarat vorgeschrieben, weil der Speicherraum des Sardar-Sarovar-Stausees nicht dazu ausreichen würde, ein Bewässerungsgebiet von der geplanten Dimension (1,8 Mio. ha) ganzjährig mit Wasser zu versorgen (GOI 1978, S.91).

Durch die Speicherung und Nutzung des Wassers der Narmada sollen weite dürregefährdete Landstriche Gujarats, die zu fast 100% außerhalb ihres Einzugsbereiches liegen, bewässert werden (vgl. Abb. 3.2a), wovon die Planer sich eine enorme Steigerung der landwirtschaftlichen Produktion versprechen. Schon heute wird das Narmada-Projekt als die "**Lebensader Gujarats**" bezeichnet (JOSHI 1983, S. 1). Den Planzahlen zufolge soll es einmal das größte zusammenhängende Bewässerungsgebiet Indiens und damit zugleich eines der größten weltweit werden.

Doch liegen die Bauarbeiten bereits in der Anfangsphase um mehrere Jahre hinter dem ursprünglichen Zeitplan zurück. Anfang 1987 waren noch die Arbeiten an den Fundamenten in vollem Gange, vom Damm selber war erst ein kleines Stück zu sehen (siehe Foto 2), und die Arbeiten an den Verbindungskanälen und Steinschüttdämmen (vgl. Abb. 3.5) waren noch nicht abgeschlossen.

Der Hauptgrund für diese Verzögerung liegt in der wachsenden Kritik an Großprojekten wie im Narmada Valley, die nicht nur von Aktionsgruppen an der Basis, sondern zunehmend auch von technischen Experten und staatlichen Funktionsträgern geübt wird. Prozesse für eine angemessene Rehabilitation der Umsiedler (vgl. 7.2.2.), die aufgeschobene Kreditfreigabe seitens der Weltbank wegen sozialer und ökologischer Bedenken sowie die Anforderung neuer Gutachten seitens des Umweltministeriums in New Delhi haben den Beginn der Hauptbauphase wiederholt hinausgeschoben.

Foto 1: Narmada bei Navagam (7 km unterhalb des Sardar-
Sarovar-Damms) im November

Foto 2: Baustelle des Sardar-Sarovar-Damms Ende 1986
(mit Bohrlöchern für Fundamentierungsarbeiten)

Dabei lag das Hauptproblem im Narmada-Sagar-Projekt, das laut NWDT-Beschluß von 1979 zeitgleich oder sogar vor dem Sardar-Sarovar-Projekt fertiggestellt werden sollte. Für die 40.000 ha Wald, die dort überflutet werden sollen (75% davon wertvolle Teakholz-Areale), sind bis vor kurzem keine ausreichenden Landgebiete für eine flächengleiche "kompensatorische Aufforstung" von der Regierung von Madhya Pradesh benannt worden. So konnte bis Mitte 1987 auch der Bau des Sardar-Sarovar-Projektes nicht wie gewünscht vorangehen, obwohl die Regierung von Gujarat betonte, selber genügend "Ersatzwaldland" ausgewiesen und alle Vorbereitungen für eine adäquate Rehabilitation der Umsiedler in Gujarat getroffen zu haben (INDIAN EXPRESS, 18.12.1986).

Verdrossen über die Verzögerung bei der Realisierung des Projektes, erhob Gujarat erneut Vorwürfe gegen das benachbarte Bundesland und drang bei der Zentralregierung auf die baldige Freigabe für den Bau (VIJAPURKAR 1986). Im April 1987 wurde dann das Projekt vorerst endgültig vom Ministerpräsidenten Rajiv Gandhi freigegeben[7], wie berichtet wird, unter dem politischen Druck der lokalen Eliteschichten, deren Unterstützung die angeschlagene Zentralregierung dringend benötigt (ALVARES/BILLOREY 1987a,b; KOTHARI 1987). Trotzdem waren schon vorher jahrelang einige tausend Menschen mit sog. "Vorbereitungsarbeiten" an der Baustelle und in der nahegelegenen Technikerkolonie Kevadia beschäftigt.

## 3.3. Die wichtigsten technischen Projektdaten

Das Sardar-Sarovar-Projekt übertrifft nicht nur von der Dimension seines Bewässerungsgebietes her, sondern auch hinsichtlich seiner technischen Standards alle vergleichbaren früheren Projekte in Indien. Auch der Staudamm gehört zu den größten, die in Indien je begonnen worden sind. Nähere Einzelheiten über die einzelnen Projektbestandteile und ihre Lage werden aus Tabelle 3.3 und Abbildung 3.5 ersichtlich.

------------------------------

7 Im Oktober 1987 gab die Regierung in New Delhi dann auch grünes Licht für Narmada Sagar, das andere riesige Projekt im Narmada-Tal (ALVARES/BILLOREY 1987b).

Tab. 3.3: Projektbestandteile und ihre Kosten

| Projektbestandteil | Einzelheiten | techn. Daten | Kosten (Mio. Rs.)[a] |
|---|---|---|---|
| Hauptdamm | aus Beton | 128 m hoch | 5.469 |
| | | 1.210 m lang | |
| Kraftwerk 1 | unterirdisch | 4x200 MW[b] | 5.152 |
| | am Hauptdamm | (+2x200 MW)[b] | |
| Kraftwerk 2 | am Beginn des | 4x 50 MW[b] | 1.060 |
| | Hauptkanals | (+1x 50 MW)[b] | |
| Stauwehr für | 18 km flußabwärts | | 502 |
| Pumpspeicherbetrieb | vom Hauptdamm | | |
| 4 Stauteiche mit | Verbindungsweg | 8 km² | 109 |
| Steinschüttdämmen | zum Kanalbeginn | | |
| Stausee | | 214 km lang | |
| | | 370 km² Fläche | |
| | | 9,5 Mrd. m³ Speicherraum[c] | |
| Hauptkanal | bis zur Grenze | 445 km lang[d] | 12.176[e] |
| | von Rajasthan | 100 m breit[d] | |

Quellen: WORLD BANK 1985a, S. 77ff., 96, 107; VARMA 1985, S. 15f
(a) in Preisen von 1984 (12 Rs. = 1 US-$),
(b) kann zu einem späteren Zeitpunkt erweitert werden,
(c) davon stehen 61% für die Energieerzeugung und 78% für die Bewässerung zur Verfügung,
(d) im ersten Teilabschnitt,
(e) Kostenanteil des separat finanzierten Bewässerungsprojektes.

Auf die technischen Probleme, die sich aus der großen Dimension des Projektes ergeben, kann an dieser Stelle ebensowenig eingegangen werden wie auf die Frage nach seiner ökonomischen Rentabilität. Es sei lediglich vermerkt, daß die Kosten für das Bewässerungsgebiet, vor allem für das umfangreiche Kanalnetz, auf etwa das Dreifache des eigentlichen Staudammprojektes (incl. Kraftwerk) veranschlagt werden. Der geplante Zeitrahmen bis zur endgültigen Fertigstellung des Gesamtprojektes beträgt 25 Jahre, doch erfahrungsgemäß verzögern sich derartige Großprojekte in Indien erheblich. Dies hängt vor allem mit Finanzierungsproblemen zusammen. Das Staudammprojekt soll zu fast einem Drittel durch ausländische Geldmittel finanziert werden, hiervon wiederum zur Hälfte durch die Weltbank, der Rest in Form von Lieferantenkrediten und sonstigen Krediten an die indische Zentralregierung. Die übrigen zwei Drittel müssen letztere und die beteiligten Bundesstaaten allein aufbringen.

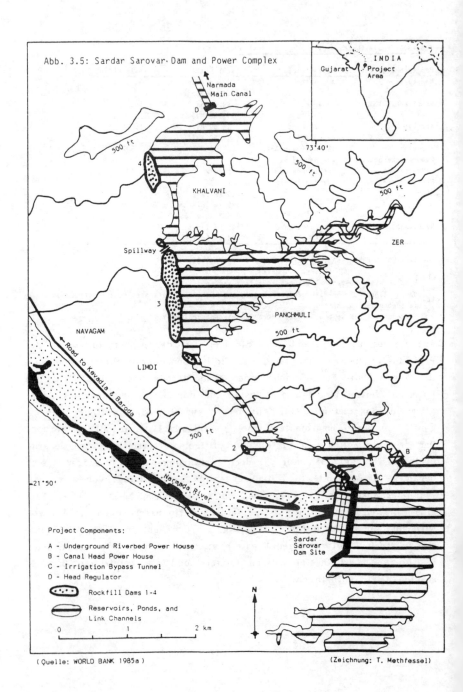

Abb. 3.5: Sardar Sarovar Dam and Power Complex

INDIA
Gujarat    Project
Area

Narmada
Main Canal

500 ft

73°40'

500 ft

KHALVANI

500 ft

ZER

Spillway

PANCHMULI

NAVAGAM

500 ft

LIMDI

Road to Kevadia & Baroda

500 ft

B

21°50'

Narmada River

A    C

Project Components:

A - Underground Riverbed Power House
B - Canal Head Power House
C - Irrigation Bypass Tunnel
D - Head Regulator

Sardar
Sarovar
Dam Site

Rockfill Dams 1-4

Reservoirs, Ponds, and
Link Channels

N

0              1              2 km

( Quelle: WORLD BANK 1985a )

(Zeichnung: T. Methfessel)

- 31 -

## 3.4. Der Umsiedlungs- und Rehabilitationsplan

Die Überflutung von 37.000 ha Land, bei Erreichen der maximalen Stauhöhe sogar 41.000 ha Land (zum Vergleich: der Bodensee mit 54.000 ha)
erfordert die Umsiedlung von 67.000 Menschen (Stand 1984) bzw. fast
12.000 Familien, die zum größten Teil Stammesangehörige sind. Tabelle
3.4 gibt einen Überblick über den Anteil der einzelnen Bundesstaaten.

Tab. 3.4: Menschen und Land in der Überflutungszone

| | Gujarat | Maharashtra | Madhya Pradesh | insgesamt |
|---|---|---|---|---|
| Anzahl der betr. Dörfer | 19 | 36 | 180 | 235 |
| Anzahl der betr. Familien | 1.900 (a) | 1.358 | 7.500 | 10.758 (c) |
| Anzahl der betr. Menschen | 10.593 (b) | 11.747 | 45.000 | 67.340 |
| Anteil der Stammesvölker | 99% (a) | 100% | 52% | 67% |
| Anteil der Landlosen | 23% | 30% | 47% | 40% |
| Überfl. Gesamtfläche (ha) | 7.470 | 7.050 | 22.882 | 37.402 |
| davon: Privatland | 25% | 22% | 34% | 30% |
| Waldland | 61% | 69% | 29% | 43% |
| Ödland | 14% | 9% | 37% | 27% |

Quellen: WORLD BANK 1985a, S. 24; SCUDDER 1983, S. 17; GOG 1986, S. 2f; VARMA 1985, S. 83
(a) GOG 1986 gibt 3322 Familien (bei 10.593 Menschen) an, weil seit 1985 alle erwachsenen
    Söhne als separate Familie rechnen, und nur 16% Landlose.
(b) NCA 1984 (S. 37f) gibt hier insg. 11.850 Menschen an.
(c) ALVARES/BILLOREY 1987a (S. 66) schätzen als endgültige Zahl 100.000 Betroffene.

Der ursprüngliche **Zeitplan** sah vor, 52 Dörfer (davon 19 in Gujarat, 10
in Maharashtra und 23 in Madhya Pradesh) bis Ende 1987 umgesiedelt
zu haben. Diese Dörfer sind bei einer Stauhöhe von weniger als 105 m
bereits betroffen. Die restlichen 183 Dörfer (davon 23 in Maharashtra
und 160 in Madhya Pradesh) sollten bis 1990 umgesiedelt sein, da der
Stausee seinen endgültigen Wasserspiegel von 139 m im Jahr 1992 erreichen sollte (NCA 1984, S. 42; VARMA 1985, S. 47). Diese Planung ist
inzwischen längst überholt. Die Umsiedlung ist erst in wenigen Dörfern
abgeschlossen (vgl. 7.3.5. - 7.3.7.); in den meisten wird sie erst in
einigen Jahren aktuell werden, wenn mit dem Aufstau des Narmada-
Wassers begonnen wird.

Die gesamten **Kosten** für Landerwerb und Rehabilitation in allen drei beteiligten Bundesstaaten muß laut NWDT-Beschluß von 1979 die Regierung von Gujarat tragen, insgesamt 1,7 Mrd. Rupees[8] , rund 11% der Gesamtkosten für das Staudamm-Projekt. Die einzelnen Bestandteile gehen aus Tabelle 3.5 hervor.

Tab. 3.5: Kostenanteile für Landerwerb und Rehabilitation

| | | |
|---|---|---|
| 1. Land- und Eigentumserwerb in der Überflutungszone (Kompensation), davon: | | 56% |
| - Land- und Hauskompensation sowie andere Zahlungen an die Dorfbewohner | 20% | |
| - Kompensation für staatliches Waldland und Schaffung von Ersatzwald | 19% | |
| - Kosten für die Verlegung von öffentl. Gebäuden, Tempeln, Straßen, Brücken und Stromleitungen | 15% | |
| - Sonstiges | 2% | |
| 2. Umsiedlung und Rehabilitation (in Klammern: Kosten in Rs. pro Familie), davon: | | 35% |
| - Kleinbauernwirtschaft mit Kanalbewässerung (37.000 bzw. 77.000 (a) Rs.) | 17% | |
| - Kleinbauernwirtschaft mit Brunnenbewässerung (55.000 Rs.) | 11% | |
| - Feld-/Waldwirtschaft mit Aufforstung und Subsistenzanbaufrucht (46.000 Rs.) | 4% | |
| - Landarbeiterfamilie (14.000 Rs.) | 3% | |
| 3. Personalkosten incl. "Monitoring & Evaluation" | | 9% |
| insgesamt | | 100% |

Quellen: NCA 1984, S. 16ff.; WORLD BANK 1985a, S. 93
(a) Zusätzliche 40.000 Rs. für Be- und Entwässerung zählen nicht zu den von Gujarat zu tragenden Rehabilitationskosten.

Bei den Rehabilitationskosten schlagen durchschnittlich 10.000 Rs./Fam. für den Landerwerb (pro ha), 4.000 Rs./Fam. für die Infrastruktur der neuen Dörfer, 3.000 Rs./Fam. für Hausmaterialien und 2.500 Rs./Fam. als Umsiedlungszuschuß zu Buche. Der Rest hängt von der unterschiedlichen Ausstattung (Bewässerung, Aufforstung, Erschließung, Zugtiere, Werkzeuge usw.) ab. Rund 80% entfallen auf die Landbesitzer und 20% auf die Landlosen. Insgesamt kommen etwas weniger als die Hälfte der

------------------------

8    NCA (1984) gibt statt 1,7 Mrd. lediglich 1,23 Mrd. Rs. an (jeweils Preise von 1984). Die in verschiedenen kritischen Veröffentlichungen (z.B. OXFAM Issue 6/1983) behauptete oder übernommene Zahl von lediglich 198 Mio. Rs. Rehabilitationskosten beruht offensichtlich auf einem Fehler!

Gesamtkosten für Landerwerb (Kompensation) und Rehabilitation den Dorfbewohnern direkt zugute; über die Hälfte fließt in die Staatskassen zur Finanzierung von "Ersatzwald", öffentlichen Einrichtungen und Verwaltung.

In den beiden nachfolgenden Kapiteln sollen die rechtlichen Grundlagen für Umsiedlung und Rehabilitation der vom Sardar-Sarovar-Projekt Betroffenen näher untersucht werden.

# 4. DIE BISHERIGE BEHANDLUNG VON ZWANGSUMSIEDLERN IN INDIEN

## 4.1. Die Hauptursachen für die negative Bilanz

Staudammprojekte bilden neben Bergbau- und Industrieprojekten, militärischen Anlagen und Nationalparks die wichtigste Ursache für die notwendige Umsiedlung einer großen Zahl von Menschen. Allein durch den Bau von großen Staudämmen sind in Indien bis 1980 weit über eine Million Menschen aus ihrem bisherigen Lebensraum vertrieben worden, mehr als in ganz Afrika zusammen (SCUDDER 1983, S. 4). Meist gehören sie zu den armen und unterprivilegierten Gruppen, die mangels Bildung und politischer Repräsentanz sich nicht zu wehren wissen. Nutznießer dieser Projekte, denen sie weichen müssen, werden sie in den allerseltensten Fällen.

Da die meisten dieser Entwicklungsprojekte in bisher eher unerschlossenen Regionen liegen, bei Staudämmen vor allem durch eine entsprechende topographische Lage bedingt, sind hiervon zu einem großen Teil Stammesangehörige (Adivasis) in den verschiedensten Landesteilen betroffen. Sie sind durch die fortschreitende Landkolonisation der überwiegend hinduistischen Nicht-Stammesbevölkerung im Verlauf der letzten 100 Jahre in die relativ abgelegenen Berg- und Waldgebiete Indiens abgedrängt worden, wo sie ihre soziokulturelle Identität zum Teil bis heute bewahren konnten. Die Maßnahmen der indischen Regierung zur wirtschaftlichen Erschließung aller Ressourcen des Landes führten in den letzten 40 Jahren dazu, daß sie auch in diesen Rückzugsräumen immer weniger ungestört leben können. Wo es keine aufnahmefähigen Räume für die vertriebene Stammesbevölkerung mehr gibt, droht ihnen aber die sozioökonomische Marginalisierung als Landlose oder Slumbewohner neben dem Verlust ihrer kulturellen Identität.

"The construction of dams has effectively resulted in a direct assault on the country's tribal population. Dams are usually constructed in remote, forest areas where most of the tribal groups also live. The sudden influx of the modern system, destruction of the surrounding nature on which their lives are dependent, and ultimately displacement and resettlement, leaves a tradition-bound tribal family totally bewildered, powerless and on the verge of the total social, cul-

- tural, and economic collapse." (MORRIS, zitiert in: COLCHESTER 1986, S. 249).

SCUDDER (1983, S. 10ff.) nennt sieben Ursachen dafür, warum in allen bisherigen Fällen die Rehabilitation von Umsiedlern in Indien höchst unzufriedenstellend verlaufen ist:

1. das Fehlen einer nationalen Rehabilitationspolitik für Umsiedler, die großen Entwicklungsprojekten weichen müssen;
2. Bestimmungen des "Land Acquisition Act" von 1984 (vgl. 4.3.);
3. die vorherrschende Form der Entschädigung mit Bargeld;
4. die übliche Praxis, die Betroffenen als einzelne Haushalte und nicht als Teile sozialer Gemeinschaften umzusiedeln;
5. das Fehlen begleitender sozialwissenschaftlicher Gutachten;
6. die Durchführung seitens der dafür ungeeigneten Bewässerungs- und Finanzbehörden;
7. das Fehlen von "Monitoring and Evaluation" hinsichtlich der Ergebnisse der Umsiedlung.

Zwangsumsiedler werden von Regierungsleuten, die ihr Ziel einzig in der technischen Realisierung eines Projektes erblicken, meist als Hindernis für den angestrebten Entwicklungsprozeß angesehen (vgl. a.a.O.). Da helfen auch keine beschönigende Worte wie die der ehemaligen Ministerpräsidentin INDIRA GANDHI:

"I am most unhappy that development projects displace tribal people from their habitat, especially as project authorities do not always take care to properly rehabilitate the affected population. But sometimes there is no alternative and we have to go ahead in the larger interest ..." (zitiert in: COLCHESTER 1986, S. 253).

Von vielen Seiten wird aber bestritten, daß diese übergeordneten Interessen ("larger interest") von der Mehrheit der Bevölkerung verfolgt werden. Im Gegenteil, es ist eine allerdings politisch und ökonomisch tonangebende Minderheit, in deren Interesse die Projekte verfolgt werden. So betont u.a. der Journalist D'MONTE:

"... when a forest is cut down to make way for a hydroelectric project, it means that the interest of a vast number of people - mainly tribal or hill folk - who depend on these areas for their energy needs, among other uses, have to be sacrificed to meet the demand of a smaller urban class which industry supports." (zitiert: a.a.O.).

- 36 -

So ist es auch kaum verwunderlich, wenn jeweils nur ein sehr geringer
Teil der gesamten Projektkosten für Rehabilitationsmaßnahmen bereitge-
stellt wird. Mangels einer nationalen Gesetzgebung hängt das Schicksal
der Vertriebenen vom guten Willen der verantwortlichen Behörden ab.
Ein Vergleich zwischen der Anzahl der evakuierten und der rehabili-
tierten Bevölkerung zeigt eine starke Diskrepanz.

Tab. 4.1.: Tribal families displaced, rehabilitated and the land allotted as compensation

|  | 9 States (1968-73) | Gujarat (1975-76) | Maharashtra (1976-77) |
|---|---|---|---|
| Displaced families | 10.127 | 2.923 | 1.127 |
| Displaced from acreage | 57.834 | 14.600 | 2.365 |
| Rehabilitated families | 3.916 (39%) | 1.995 (68%) | 797 (71%) |
| Allotted acreage | 6.328 (11%) | 5.224 (36%) | 312 (13%) |

Quellen: JOSHI 1983, S. 25; CINEMART 1985, Bd. 1, S. 9

Wie die Tabelle zeigt, ist die Diskrepanz hinsichtlich der Größe der
zugeteilten Landstücke noch erheblich größer als für die Anzahl der
Familien. So verringerte sich die durchschnittliche Landfläche der betroffenen Familien in Gujarat von 5,0 auf 2,6 acres, in Maharashtra
gar von 2,1 auf 0,4 acres, ganz abgesehen davon, daß rund 30% überhaupt kein Land erhielten.

Der Grund hierfür liegt nicht nur im Mangel an verfügbarem Land,
sondern vor allem im zweierlei Maß bei den Bodenpreisen. Während der
Staat als Kompensation für das erworbene Land lediglich den nominalen
Betrag bezahlt (zu dessen Ermittlung vgl. 7.2.1.), müssen die Umsiedler nur zu oft für neues Land einen Marktpreis bezahlen, der sich auf
das Mehrfache beläuft. Zu der Bodenspekulation von den Landverkäu-
fern kommen noch Bestechungsgelder für die Bürokratie, damit überhaupt anderswo Land vermittelt wird.

Vor allem die Stammesangehörigen, die bislang weitgehend außerhalb
von Marktprozessen standen, können mit größeren Geldbeträgen, die sie
als Entschädigung für ihr Land erhalten, oft nicht umgehen. Sie werden leicht zum Opfer von Geschäftsleuten aller Art, die ihnen Alkohol
und andere Dinge zu hohen Preisen verkaufen, so daß erhebliche Teile
des für den Landkauf vorgesehenen Geldes anderweitig verloren gehen.
So werden die ausgesiedelten Bauern von allen Seiten geschröpft (vgl.
hierzu u.a. CINEMART 1985, Bd. 1, S. 7).

Der Prozeß der Rehabilitation streckt sich in der Regel über eine längere Zeit hin, während die Umsiedlung spätestens dann schlagartig verläuft, wenn der Stausee gefüllt wird. Meist haben die Betroffenen noch nach Jahren weder Land noch Haus erhalten und sind zu Landlosen geworden. Auch fehlt es in den neuen Dörfern oft an der nötigen Infrastruktur. Wer schon landlos war, hatte bislang überhaupt keine Ansprüche, es sei denn auf eine kleine Entschädigung für sein Haus. Die versprochenen Arbeitsplätze beim Dammbau oder einer nachfolgenden Industrialisierung erwiesen sich oft als leere Worte, da gelernte Kontraktarbeiter aus anderen Regionen den ungelernten Bewohnern der jeweils betroffenen Gebiete meist vorgezogen werden (vgl. hierzu u.a. VARMA 1985, S. 168).

Während die Nutzeffekte großer Entwicklungsprojekte anderer Regionen zugute kommen, stellt sich für die meisten Umsiedler erfahrungsgemäß eine sozioökonomische Verschlechterung ein.

"Time and again, it is the illiterate people from the weaker sections of society who suffer most in resettlement schemes. Not being familiar with the various provisions of the Land Acqusition Act, they are unable to exercise their rights properly and are easily duped. Even where adequate cash compensation is paid, this in itself is not enough to ensure the satisfactory rehabilitation of many villagers. Cash, especially when given in instalments over a period of time, often gets spent in meeting some pressing - or not so pressing - need. When the time comes to move, many villagers are in no position to take care of their rehabilitation requirements. The break-up of the village community with its strong social ties - which occurs when villagers are resettled in different areas - can also be the cause of much distress." (DOGRA 1986, S. 206 - Hervorhebung: T.M.)

Die relativ Wohlhabenden und Einflußreichen unter den Umsiedlern können noch am ehesten persönliche Vorteile für sich herausschlagen.

"...even in rehabilitation it is the well-off class of the affected people who swallow the greater part of what is offered by way of the cost of rehabilitation." (ADHVARYU 1982, S.1)

## 4.2. Einzelne Fallbeispiele

Indische Autoren führen eine Vielzahl von Beispielen auf, die alle zeigen, daß Umsiedlung und Rehabilitation bei großen Staudammprojekten bislang völlig unzureichend durchgeführt wurden. Im folgenden seien nur einige der wiederholt angeführten, typischen Fälle benannt.

Bereits Ende der 50er Jahre entstand der **Koyna-Damm** in Maharashtra, der übrigens später brach und das Tal überflutete. KARVE/NIMBKAR (1969, S. 106ff.) kommen in der ersten ausführlichen soziologischen Studie Indiens über die betroffenen Umsiedler (insg. rund 30.000) zu folgenden Ergebnissen:

"The chief failure of rehabilitation lies in the lack of planning.(...) What actually happened is that people did have to move in a hurry, and the government puts the blame for this on the indecision of the people themselves.(...) Also, since the government had discarded the older attitude of paying the affected people compensation and leaving them to shift for themselves, it would have been reasonable to expect that they would assume responsibility for providing houses for the displaced people. Instead, they handed large cash amounts to people who had never before handled money, and left them to their own devices. The result was that much of this money was spent in transportation expenses, and living expenses, instead of being utilised in constructing houses.(...) Land was given by the government only to those whose land was submerged under the lake. We cannot see why land should not be offered to all whose land was acquired.(...) Much of the land that has been given to the displaced people is still uncultivable.(...) A large number of displaced persons still do not feel settled. There is an atmosphere of anxiety and fear, of a certain amount of bitterness among the people we visited. The only thing that gives them emotional security is the sticking together of the old village or a large part of it.(...) Many of the displaced persons do not get a reasonable large piece of land anyway. To remedy the situation, many more jobs need to be offered to the dam affected people.(...) Even supposing the people receive an equivalent of what they have lost in terms of material belongings, nobody can compensate them for the loss of their ancestral homes, friends, marriage connections etc. (...)
The problems posed by the valley today stem chiefly from a curious phenomenon: the displaced people who had moved out of the valley steaming back into the valley. (...) 10-12 families from practically every village in this part of the valley have come back.(...) This influx has posed several problems.(...) If so many people are allowed to come back into the valley and are being provided for, why where they encouraged to leave in the first place?"

Der Fall des **Pong-Damms** in Himachal Pradesh, dem 10.000 Familien weichen mußten, wird oft als negatives Beispiel für Rehabilitation angeführt (CSE 1985, S. 106; JOSHI 1983, S. 22; MAHAPATRA o.J., S. 9). Dort wurden Bauern aus der Bergregion des Himalaya Landstücke in der weit entfernten Wüstenregion Rajasthans nahe der Grenze zu Pakistan zugewiesen. Die Folge war eine schnelle Rückkehr der Umsiedler in ihre Heimatregion, weil sie mit den völlig andersartigen Lebens- und Arbeitsbedingungen in der Wüste nicht zurechtkamen. Die vom **Indravati-Damm** in Orissa betroffenen Stammesgruppen sollten in neu geplante Häuser umsiedeln; diese wurden jedoch von ihnen nicht angenommen, weil sie bestimmten kulturellen Bräuchen nicht entsprachen (JOSHI 1983, a.a.O.).

Über die Ereignisse im Zusammenhang mit dem **Srisailam-Projekt** am Krishna in Andhra Pradesh gibt es einen detaillierten Bericht, der von der kritischen Zeitschrift "Lokayan"[1] initiiert wurde (FACT-FINDING-COMMITTEE 1986, S. 255ff.). Dort glaubten viele Dorfbewohner noch nicht an die bevorstehende Überflutung, andere konnten nicht so schnell anderswo Land oder Beschäftigung finden, so daß eine termingerechte Projektdurchführung in Frage gestellt war. In dieser Situation ordneten die verantwortlichen Behörden 1981 eine "Operation Demolition" an, in deren Verlauf eine Armee aus Polizei, Angestellten und angeheuerten Arbeitern rund 20.000 Häuser planmäßig zerstörte und 100.000 Menschen obdachlos machte. Der Bericht zieht folgende neun Schlußfolgerungen:

"1. The government conceived and executed the Srisailam-Project in a most unimaginative and ruthless manner without taking serious account of the 'human problems' involved. 2. Compensation was calculated in a manner that was most unfair and detrimental to the interests of the evacuees. 3. The disbursement of the compensation, **in stages** did not encourage evacuees to plan for resettlement. 4. In the disbursement of compensation, there appears to have been widespread corruption. 5. Large and rich farmers managed to receive compensation, for both house sites and land lost, at reasonably competitive terms. People with low economic and social status did not get fair compensation for the property they lost.

---

1   "Lokayan" ("Dialogue of the People") ist eine Zeitschrift, die sich um eine Verbindung von theoretischem Dialog und Basisaktivitäten bemüht. Sie greift soziale wie ökologische Probleme auf und wurde 1985 in Europa mit dem "Right Livelihood Award" (auch als alternativer Nobel-Preis bekannt) ausgezeichnet. Sie wurde begründet von dem Schriftsteller R. KOTHARI.

6. The people were not properly informed about the various issues involved in computing compensation; nor where they given adequate information about evacuation and rehabilitation plans. 7. Except for a few educated people, the overwhelming majority (95 per cent in our sample) were not conversant with the relevant provisions of the Land Acquisition Act. The government made no effort to educate the people in this regard. This led to 'legal cheating' of the people. 8. The methods used to evict the villagers were brutal. 9. The government had no rehabilitation programme worthy of that name." (a.a.O., S. 259)

Auf den Fall des 1973 fertiggestellten **Ukai-Damms** in Gujarat, der von seiner Lage und Größenordnung her den besten Vergleichsfall für das nicht weit entfernt davon begonnene Sardar-Sarovar-Projekt darstellt, wird in Kapitel 8.1. ausführlicher eingegangen.


## 4.3. Der "Land Acquisition Act" von 1894


Dieses Gesetz aus der britischen Kolonialzeit regelt bis heute den Prozeß des Erwerbs von Privatland durch den Staat für den Fall von öffentlichen Entwicklungsprojekten sowie die Höhe der zu zahlenden Entschädigung. Seit 1894 hat es nur geringfügige Veränderungen erfahren. Das Gesetz wird von vielen Seiten bis hin zu Regierungsstudien für die unbefriedigende Behandlung von Zwangsumsiedlern in Indien verantwortlich gemacht (vgl. hierzu u.a.: CSE 1985, S. 103; GOI 1985b, S. 40f; MANKODI/GANGOPADHYAY 1983, S. 7ff.; SCUDDER 1983, S. 11ff.; SETU 1986, S. 7f; VARMA 1985, S. 175ff.). Hier sollen nur seine wichtigsten Bestimmungen und ihre Problematik aufgeführt werden.

1. Wo der Staat Land erwirbt, zahlt er eine Entschädigung nur an einzelne Individuen, die ein nachprüfbares gesetzliches **Eigentums-recht** am Boden haben. In der Regel gibt es in Indien ein Landregister für jedes Dorf; oft ist es jedoch nicht aktualisiert. Die bei den Stammesvölkern üblichen Gewohnheitsrechte auf eine landwirtschaftliche Nutzung von öffentlichem Wald- und Ödland, z.T. seit Generationen, bleiben ausgeklammert. Ihre gemeinschaftlichen Nutzungsformen werden ebenso wenig berücksichtigt wie die Pacht-

rechte von anderen Mitgliedern der Familie oder größeren sozialen Verbänden.

> "Under such conditions, the temptation for the 'owner' recognized by the state, to cut off other family members or share croppers inevitably arises, so that this procedure of the Act is directly responsible for causing family disputes and social disorganization." (GOI 1985b, S. 40).

2. Die Entschädigung wird in Form von **Bargeld** gezahlt, anstatt Land von gleicher Qualität anderswo zur Verfügung zu stellen. Auf die nachteiligen Folgen dieser Bestimmung wurde bereits in den vorigen Abschnitten hingewiesen.

3. Die Entschädigung beschränkt sich auf Land, Haus sowie die stehenden Feldfrüchte und Fruchtbäume, d.h. sie wird im wesentlichen nur wirksam für Bauern mit Landeigentum. Für die Landlosen – die Landarbeiter, Viehhirten, Dorfhandwerker und Fischer sowie alle, die nur Waldland kultivieren oder Waldprodukte sammeln – ist hingegen keine Kompensation vorgesehen.

4. Die Höhe der Entschädigung richtet sich nach dem **Marktwert des Landes** zum Zeitpunkt der Bekanntgabe seiner Enteignung. Für dessen Festlegung gibt es einen weiten Spielraum, vor allem dann, wenn in der Region normalerweise keine Landverkäufe stattfinden (vgl. 7.2.1.). In der Regel neigen die beauftragten Beamten dazu, das Land unterzubewerten. Ein Widerspruch und gerichtliche Schritte sind zwar möglich, das Verfahren ist jedoch so kompliziert, daß der durchschnittliche indische Bauer ohne Rechtsbeistand keine Chance hat, sich zu wehren. Die wenigsten kennen überhaupt ihre Rechte, und der Staat hat wenig Interesse daran, sie darüber aufzuklären.

## 4.4. Allgemeine Gesetze zum Schutz der Stammesvölker[2]

Die Stammesangehörigen bilden neben den kastenlosen Hindus (Harijans) die am meisten unterpriviligierte Gruppe in Indien. Wegen ihres unterdurchschnittlichen Bildungsstandes und mangelnder Erfahrungen mit Marktprozessen werden sie leicht übervorteilt, sobald Händler, Geldverleiher, Landkäufer oder Regierungsleute zu Geschäften in ihre Gebiete eindringen.

> "Only in places difficult of access (...) can aboriginals pursue their old ways, whereas in localities close to motorable roads immigrant settlers (...) are dominating the economy and have begun to acquire land previously cultivated by tribals." (FÜRER-HAIMENDORF 1985, S. 176).

> "Tribal peoples' security of tenure of their land is, paradoxically, considerably weakened when their lands become more valuable and can be profitably worked by non-tribals." (COLCHESTER 1986, S. 251).

MAHESHWARI (o.J., S. 7) behauptet anhand von Beispielen aus Madhya Pradesh, daß 80% aller Landveräußerungen von Stammesleuten an andere mit illegalen Methoden vor sich gehen. Es gibt zwar in allen Bundesstaaten Gesetze, um solche Art von Landverkauf zum Schutz der Stam-

---

2 Die Weltbank gibt folgende 10 Punkte zur Charakterisierung der Stammesvölker an:
" (a) geographically isolated or semi-isolated;
  (b) unacculturated or only partially acculturated into the societal norms of the dominant society;
  (c) nonmonetized, or only partially monetized production largely for subsistence, and independent of the national economic system;
  (d) ethnically distinct from the national society;
  (e) nonliterate and without a written language;
  (f) linguistically distinct from the wider society;
  (g) identifying closely with one particular territory;
  (h) having an economic lifestyle largely dependent on the specific natural environment;
  (i) possessing indigenous leadership, but little or no national representation, and few, if any, political rights as individuals or collectively, partly because they do not participate in the political process; and
  (j) having loose tenure over their traditional lands, which for the most part is not accepted by the dominant society or accomodated by its courts; and having weak enforcement capabilities against encroachers, even when tribal areas have been delineated." (zitiert in: VARMA 1985, S. 161f).

mesangehörigen zu kontrollieren, doch haben sie nicht verhindert, daß jene immer mehr Land abtreten mußten.[3]

"Between 1951 and 1972, about 9.7 lakh hectares of forest (fast 1 Mio. ha - T.M.) was taken over by public financed projects like roads, dams and irrigation projects, mines, power plants, industrial units and townships etc. This take over had mostly displaced tribal people as they are the main inhabitants of the forests." (CINEMART 1985, Bd.1, S. 6)

In Indien klafft eine große Lücke zwischen den Gesetzesvorschriften zum Schutz der unterprivilegierten sozialen Gruppen und ihrer Behandlung in der Realität. Die Stammesangehörigen ("Adivasis") werden nach Artikel 342 der indischen Verfassung als "Scheduled Tribes" bezeichnet, ihre traditionellen Lebensräume als "Scheduled Areas". Für diese Gebiete gibt es spezielle Entwicklungspläne und Finanzmittel, die sich z.B. in Gujarat auf die gesamte östliche Region (insg. 14% der Staatsfläche) beziehen, in der fast 4 Millionen Adivasis leben (vgl. GOG 1985).

In Artikel 46 der **Verfassung** ist festgelegt, daß die Stammesvölker vor jeglicher Form von Ausbeutung zu schützen seien:

"The State shall promote with special care the educational and economic interests of the weaker sections of the people, and, in particular, of the Scheduled Castes and the Scheduled Tribes, and shall protect them from social injustice and all forms of exploitation." (GOI 1981)

In Artikel 330 wird ihnen ebenso wie den Harijans ("Scheduled Castes") zugesichert, daß für sie gemäß ihrem Anteil an der Gesamtbevölkerung (rund 7% für ganz Indien) Parlamentssitze sowie Arbeits- und Ausbildungsplätze reserviert werden sollen. Diese Verfassungsgrundsätze sind aber bislang kaum irgendwo eingelöst worden.[4]

---

3  In Gujarat sollte ab 1972 nach dem "Land Revenue Code" jeder einzelne Fall von Landverkauf in Stammesdörfern von den Behörden auf seine Rechtmäßigkeit hin geprüft werden, auch rückwirkend bis 1962. Ein Präzedenzfall gegen die Rückgabe unrechtmäßig erworbenen Landes seitens eines Großgrundbesitzers, der beim "High Court" von Gujarat anhängig ist, hat die Anwendung dieses Gesetzes jedoch bis heute verhindert!! (nach mündlicher Mitteilung von CYSV).

4  Im 7. Fünf-Jahres-Plan werden einige der bisherigen Versäumnisse in der Politik gegenüber den Stammesvölkern aufgeführt. So haben z.B. 200.000 Familien in den Wäldern keine Besitzrechte an dem Land, das sie z.T. seit Generationen kultivieren, und hatten bis-
(Fortsetzung Fußnote)

In der jüngeren Geschichte Indiens hat es drei Grundhaltungen gegenüber der Stammesbevölkerung gegeben (vgl. ZÜLCH 1981, S. 56f). Die britische Kolonialverwaltung tendierte dazu, diese meist in entlegenen Regionen lebenden Menschen sich selbst zu überlassen, wobei neben politischen Motiven die Vorstellung vom "edlen Wilden" in manchem englischen Kopf steckte. Nach der Unabhängigkeit Indiens wurde von Hindus, Moslems wie Christen zunehmend eine **Politik der Assimilierung** an die Mehrheitsgesellschaft und -kultur verfolgt, mit dem Ziel, die "wilden" Stammesgruppen in die sog. "Zivilisation" zu führen. Zwischen beiden Haltungen vermittelnd, wurden unter dem früheren Ministerpräsidenten NEHRU fünf Prinzipien für Entwicklungsmaßnahmen unter der Stammesbevölkerung aufgestellt, die ihre **behutsame Einbeziehung in das moderne Indien** anstrebten, ohne dabei ihre traditionelle Kultur zu zerstören.

"1. Tribals should develop along the lines of their own genius and we should avoid imposing anything on them. 2. We should try to encourage their own traditional arts and culture in every way. 3. **Tribals rights in land and forests should be preserved.** 4. We should try to train a team of their own people to do the work of administration and development and should not overadminister these areas or overwhelm them with a multiplicity of schemes. 5. We should rather work through, and not in rivalry with, their own social and cultural institutions." (CSE 1985, S. 106f. - Hervorhebung: T.M.)

---

(Fortsetzung Fußnote von vorangegangener Seite)
lang auch keinen Zugang zu irgendwelchen Entwicklungsprogrammen (GOI 1985a, S. 335).

# 5. ANSÄTZE ZU EINER NEUEN REHABILITATIONSPOLITIK

Verlautbarungen der Regierung aus jüngerer Zeit, wie die folgende, lassen eine stärkere Beachtung der sozialen Probleme erkennen, wenn auch nach wie vor die ökonomischen Erwägungen im Vordergrund stehen.

"... there has, in recent times, been an awakening on part of the people whose land and property get submerged as a result of major irrigation, power, and multipurpose reservoir projects (...) Unless satisfactory safeguards are kept protecting the interests of the oustees, particularly the weaker sections, Government of India might not entertain acceptance of the projects since rehabilitation issues might hold up the progress of the projects and result in excessive cost escalation." (aus einem Brief des "Secretary for Irrigation" (GOI) an die Regierungen aller Bundesstaaten, zitiert nach: MANKODI 1986, S.2)

## 5.1. Der "Maharashtra Resettlement Act" von 1976

Der **"Maharashtra Resettlement of Project Displaced Persons Act"** von 1976 war das erste Gesetz in Indien, das eine Land-für-Land-Kompensation für die Umsiedler vorsah. Da es jedoch nur für einen Bundesstaat gilt, war es auf ein interstaatliches Projekt wie das Sardar-Sarovar-Projekt nicht anwendbar. Seit seinem Inkrafttreten soll es nur relativ selten angewandt worden sein (SETU 1986, S. 4). Dieses Gesetz kam zustande, nachdem es in Maharashtra 20 Jahre lang, beginnend mit dem Koyna-Damm, immer wieder zu Protestaktionen der betroffenen Bevölkerungsgruppen gegen ihre Diskriminierung gekommen war (CSE 1985, S. 103). Seine wichtigsten Bestimmungen, die selbst von Kritikern der bisherigen Rehabilitationspolitik als vorbildlich angesehen wurden, lauten wie folgt:

1. Eine eigens geschaffene Rehabilitationsbehörde soll Informationen über das Ausmaß des aufzugebenden Landes sowie des für die Umsiedler verfügbaren Landes sammeln. Sie sorgt für eine Beschränkung des Verkaufs und der Aufteilung von Ländereien im künftigen Bewässerungsgebiet ("command area").

2. Die Rehabilitation der Umsiedler soll möglichst in der vom Projekt, dem sie weichen müssen, begünstigten Zone erfolgen!!

3. Für die Umsiedlung kann auch staatliches Waldland zur Verfügung gestellt werden, was allerdings das Problem der ohnehin starken Abholzung noch verstärkt.[1]

4. Nicht nur Landbesitzer, die mit mindestens der Hälfte ihres bisherigen Landes entschädigt werden sollen, sondern auch Landlose sollen Land erhalten, und zwar 1 acre (0,4 ha), wenn sie gemeinsam mit den anderen umsiedeln (JOSHI 1983, S. 215ff.; MANKODI/GANGOPADHYAY 1983, S. 9f).

Zusätzlich zur landesweiten Anwendung dieser Bestimmungen werden heute auch in Regierungskreisen folgende **Vorschläge** gemacht:

- Der Staat soll die Bodenpreise in der Überflutungs- und der Bewässerungszone fixieren, um eine Landspekulation auf Kosten der Umsiedler zu verhindern.

- Die Kompensation soll drei Jahre vor der Überflutung ausgezahlt und auf einem Bankkonto gesichert werden.

- Der Staat soll für kostenlosen Transport aller weiter verwendbaren Teile der bisherigen Häuser sorgen.

- Alle geeigneten öffentlichen Landstücke im Umkreis von 50 km sollen für die Umsiedler reserviert werden.

- Um die Härten der Umsiedlung zu lindern, soll ein gesonderter Zuschuß gezahlt werden.

- Für die Landlosen sollen vom Staat finanzierte Ausbildungsmöglichkeiten geschaffen werden.

- Die Umsiedlungsdörfer sollen mit allen notwendigen infrastrukturellen Einrichtungen ausgestattet werden wie Schulen, Ambulanzen, Versammlungsräumen, Tempeln usw.

- Die Rehabilitation soll soweit wie möglich in gemeinschaftlicher Form erfolgen (GOI 1985b, S. 41f; VARMA 1985, S. 169ff.).

---

1 Der "Forest Conservation Act" von 1980, eine Reaktion auf die katastrophale Entwaldung Indiens, stellt fast alles Waldland unter die Kontrolle der Zentralregierung. Eine Freigabe für Umsiedlungszwecke wird darin ausgeschlossen.

Der Umweltreport "The State of India's Environment" erhebt noch einige zusätzliche Forderungen:

- Bei nur teilweise überfluteten Dörfern soll allen Bewohnern die Möglichkeit zur gemeinsamen Umsiedlung bei gleicher Kompensation für ihren alten Besitzstand gegeben werden.
- Die Dorfbewohner sollen in allen Phasen der Umsiedlung durch offene Versammlungen usw. einbezogen und über ihre gesetzlichen Rechte aufgeklärt werden.
- Die unabhängigen Hilfsorganisationen ("voluntary groups") sollen an der Planung und Implementation des Rehabilitationsprogrammes beteiligt werden (CSE 1985, S. 109).

Im folgenden ist nachzuprüfen, inwieweit diese neuen positiven Bestimmungen und Vorschläge im Falle des Sardar-Sarovar-Projekts aufgegriffen worden sind.

## 5.2. Der Beschluß des "Narmada Water Disputes Tribunal" von 1979

Dieses umfangreiche interstaatliche Abkommen enthält u.a. einen Abschnitt über den **Landerwerb in der Überflutungszone** und über die **Rehabilitation der Umsiedler**[2] Darin wird vor allem die Zuständigkeit von Gujarat für die gesamte Finanzierung dieses Komplexes in Maharashtra und Madhya Pradesh geregelt. Der Beschluß enthält einige wichtige neue Bestimmungen (vgl. GOI 1978, S. 126ff.):

1. Jede Familie, die mehr als 25% ihres Landeigentums verliert, ist berechtigt, Bewässerungsland von derselben Fläche ihres alten Landes zu erhalten, mindestens aber 2 ha pro Familie. Dabei wird unter Familie jeder erwachsene Sohn (mit Frau und Kindern) verstanden, d.h. die Kernfamilie. Da viele Familien unter 2 ha, dazu

---

2   Danach soll der Staat alles private Land bis zur vollen Stauhöhe von 455' (139 m) erwerben, darüberhinaus auch alle Häuser mit den zugehörigen Grundstücken bis zur maximalen Stauhöhe von 460' (141 m) einschließlich der Rückstaueffekte (backwater effects), die im oberen Stauseebereich zu einem noch höheren Wasserspiegel führen können (GOI 1978, S. 126).

unbewässerten Landbesitz haben, wäre dies schon eine enorme Verbesserung. Wenn über 75% eines zusammenhängenden Grundstücks veräußert werden müssen, soll der Staat das gesamte Land erwerben.[3]

2. "Gujarat shall establish **rehabilitation villages** in Gujarat **in the irrigation command** of the Sardar Sarovar Project (...) for rehabilitation of the families who are willing to migrate to Gujarat. For oustee families who are unwilling to migrate to Gujarat, Gujarat shall pay to Madhya Pradesh and Maharashtra the cost, charges and expenses for establishment of such villages in their respective territories (...)" (a.a.O., S. 127 -Hervorhebung: T.M.)
Damit wird deutlich, daß das Schwergewicht auf eine gemeinschaftliche Umsiedlung gelegt wird.

3. Gujarat soll jeder Familie für die Kosten der Umsiedlung (Transport usw.) einen Zuschuß von 750 Rs. zahlen, dazu eine Beihilfe von bis zu 500 Rs., die nach der Bedürftigkeit gestaffelt ist. Jede Familie erhält eine Hausparzelle von 500 m².

4. Die Umsiedlungsdörfer sollen mit folgenden Einrichtungen ausgestattet sein: eine Grundschule für je 100 Familien, ein Dorfgemeinschaftshaus (panchayat ghar), eine Ambulanz, ein Saatgutlager, ein Kindergarten und ein Dorfteich für je 500 Familien, ein Trinkwasserbrunnen und eine zementierte Plattform (für das Gemeinschaftsleben) für je 50 Familien. Jede Siedlung soll an das Straßennetz angeschlossen sein.

5. "In no event shall any areas in Madhya Pradesh and Maharashtra be submerged under the Sardar Sarovar unless all payment of compensation, expenses and costs (...) is made for acquisition of land and properties and arrangements are made for the rehabilitation of the oustees therefrom." (GOI 1978, S. 129)

Nach den Plänen der NCA sollten Landerwerb und Rehabilitation zwei bis drei Jahre vor der Überflutung abgeschlossen sein, so daß ein adäquates Umsiedlungsprogramm durchführbar sein sollte (SCUDDER 1983, S. 24).

Diesen positiven Bestimmungen stehen aber einige vom NWDT-Beschluß **ungelöste Probleme** gegenüber:

---------------------------------

3    Die Entschädigungssumme wird auf eine Bankkonto eingezahlt, um einem Zugriff für andere Zwecke vorzubeugen. Der Zeitpunkt der Auszahlung ist allerdings nicht näher bestimmt worden (SETU 1986, S. 7).

- Sie gelten lediglich für die Umsiedler aus Madhya Pradesh und Maharashtra, nicht aber für die aus Gujarat; so hat Gujarat versucht, einen großen Teil seiner eigenen Umsiedler mit einer Entschädigung in Form von Bargeld abzuspeisen (vgl. 7.2. und 7.3.).

- Es gibt keine Regelungen für die Landlosen und für diejenigen, die Waldland kultivieren.[4]

- Es gibt keine Vorschriften für die Kontrolle der Durchführung (Monitoring and Evaluation).

Die Regierung von Gujarat brachte für die Umsiedler aus Gujarat eine **Resolution vom Juni 1979** heraus, die in wesentlichen Punkten von den NWDT-Richtlinien abweicht (vgl. JOSHI 1983, S. 206ff.):

1. Nur verheiratete Söhne sollten als separate Familie behandelt werden.

2. Bei gemeinschaftlichem Landbesitz (Kathedar-Land) soll die 2-ha-Regelung nicht auf die separaten Kleinfamilien angewandt werden!!

3. Es gibt keine Bestimmung über die Umsiedlung auf bewässerbares Land.

## 5.3. Das Kreditabkommen mit der Weltbank von 1985

Zusätzlich zu den NWDT-Bestimmungen werden hier die Gleichbehandlung der Umsiedler aus Gujarat, die Rehabilitation der Landlosen und eine angemessene Partizipation aller Betroffenen als Vorbedingung für die Vergabe des 300 Mio.-$-Kredits festgelegt. Daraufhin veränderte sich die Politik von Gujarat erheblich zugunsten der Umsiedler.

Einleitend werden einige allgemeine Prinzipien der Weltbank für die Rehabilitation von Umsiedlern aufgeführt[5] Wegen seiner Bedeutung sei

--------------------------

4  Gemäß der von Indien 1958 unterzeichneten ILO-Konvention Nr. 107 haben Stammesvölker ein Recht an dem Land, das sie traditionell nutzen, auch wenn es keinen formalen Eigentumstitel gibt (vgl. SETU 1986, S. 15).

5  vgl. hierzu u.a.: "The World Bank: Social Issues Associated with Involuntary Resettlement in Bank-Financed Projects" (in: VARMA 1985, S. 149-160) und "World Bank Checklist for Involuntary Resettlement Components" (in: JOSHI 1983, S. 210-214).

der Hauptteil aus diesem Dokument hier im vollen Wortlaut zitiert:

## "INDIA
## SARDAR SAROVAR DAM AND POWER PROJECT
### Resettlement and Rehabilitation

The project's oustees from the states of Gujarat, Madhya Pradesh and Maharashtra will be relocated and rehabilitated in accordance with the provisions of the NWDT decisions and the following principles and objectives:

1. The main objectives of the plan for resettlement and rehabilitation of the oustees are to ensure that the oustees will promptly after their displacement:
   (i) **improve or at least regain the standard of living** they were enjoying prior to their displacement;
   (ii) be relocated as village units, village sections or families in accordance with the oustees' preference;
   (iii) be fully integrated in the community to which they are resettled, and
   (iv) be provided with appropriate compensation and adequate social and physical rehabilitation infrastructure, including community services and facilities.
2. The plan for resettlement and rehabilitation of the oustees will ensure **adequate participation by the oustees.**
3. Each landed oustee shall be entitled to and allotted **irrigable land** in the state (Gujarat, MP or Maharashtra) in which he chooses to resettle, **of equal size** to that which he owned prior to his resettlement, subject to the applicable land ceiling laws, **acceptable to him;** provided, however, that in those cases where the oustees owned less than 2 ha of land, such oustees shall be entitled to at **least 2 ha** of irrigable land, acceptable to him.
4. Each landless oustee will be rehabilitated in the agricultural or nonagricultural sectors, as the case may be, and shall be entitled to stable means of livehood in accordance with the objectives set forth in paragraph 1. of this schedule.
5. The **level of compensation** for land, irrigable and otherwise, to be paid to landed oustees **will be based on the current market value of land of equivalent size,** location and comparable quality in areas provided for and acceptable to each oustee.
6. Where irrigable land is allocated to a landed oustee in lieu of land previously owned by such oustee, 50% of the cash compensation to which such oustee is entitled shall be applied towards the cost of the allocated land, subject to a maximum of the value of the land allotted, and the balance of the cost of such allotted land shall be treated by the state (Gujarat, MP or Maharashtra) where the allotted land is located, as an interest-free loan repayable over 20 years.
7. **In no case shall cash payment be made in substitution for actual rehabilitation.** Cash payments shall be restricted to such transactions as mandated by the NWDT decision." (WORLD BANK 1985a, S. 70f. - Hervorhebungen: T.M.)

Die Bestimmungen für die Landlosen sind hier nach wie vor sehr vage; außerdem fehlt eine Regelung für die Kultivierung von öffentlichem Wald- und Ödland. Dafür ist die Rehabilitation der Landbesitzer durch für sie akzeptable, ggf. auch private Landstücke vorgesehen (vgl. 5.4. - Resolution vom November 1985).

In einem weiteren Teil wird der institutionelle Rahmen für die Durchführung von "Monitoring and Evaluation" festgelegt. Danach sollen unabhängige Forschungsinstitutionen den Verlauf der Umsiedlung kontrollieren und zehn Jahre lang halbjährliche Berichte für die Weltbank anfertigen.[6] Weiterhin soll ein beratendes Komitee den für den Landerwerb und die Rehabilitation zuständigen Behörden[7] zur Seite gestellt werden, das neben Regierungsvertretern aus Vertretern der Umsiedler, der regierungsunabhängigen Sozialarbeiter und der sozialen Forschungsinstitutionen bestehen soll.

Schließlich gibt es eine Vereinbarung, nach der die indische Zentralregierung für solche Umsiedler, die traditionell Feld-Wald-Wirtschaft betreiben und für die kein anderes geeignetes Land gefunden werden kann, **Waldland freigeben** soll, obwohl es nach dem "Forest Conservation Act" von 1980 streng geschützt und seither für Neuansiedlungen nicht mehr genehmigt worden ist (vgl. Fußnote 1). Die Weltbank führt an, daß die Entwaldung in der näheren Umgebung des künftigen Stausees ohnehin schon sehr stark vorangeschritten ist und eine verbesserte und kontrollierte Form der Bewirtschaftung eingeführt werden könnte.

---

6   Für Gujarat ist das "Centre for Social Studies" (CSS) in Surat damit beauftragt worden. Hier gab es allerdings gleich interne Differenzen, weil der erste vorgelegte Bericht einigen Regierungsleuten zu kritisch erschien. Der Verfasser kündigte daraufhin aus Protest seine Stellung!

7   Das "Irrigation Dept." ist zuständig für Umsiedlung und Rehabilitation, das "Revenue Dept." für Landerwerb und Kompensation. Beide haben einen technisch-finanziellen Ansatz und beschäftigen keine Soziologen. Bei wichtigen Entscheidungen ist das letztere dem ersteren untergeordnet (vgl. JOSHI 1983, S. 35f).

## 5.4. Sonstige Bestimmungen und offene Probleme

Zusätzlich zu den bestehenden Abkommen verabschiedete die Regierung von Gujarat 1985 zwei Resolutionen, die die Auflagen des Obersten Gerichtshofs von Gujarat erfüllen.[8] Die **Resolution vom Mai 1985** gesteht erstmalig auch den Bauern, die öffentliches Wald- oder Ödland kultivieren, einen Anspruch auf Entschädigung zu.

> "Those oustees who are unauthorisedly cultivating Government waste land/forest land going under submergence in Sardar Sarovar (...) will be given ex-gratia payment for the land being unauthorisedly cultivated at the rate at which the compensation is being paid for acquisition of private lands; they will be offered land for cultivation to the extent of land being cultivated subject to minimum of three acres and maximum of five acres for every individual married son and will be allotted if he is willing to accept." (GOG 1986, S. 23)

Auch ihre auf öffentlichem Land errichteten Häuser sollen kompensiert werden, und sie dürfen das Baumaterial mitnehmen. Diese Resolution bedeutet einen erheblichen Fortschritt gegenüber früher, wo sie als "illegale Landbesetzer" keinerlei Ansprüche hatten, nicht einmal auf ihre Häuser, weil sie aus "illegal angeeignetem" Holz errichtet worden waren.

Die **Resolution vom November 1985** legt fest, daß für alle Familien aus Gujarat, die bereits vor 1985 umgesiedelt worden sind, nachträglich dieselben Rechte wirksam werden sollen wie für die Umsiedler aus Madhya Pradesh und Maharashtra. Jeder Kernfamilie mit Privatland, d.h. jedem erwachsenen Sohn von über 18 Jahren, auch wenn er noch unverheiratet ist, stehen 2 ha Land zu, vorher nur jedem eingetragenen Landbesitzer (Khatedar). Die Größe der Hausparzellen wurde gegenüber 1979 von 300 auf 500 m$^2$ pro Familie erhöht.

In derselben Resolution wird dann aber die 2-ha-Regelung wieder eingeschränkt: Jeder Familie mit Landbesitz soll an drei verschiedenen Stellen öffentliches Land gezeigt werden. Akzeptieren sie eines der Angebote, so sollen sie das Land gemäß der "2-ha-Bestimmung" erhalten;

---

8   Das Gerichtsurteil vom Januar 1985 war ein Ergebnis des vereinten politischen Drucks von indischen Aktionsgruppen, ausländischen Solidaritätsgruppen und der Weltbank (vgl. 5.5.). Es erfolgte aufgrund einer Petition von CYSV an den "High Court" von Gujarat.

akzeptieren sie dagegen keines der drei Angebote, verlieren sie diesen Anspruch und müssen sich dann eigenständig um privates Land bemühen (vgl. 7.3.3.). Für etwaige Unterschiede im Marktwert zwischen dem alten und dem neuen Land würde der Staat jedoch einen Zuschuß (ex-gratia-payment) gewähren (GOG 1986, S. 19f).

Trotz der insgesamt positiv zu bewertenden Wandlung der staatlichen Rehabilitationspolitik bleibt bei näherer Betrachtung eine Reihe von ungelösten Problemen:

1. Gerade in der letztgenannten Bestimmung sehen Kritiker eine Fußangel, denn oft ist das angebotene öffentliche Land von schlechter Qualität, so daß die meisten Umsiedler letztlich doch auf sich selbst gestellt sind und privat Land erwerben müssen, dessen Preise bei gesteigerter Nachfrage in die Höhe schnellen. Genau dies aber sollte nach dem Abkommen mit der Weltbank verhindert werden (vgl. CYSV 1986b und 7.3.2.).

2. Um einen Rechtsanspruch auf die Kompensation von öffentlichem Wald- oder Ödland geltend zu machen, müssen die Bauern seine Kultivierung über einen längeren Zeitraum nachweisen,[9] und zwar anhand von schriftlichen Belegen über gezahlte Geldstrafen. Dies kann aber recht schwierig sein, denn oft bieten die Forstbeamten eine Verringerung dieser Strafzahlungen an, stellen dafür aber keinen schriftlichen Beleg aus, um das Geld in ihrer eigenen Tasche verschwinden zu lassen. Mitunter werden sogar jährlich illegale Dorfabgaben eingesammelt, wo die meisten Bewohner Waldland kultivieren (SETU 1986, S. 9).

3. Ebenso schwierig dürfte es in vielen Fällen werden, überhaupt ein Eigentum an Land nachzuweisen. Der Anspruch auf 2 ha Bewässerungsland pro Familie gilt nämlich nur dann, wenn sie eigenes Land verloren hat. Bei den Stammesvölkern ist aber viel Land als gemeinschaftlicher Landbesitz (Khatedar-Land) auf den Namen des Haushaltsvorstandes der Großfamilie in den Landregistern eingetragen.[10] Der Grund dafür liegt einmal mehr in den korrupten Prak-

---

9     In Maharashtra seit 1978, in Gujarat sogar seit 1968; in Madhya Pradesh wurde alles vor 1977 kultivierte Waldland generell als Privatland anerkannt (KALPAVRIKSH 1985, S. 279).

10    Von den 2109 Familien in den 19 Dörfern von Gujarat sind nur 624
                                                         (Fortsetzung Fußnote)

tiken der Beamten, die für jede formale Eintragung einer Landaufteilung (z.B. im Erbfall) illegal hohe Gebühren verlangen (a.a.O., S. 10). Außerdem mußte in Gujarat noch bis in die 50er Jahre hinein ein Familienmitglied von jedem "landholding" als Leibeigener ("bonded labour") an den Hof des regionalen Fürsten gehen.

4. Die Bestimmungen über die Infrastruktur in den Neusiedlungen (für jeweils 50 oder 100 Familien) sind dann wirkungslos, wenn die Umsiedler einzeln oder in kleineren Gruppen verstreut rehabilitiert werden (a.a.O., S. 12).

5. Vielfältige Probleme ergeben sich, wenn nur ein Teil eines Dorfes in den Überflutungsbereich kommt. Dann sind z.B. die Bewohner der oberen Hangzonen häufig von den alten Verbindungswegen abgeschnitten. Außerdem wird eine zurückbleibende Minderheit zu Recht verlangen, mit der übrigen Dorfgemeinschaft zusammen umgesiedelt zu werden. Doch der Erwerb ihres Landes durch den Staat ist nicht vorgesehen (a.a.O., S. 15).[11]

6. Was für ganze Dörfer gilt, gilt auch für das Land eines einzelnen Bauern: Verliert er weniger als 75% davon, z.B. 1 ac von insg. 2 ac (50%), dann erhält er nur für 1 ac Land Kompensation; ihm verbleibt 1 ac nicht überflutetes Land im alten Dorf, das er aber wegen der Entfernung zum neuen Dorf kaum noch nutzen kann (a.a.O., S. 16).

7. Die Umzugspauschale von 750 Rs. wird als viel zu niedrig angesehen, um auch nur die Transportkosten zu decken. Die Organisierung und Finanzierung der gesamten Umsiedlungsaktion durch den Staat würde dagegen ungleiche Bedingungen von verschiedenen Dörfern am besten ausgleichen (a.a.O., S. 17).

8. Auch hinsichtlich des Zeitpunkts und der Form der Kompensationszahlung und des Zeitplanes für Umsiedlung und Fertigstellung der

---

(Fortsetzung Fußnote von vorangegangener Seite)
als Landeigentümer eingetragen, obwohl die meisten faktisch Privatland besitzen (KALPAVKRISH 1985, S. 279; vgl. 6.1.2.).

11 Es gibt allerdings einen Abschnitt im "Land Acquisition Act", nach dem ein gerichtlicher Anspruch geltend gemacht werden könnte:
"If remaining land is affected by acquisition of other lands, there can be a claim for compensation, because the benefits of the lands have been lost." (GOI 1984).

Infrastruktur in den neuen Siedlungen gibt es zahlreiche Beschwerden seitens der bisher schon Umgesiedelten.

Zusammenfassend läßt sich festhalten, daß die Rehabilitation der Umsiedler beim Sardar-Sarovar-Projekt positive wie negative Aspekte aufweist (vgl. 8.2.).

"It is for the first time in India that the related aspects of rehabilitation, and that too from the receiver's point of view, is being studied while the rehabilitation programme is being implemented." (JOSHI 1983, S.4). "No doubt Sardar Sarovar is the first project in India for which a definite institutional arrangement and the plan for monitoring and evaluation of the rehabilitation component - both at the state and inter-state level - has been proposed and accepted." (SETU 1986, S. 20).

Demgegenüber stehen bürokratische Hemmnisse und Verzögerungen und die Frage nach der tatsächlichen Implementation der an sich positiven Bestimmungen. Unter den drei beteiligten Bundesstaaten gibt es z.T. unterschiedliche Vorschriften zur Behandlung der Umsiedler. Die oben genannte Resolution über die Waldland-Kultivatoren gilt z.B. nur für Gujarat. Nach dem neuen Rehabilitationsgesetz für Madhya Pradesh von 1985 unterliegen z.B. die Umsiedler des Narmada-Sagar-Projekts schlechteren Bedingungen als die des Sardar-Sarovar-Projekts (vgl. WWF 1986, S. 19). Solange also keine einheitliche Rehabilitationspolitik auf nationaler Ebene existiert, wird jede Vereinbarung immer das politische Kräfteverhältnis auf der regionalen Ebene wiederspiegeln. Es wird auch von vielen Seiten angezweifelt, daß die Regierung an einer Implementation der NWDT-Bestimmungen interessiert ist. Gemäß Art. 14 der indischen Verfassung ("equality before the law") könnten diese dann bei allen weiteren derartigen Projekten eingeklagt werden. Deshalb befürchten Kritiker, daß für die meisten Betroffenen die positiven neuen Ansätze lediglich auf dem Papier bleiben werden.

## 5.5. Die Rolle der in- und ausländischen Kritiker

Es bleibt die Frage zu beantworten, warum gerade im Falle des Sardar-Sarovar-Projekts eine erheblich bessere Rehabilitationspolitik durchgesetzt werden konnte. Nach den früheren Erfahrungen (vgl. Kapitel 4.) wäre es geradezu verwunderlich, wenn Regierungen in Indien von selber der Sozialpolitik auf einmal einen so hohen Stellenwert einräumen, zumal sie nach wie vor dazu gezwungen sind, bei Großprojekten ihre finanziellen Ressourcen nicht zu überfordern.

Die Erklärung liegt darin, daß die indische Regierung aus zwei Gründen zu Zugeständnissen bereit ist: Zum einen hat das gesamte Narmada-Projekt einen so hohen Stellenwert bei den indischen Planern, daß sie sich drohende Zeitverzögerungen und damit Kostensteigerungen wegen Widerstands der Bevölkerung und zuviel öffentlicher Kritik am Projekt nicht leisten können. Zum anderen ist die Mit-Finanzierung des Projekts durch die Weltbank so wichtig, daß sie nicht an deren sozialpolitischen Forderungen scheitern darf. In diesem Kräftefeld von beteiligten Regierungsbehörden, betroffener Bevölkerung und der Weltbank gab es für Gruppierungen, die sich für die Rechte der dem Staat gegenüber relativ hilflosen Stammesbevölkerung einsetzen, einige nicht unbeträchtliche Einflußmöglichkeiten.

### 5.5.1. Das Eingreifen von "voluntary groups" in Indien

Ein Entwicklungsprojekt vom Ausmaß des Narmada-Valley-Projekts hat frühzeitig Gegenkräfte auf den Plan gerufen, die sowohl wegen der ökologischen als auch wegen der sozialen Folgen Alarm schlugen. So wird einerseits die Zerstörung von mehreren hunderttausend Hektar des in Indien ohnehin schon stark zusammengeschrumpften Waldes angegriffen, andererseits wird die Verdrängung vor allem der Stammesgruppen aus ihrem alten Lebensraum als "Ethnozid" bezeichnet (vgl. hierzu z.B. CSE 1985, S. 105ff.).

Im Jahre 1983 unternahm eine Gruppe engagierter Studenten aus Delhi eine längere Erkundungsreise durch das gesamte Narmada-Tal und veröffentlichte ihre Ergebnisse 1984 in der indischen Wochenzeitschrift "Economic and Political Weekly" unter dem Titel: "Narmada Valley Project - Development or Destruction?" (KALVAPARIKSH 1985). Seither reißt die öffentliche Diskussion über dieses Projekt in der Presse nicht ab, wobei das Narmada-Sagar-Projekt am stärksten ins Kreuzfeur der Kritik geraten ist. Trotz viel geringerer Waldverluste und des recht positiven Rehabilitationsabkommens bleibt auch das Sardar-Sarovar-Projekt nicht ohne Opposition. So erschien z.B. Ende 1986 in einer populären Massenzeitschrift erstmalig ein Artikel in Gujarati mit dem Titel: "Environmental Time Bomb by Rajiv Gandhi - Sardar Sarovar (Narmada) Dam" (DESAI 1986). Nicht unerwähnt bleiben sollen auch einige überregionale Konferenzen über die Probleme dieses Großprojektes, die u.a. durch das "Centre for Social Studies" (CSS) in Surat (1982) und die "Gandhi Peace Foundation" (GPF) in New Delhi (1986) organisiert wurden.

Hier soll vor allem auf die Tätigkeit einiger kleiner Gruppen von unabhängigen Sozialarbeitern hingewiesen werden, die schon seit 1980 (SETU erst später) der betroffenen Bevölkerung dabei helfen, ihre Rechte geltend zu machen (vgl. hierzu u.a. JOSHI 1983, S. 36ff.). Es handelt sich im wesentlichen um drei Gruppen:

1. **"Chhatra Yuva Sangarsh Vahini"** (CYSV), eine Gruppe von jungen Akademikern, z.T. Ärzte, die bewußt aufs Land zu den armen Leuten gegangen sind. Sie stellen sich in die Tradition des verstorbenen sozialistischen Oppositionspolitikers J. Narayan ebenso wie in die von Mahatma Gandhi und haben zeitweilig mit in den Überflutungsdörfern gelebt.

2. **"Rajpipla Social Service Society"** (RSSS), eine Gruppe von Jesuitenpriestern, die sich ganz der weltlichen Sozialarbeit und Rechtshilfe für unterprivilegierte Bevölkerungsgruppen verschrieben haben.

3. **"Centre for Social Knowledge and Action"** (SETU), eine in Ahmedabad ansässige Gruppe von jungen Akademikern, die sich als Ableger der "Lokayan"-Gruppe in Delhi (vgl. Kapitel 4., Fußnote 1) verstehen und sich an sozialistischen und gandhianischen Prinzipien orientieren.

Während sich die ersten beiden Gruppierungen für die Umsiedler aus den 19 Dörfern in Gujarat einsetzen, kümmert sich die letztere um die 33 Dörfer in Maharashtra. In Madhya Pradesh gibt es dagegen erst kleine Ansätze zu organisierter Sozialarbeit und Rechtshilfe, so daß die Mehrheit der Umsiedler des Sardar-Sarovar-Projekts (180 Dörfer) den Regierungsleuten ohne eine unabhängige Hilfsorganisation gegenübersteht.[12]

Die Haupttätigkeit dieser Gruppen ist es, in die betroffenen Dörfer zu gehen, wo sie in Versammlungen die Dorfbevölkerung über ihre Rechte aufklären, Informationen über ihre Probleme sammeln und Daten über Grundstücke, Häuser usw. aufnehmen, um die Regierung zu kontrollieren. Dank ihrer kontinuierlichen Arbeit haben sie feste Wurzeln in einigen Dörfern geschlagen und stellen heute in den Verhandlungen mit den Behörden über die Lösung vieler Einzelprobleme einen wichtigen Faktor dar. Mit Hilfe der beiden in Gujarat tätigen Gruppierungen kam es 1984 zu einer Protestdemonstration vom Dorf Vadgam nahe der Dammbaustelle bis zum Projekt-Hauptquartier in der 10 km entfernten Kevadia Colony, an der über 3000 Dorfbewohner teilnahmen. Dies war die erste derartige politische Aktion der Stammesbevölkerung in dieser Region und zeugte von ihrem gestiegenen Selbstbewußtsein. Weiterhin verhandeln die genannten Gruppen mit Politikern und Planern auf den höheren Ebenen, z.B. in Gandhinagar, der Hauptstadt Gujarats, wozu sie stets Leute aus den Dörfern mitbringen. Sie schreiben Petitionen und benachrichtigen die Presse, um öffentlichen Druck auszuüben. CYSV führt seit Jahren einen Musterprozeß für Bewohner des Dorfes Vadgam, der inzwischen vor dem obersten Gerichtshof in New Delhi zur Entscheidung ansteht (vgl. 7.2.2.).

Nur dem fortgesetzten Druck dieser Gruppen in Verbindung mit entsprechenden Veröffentlichungen in der indischen Presse ist es zu verdanken, daß nach und nach offene Probleme von den Behörden aufgegriffen und neu geregelt wurden. Daß die Bestimmungen für die Umsiedler heute in Gujarat am günstigsten sind, liegt mit Sicherheit da-

---

12 Es gibt dort einige dogmatische, marxistisch orientierte Gruppierungen, die nur bereit sind, eine Kampagne gegen den Bau der Staudämme zu unterstützen, es aber als "reformistisch" ablehnen, die viel mühseligere Arbeit zur Verbesserung der Rehabilitationsbedingungen der Umsiedler aufzunehmen.

ran, daß hier die stärksten politischen Gegenkräfte arbeiten. Andererseits finden sich auch auf der oberen Planungsebene Leute, die es ernst meinen mit einer verantwortungsvollen Rehabilitationspolitik, sich aber zugleich über die korrupten Praktiken der mittleren und unteren Ebenen der Bürokratie, auf die sie angewiesen sind, beklagen. Ein typischer Vertreter davon ist der Vorsitzende der "Narmada Valley Development Authority" (NVDA) in Madhya Pradesh, S.C. VARMA, der sich wie folgt äußerte:

> "The implementation of the project is a problem, misgivings of bureaucracy are there. (...) The main problem lies in bad management, not in large dams itself. (...) Local and voluntary organizations and the press must be the spokesman of the people. Unless public opinion is strong, we will make the same mistakes. An awakening of the people must be created to watch government and management. Trust in human nature is not enough, control is better." (Interviewaussage).

Inzwischen wird auf höchster Ebene versucht, die verstreuten unabhängigen sozialen Aktionsgruppen stärker in die Regierungspolitik einzubeziehen, allerdings auf Kosten ihrer Unabhängigkeit. Da die Regierung ihren Einfluß in den Dörfern erkannt hat, möchte sie jene künftig als ihren verlängerten Arm auf der unteren Ebene einsetzen. Verständlicherweise gibt es von Seiten der genannten Gruppen erheblichen Widerstand dagegen, sich so ihrer Selbständigkeit berauben zu lassen.

## 5.5.2. Kampagnen im Ausland zugunsten der Umsiedler

Trotz aller engagierten Arbeit der "voluntary groups" in Indien bliebe es fraglich, ob es zu solchen Zugeständnissen der Regierung in der Rehabilitationspolitik gekommen wäre, wenn nicht die **Weltbank** die Freigabe ihres Kredits von der Erfüllung entsprechender Auflagen abhängig gemacht hätte. Die Weltbank gibt sich zumindest den Anschein, einer entwicklungspolitischen Strategie der Grundbedürfnisorientierung zu folgen, nach der kein Projekt zur Verschlechterung der Lebenssituation der betroffenen armen Bevölkerungsgruppen führen darf. Ob dies nur ein Feigenblatt für ihr finanzielles Geschäft mit den Entwicklungsländern darstellt oder ein echtes, übergeordnetes Ziel, soll an dieser Stelle nicht weiter diskutiert werden. Vielmehr soll hier darauf eingegangen werden, wie empfindsam die Weltbank offensichtlich auf öffentlichen Druck in diesem Punkt hin reagiert.

Einige Organisationen im Westen - vor allem "Oxfam" und "Survival International" in Großbritannien und "Energy Probe" in Kanada - brachten zur Unterstützung der kritischen Gruppen in Indien Informationen über das Narmada-Valley-Projekt an die Öffentlichkeit und initiierten Briefaktionen an die Verantwortlichen der Weltbank, um diese mit den ungelösten Problemen der Rehabilitation der Narmada-Umsiedler zu konfrontieren. Es ist mehr als fraglich, ob entsprechende Anfragen aus Indien den gleichen Effekt gehabt hätten. Jedenfalls reagierte die Weltbank auf die zahlreichen Briefe, prüfte deren Argumente nach[13] und machte dann das oben zitierte Umsiedlungs- und Rehabilitationsprogramm zur Vorbedingung für die Kreditfreigabe. Eine der indischen "voluntary groups" bedankte sich wie folgt:

The "belated concern (of the Indian authorities) for the poor tribals has arisen only because the World Bank has decided to press for a just rehabilitation policy. (...) There is no doubt in our mind that your intervention from the UK has helped our case immensely (...) there has been a decisive change for the better. We have come to know that the World bank has exerted a tremendous pressure on the Gujarat Government to prepare, implement and monitor the detailed rehabilitation programme." (zitiert nach: OXFAM Issue 9, 1984 - Hervorhebung: T.M.)

In der Folge reagierte auch der Oberste Gerichtshof von Gujarat mit seinem "Interim Report" in entsprechender Weise:

"The World Bank rightly stressed the need for a resettlement programme simultaneously with the eviction of settlers for the purpose of the project. What impressed the World Bank must necessarily impress the State Government too (...) Unless compensation and/or rehabilitation measures are taken or provided to the cultivators or the occupants, status quo in regard to such land should not be changed." (zitiert in: OXFAM Situation report, 1985).

---

13 T. SCUDDER, international bekannter Experte für Probleme der Umsiedlung und Rehabilitation, bereiste 1983 im Auftrag der Weltbank das Projektgebiet und schrieb anschließend einen ausführlichen, sehr kritischen Bericht (SCUDDER 1983). Wegen seiner guten Kontakte zu indischen "voluntary groups" hatte er einige Probleme mit den Regierungsbehörden in Indien.

Auch in der Bundesrepublik wurde, wenn auch erst relativ spät, die Kampagne gegen Umweltzerstörung und für eine gerechte Rehabilitation beim Narmada-Valley-Projekt aufgegriffen. Ausgangspunkt war das Hauptreferat auf dem 9. **Bundeskongreß entwicklungspolitischer Aktionsgruppen (BUKO)** im Mai 1985, das von B. SEN GUPTA gehalten wurde.[14] Dieser Kongreß, der unter dem Motto "Ökologie und Dritte Welt" stand, verabschiedete eine Resolution zum Narmada-Projekt an die Weltbank. Es folgten mehrere Aufrufe zu Briefen an die Weltbank und die Bundesregierung sowie einige Artikel in der westdeutschen Presse (vgl. HOERING 1985, 1986 und SAUER 1987).

Nach der ausführlichen Darstellung der politischen Rahmenbedingungen soll in den folgenden beiden Kapiteln die Situation der Umsiedler eingehender, z.T. anhand von Fallbeispielen dargestellt werden.

---

14 Die Informationen auf dem BUKO 1985 bildeten auch den Ausgangspunkt für den Verfasser, sich mit dem Narmada-Valley-Projekt näher zu beschäftigen. Mit der vorliegenden Arbeit soll erstmalig eine gründliche Analyse dazu in deutscher Sprache erscheinen.

# 6. DIE BISHERIGE LEBENSSITUATION DER UMSIEDLER

## 6.1. Die Überflutungszone in Gujarat

Das Gebiet, das vom Sardar-Sarovar-See sowie den vier kleineren Stauteichen in Gujarat überflutet wird, betrifft 19 Dörfer mit einer Gesamtbevölkerung von 14.500 Menschen, von denen etwa 10.500 umgesiedelt werden müssen. Es umfaßt 75 km², liegt im westlichen Abschnitt der Satpura-Berge und zieht sich über 40 km weit größtenteils an der Nordseite der Narmada entlang. Tabelle 6.1 gibt einige grundlegende Informationen über die 19 Dörfer und Abbildung 6.1 zeigt ihre ungefähre Lage und den geplanten Stausee.

Die Überflutungszone weist in den oberen Hangpartien tropischen Trockenwald von relativ geringer Dichte auf und wird vor allem in den flacheren Hangbereichen nahe dem Ufer der Narmada und ihren periodisch wasserführenden Seitentälern landwirtschaftlich genutzt. Die Bodenqualität ist im Westen, wo das Relief noch aus flacheren Hügeln besteht, relativ am besten und wird nach Osten hin bei zunehmend schrofferem Relief immer schlechter. Im gesamten Gebiet gibt es keine Bewässerungsmöglichkeiten. Bis auf wenige begünstigtere Felder im Westen, die zwei Ernten tragen, ist im Regenfeldbau nur eine, zudem unsichere Ernte pro Jahr möglich.

Dieses Gebiet gehört zu den am wenigsten entwickelten Regionen von Gujarat und wird fast ausschließlich von Stammesbevölkerung bewohnt. Wegen des seit langem geplanten Staudamms wurden auch keine Entwicklungsprogramme mehr durchgeführt. So gibt es in keinem der 19 Dörfer elektrischen Strom, und die Versorgung mit Schulen und medizinischen Einrichtungen ist unzureichend.

Trotzdem kann die Überflutungszone keineswegs als homogen angesehen werden, sondern weist signifikante Unterschiede im sozioökonomischen Entwicklungsstand auf, die mit der infrastrukturellen Ausstattung und dem Ausmaß an externen Marktverflechtungen zusammenhängen.

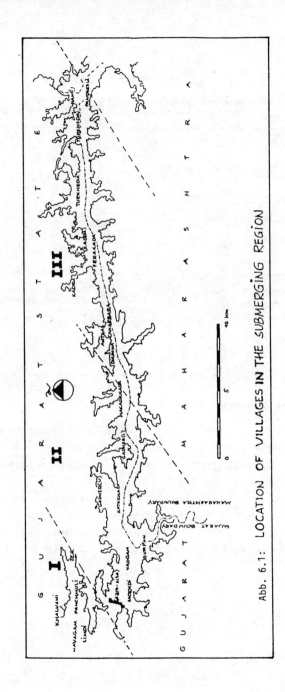

Abb. 6.1: LOCATION OF VILLAGES IN THE SUBMERGING REGION

(Quelle: JOSHI 1983, S. 46)

Tab. 6.1: Grunddaten der 19 von der Überflutung betroffenen Dörfer in Gujarat

| Dorf | Distrikt | Taluka | Gesamtbe-völkerung | Überflutete Häuser(in %) | Überfl. Land (in % der Gemar-kungsfläche) | Bevölkerungsan-teil (nach Zonen) |
|------|----------|--------|--------------------|--------------------------|--------------------------------------------|------------------------------------|
| Navagam | Bharuch | Nandod | 484 | 28 | 60 | |
| Limdi | " | " | 866 | 29 | 23 | |
| Panchmuli | " | " | 952 | 81 | 25 | |
| Khalvani | " | " | 218 | 85 | 36 | |
| Zer | " | " | 1.374 | 1 | 3 | |
| (insg. Zone 1) | | | 3.894 | | | 27% |
| Vadgam | Bharuch | Nandod | 1.586 | 100 | 44 | |
| Mokhadi | " | " | 1.187 | 53 | 22 | |
| Surpan | " | " | 404 | 67 | 25 | |
| Kathkadi | " | " | 340 | 80 | 36 | |
| Gadher | " | " | 2.467 | 90 | 36 | |
| Makadkhada | " | " | 802 | 100 | 29 | |
| (insg. Zone 2) | | | 6.786 | | | 46% |
| Dhumna | Baroda | Naswadi | 67 | 100 | 38 | |
| Chharbara | " | " | 34 | 100 | 38 | |
| Antras | " | " | 171 | 100 | 30 | |
| Ferakada | " | " | 397 | 47 | 31 | |
| Kadada | " | " | 549 | 67 | 28 | |
| Turkheda | " | Chhotaudepur | 937 | 31 | 29 | |
| Hanfeshwar | " | " | 1.568 | 55 | 25 | |
| Pandheria | " | " | 97 | 100 | 49 | |
| (insg. Zone 3) | | | 3.820 | | | 27% |
| (insg. Zone 1-3) | | | 14.500 | | | 100% |

Quellen: JOSHI 1983, S. 48; PATEL 1983, S. 96

Diese subregionale Differenzierung wird durch den Staudammbau noch verstärkt und beeinflußt ihrerseits auch die Reaktionsweisen der Dorf-bewohner in einer Krisensituation wie ihrer erzwungenen Umsiedlung (vgl. DAS 1986, S. 24).

Es gibt aber nicht nur eine räumliche Differenzierung zwischen den 19 Dörfern, sondern auch eine soziale Differenzierung innerhalb der einzelnen Dörfer, die ihrerseits mit zunehmendem Entwicklungsniveau entsteht und anwächst, worauf in den Abschnitten 6.2. und 6.3. näher eingegangen wird.

## 6.1.1. Die räumliche Untergliederung

JOSHI (1983), DAS (1986) und andere Studien des CSS untergliedern die 19 Dörfer nach ihrem Entwicklungsstand in drei räumliche Zonen (vgl. Tab. 6.1 und Abb. 6.1).

**Zone 1** umfaßt fünf Dörfer, die von den Stauteichen zwischen Damm und Kanalbeginn teilweise überflutet werden. Die Umsiedlung ihrer Bewohner erfolgte teilweise bereits Anfang der 80er Jahre und ist inzwischen fast abgeschlossen. Die Dörfer liegen an den Ausläufern des Berglandes und sind seit langem den Einflüssen der nahegelegenen ländlichen Marktorte Tanakhala, Garudeshwar sowie der Kreisstädte Rajpipla und Naswadi ausgesetzt, neuerdings auch der Technikerkolonie Kevadia, die keine zehn Kilometer vom Damm entfernt ist. Heute führt eine asphaltierte Straße bis zur Dammbaustelle. Regelmäßige Busverbindungen und die Möglichkeit zu außerlandwirtschaftlichem Einkommen haben Konsum- und Lebensgewohnheiten denen der benachbarten, mehrheitlich von Hindus bewohnten Dörfern in der Ebene weitgehend angenähert. So fahren z.B. die jungen Leute mitunter in die Stadt, um ins Kino zu gehen oder sich anderweitig zu vergnügen (JOSHI 1983, S. 51).

**Zone 2** umfaßt sechs Dörfer, in denen fast die Hälfte der Umsiedler aus Gujarat lebt. Vier Dörfer liegen relativ nahe an der Dammbaustelle, während zwei (Gadher und Makadkhada) nur auf einem etwas umständlicheren Weg über die Berge zu erreichen sind. Vadgam hat eine regelmäßige Busverbindung nach Rajpipla, Gadher nur während der Trockenzeit. Die meisten Bewohner müssen längere Fußwege in Kauf nehmen als in Zone 1, weil ihre Dörfer sich weit ins Bergland hinein erstrecken. Deshalb sind die auswärtigen Markt- und Kultureinflüsse hier noch nicht so stark ausgeprägt wie in Zone 1. Das Entwicklungsniveau nimmt in Zone 2 von Westen nach Osten ab; Vadgam ähnelt den Dörfern in Zone 1, während Makadkhada am Ostende denen in Zone 3 ähnelt.

**Zone 3** ist die abgelegenste und rückständigste Region. Das Relief ist schroffer und somit erosionsgefährdeter. Neben einer spärlichen Landwirtschaft spielen hier Jagd, Fischfang und Sammelwirtschaft noch eine größere Rolle für das tägliche Überleben (DAS 1986, S. 32). Auch Formen von "Shifting Cultivation" lassen sich noch beobachten (JOSHI 1983, S. 115). Es gibt nur eine einzige, nicht asphaltierte Straße nach Hanfeshwar, die in der Monsunperiode nicht mehr befahrbar ist. Zum ca. 25 km entfernten Marktort Kavant müssen die Bewohner zu Fuß gehen und Waren, sofern sie welche kaufen oder verkaufen, auf dem Kopf tragen. Aufgrund ihrer von der Natur her begünstigten weitgehenden Isolation ist diese Zone noch am wenigsten durch Außeneinflüsse verändert worden.

## 6.1.2. Differenzierung nach sozioökonomischem Entwicklungsstand

Ein Vergleich zwischen den drei Zonen anhand verschiedener Indikatoren bestätigt die Sinnhaftigkeit dieser Unterteilung. So zeigt Tabelle 6.2, daß mit wachsender Entfernung vom nächsten Marktort und schlechterer Infrastruktur auch die Alphabetisierungsrate deutlich zurückgeht.

Tab. 6.2: Zonen nach Bildungsstand und Infrastruktur

| Zone | Alphabetisierungsrate[a] | Schulen | Einw.pro Schule | Post | Ambulanz | Entfernung zum nächsten Marktort |
|------|--------------------------|---------|-----------------|------|----------|----------------------------------|
| 1 | 39% | 6 | 104 | 1 | 1 | ∅ 5 km |
| 2 | 23% | 7 | 146 | 2 | - | ∅ 15 km |
| 3 | 2% | 1 | 608 | - | - | ∅ 25 km |

Quellen: JOSHI 1983, S. 49; PUNALEKAR 1986, S. 355
(a) DAS 1986, S. 30 gibt hier nur 33%, 20% und 1% an.

Die gesamte Landfläche wird in drei Kategorien eingeteilt: **privates Land**, **staatliches Ödland** und **Waldland**. Für die Kultivierung der beiden letzten Kategorien müssen die Bauern Strafe an die Finanz- bzw. Forstbehörde zahlen. Nur das Privatland hat einen legalen Status durch Eintragungen in die Landbesitzbücher und eine Art Grundsteuer (JOSHI 1983, S. 125). Ein Blick auf Abbildung 6.2 zeigt, daß der Anteil an privaten Feldern von Westen nach Osten abnimmt, während der Waldanteil deutlich zunimmt.

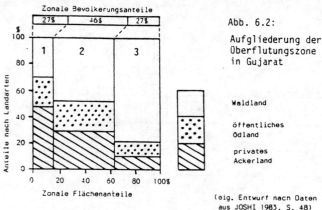

Abb. 6.2:

Aufgliederung der
Überflutungszone
in Gujarat

Waldland

öffentliches
Ödland

privates
Ackerland

(eig. Entwurf nach Daten
aus JOSHI 1983, S. 48)

## Abb. 6.3: Zonen nach Art des Landbesitzes

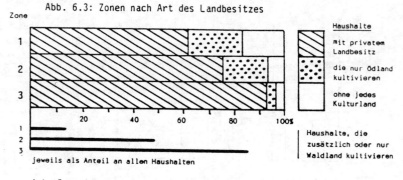

(eig. Entwurf nach Daten aus: DAS 1986, S. 31)

## Abb. 6.4: Zonen nach Besitzgrößenklassen (a)

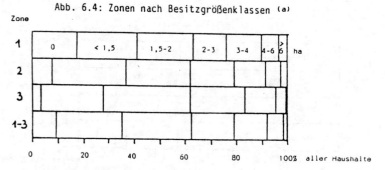

(eig. Entwurf nach Daten aus: JOSHI 1983, S. 124)
(a) Als Landbesitz wird hier die gesamte Kulturfläche eines Hausnalts
gerechnet, nicht nur das Privatland.

- 68 -

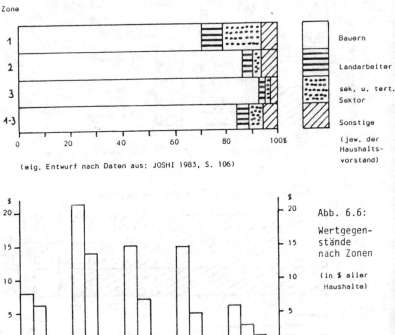

Abb. 6.5: Anteile von Berufsgruppen nach Zonen

(eig. Entwurf nach Daten aus: JOSHI 1983, S. 106)

Abb. 6.6:

Wertgegen-
stände
nach Zonen

(in % aller
Haushalte)

(eig. Entwurf nach Daten aus: JOSHI 1983, S. 134)

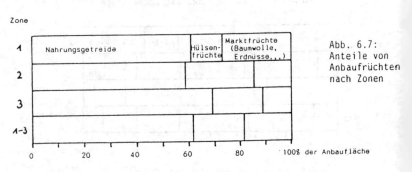

Abb. 6.7:
Anteile von
Anbaufrüchten
nach Zonen

(eig. Entwurf nach Daten aus: DAS 1986, S. 33)

In Zone 1 ist die Bevölkerungsdichte am höchsten, und ein großer Teil der verfügbaren Fläche wird landwirtschaftlich genutzt. Eine erhebliche Zahl von Haushalten[1] ohne privaten Landbesitz kultiviert öffentliches Ödland; die Möglichkeiten zur Waldkultivierung sind dagegen begrenzt. In Zone 2 kultiviert etwa die Hälfte aller Haushalte Waldland, meist zusätzlich zu dem nicht ausreichenden privaten Land. In Zone 3 mit der geringsten Bevölkerungsdichte liegt dagegen der Anteil der Haushalte mit privatem Landbesitz am niedrigsten, während die Abhängigkeit von Waldland bei weitem am höchsten ist[2] (vgl. CYSV 1985b). Dieses Gebiet hat die meisten noch unerschlossenen natürlichen Ressourcen. Die "illegale" Kultivierung von Ödland und Waldland weist von Zone 1 nach Zone 3 einen drastischen Anstieg auf (vgl. Abb. 6.3).

Während die durchschnittliche Größe der kultivierten Landfläche pro Bauern-Haushalt in allen drei Zonen um 2 ha liegt (JOSHI a.a.O., S. 124), zeigt eine Gliederung nach Besitzgrößenklassen eine **zunehmende soziale Differenzierung von Osten nach Westen** (a.a.O., S. 126), wenn sie auch noch nicht so stark ausgeprägt ist. Am auffälligsten ist die starke Zunahme der Landlosen von Zone 3 nach Zone 1 (vgl. Abb. 6.4).

Eine Aufgliederung nach der **Hauptbeschäftigung** aller Familien zeigt zwei weitere interessante Tatbestände (vgl. Abb. 6.5):

1. Der Anteil der Landarbeiter ist in der Zone 1 am höchsten und nimmt zur Zone 3 hin ab, umgekehrt wie der Anteil der selbständigen Bauern. Letzteres schließt auch diejenigen Haushalte ein, die lediglich staatliches Ödland oder Waldland kultivieren. Dies zeigt, daß die soziale Differenzierung (Bauern – Landarbeiter) bei höherem Ent-

---

1   Bei den statistischen Berechnungen des CSS werden die Haushalte nach der Zahl der Kochstellen berechnet, da in der Regel jede Kleinfamilie ihre eigene Kochstelle hat, auch wenn mehrere unter einem Dach leben. Die neuesten Angaben der Regierung (GOG 1986) gehen dagegen ebenso wie Berechnungen von CYSV von den "major sons" aus, die nach dem NWDT-Beschluß als separate Kleinfamilien zählen. Letzteres ergibt eine deutlich höhere Anzahl.

2   So haben z.B. in Turkheda nur 14% aller Familien privates Land; dies hängt mit dem hohen Bevölkerungsanteil der Rathwas zusammen, die sich dort erst nach 1967 angesiedelt haben und deshalb im Gegensatz zu den Bhils keine Besitzrechte an ihrem Kulturland haben (vgl. PATEL 1983).

wicklungsstand steigt. Während in Zone 3 Landverkäufe noch unbe-
kannt sind, wird in Zone 1 bereits seit 10 bis 20 Jahren Land als
Ware gehandelt (PUNALEKAR 1986, S. 355).

2. Der Anteil der Gruppe mit nicht-landwirtschaftlicher Tätigkeit in den
entwicklungsabhängigen Bereichen wie Bauarbeiter, Ladenbesitzer und
staatliche Angestellte (Lehrer, Forstbeamte oder Wächter, Boten u.ä.
in Zusammenhang mit dem Dammbau) ist in Zone 1 mehrfach so groß
wie in den beiden anderen Zonen. Unter Sonstige sind dagegen eher
traditionelle Berufe wie Waldarbeiter, Viehhirten und Dorfhandwerker
zusammengefaßt.

Eine Bestätigung der **zunehmenden Marktintegration von Osten nach
Westen** zeigt auch der Besitz von Wertgegenständen, die in Abbildung
6.6 aufgeführt sind. Das Gefälle an Vermögenswerten spiegelt zugleich
die unterschiedliche Verfügbarkeit von Bareinkommen aus Handel mit
landwirtschaftlichen Produkten oder außerlandwirtschaftlicher Tätigkeit
wider. Wie demnach nicht anders zu erwarten ist, liegt auch der Anteil
marktorientierter Anbaufrüchte in Zone 1 mit Abstand am höchsten (vgl.
Abb. 6.7).

### 6.1.3. Die einzelnen Bevölkerungsgruppen

Unter der Stammesbevölkerung der Überflutungszone in Gujarat gibt es
drei ethnische Hauptgruppen, die nicht untereinander heiraten und
nicht gemeinsam essen: Tadavis, Bhils und Rathwas. Je nach dem, inwieweit sie sanskritisiert sind, d.h. kulturelle Normen der Hindus
übernommen haben, gibt es zwischen diesen Gruppen sowie auch innerhalb derselben eine soziale Differenzierung in solche mit höherem und
solche mit niederem sozialen Status.

Die **Tadavis**[3] (60%) wanderten gegen Ende des vorigen Jahrhunderts,
wahrscheinlich von Hungerkatastrophen getrieben, aus abgelegeneren

------------------------

3    Der Name "Tadavi" kommt vom Wort "tat", was Flußufer bedeutet.
     Es wird angenommen, daß sie diesen Namen mit der Ansiedlung an
     der Narmada annahmen (JOSHI 1983, S. 67).

Waldgebieten in diese Region ein und besiedeln seither eine Zone von 72 Dörfern, die zum Teil schon in der Ebene, zum Teil noch in den Ausläufern des Berglandes liegen. Während ihre Vorväter noch eine Mischung aus Jagd und Sammelwirtschaft praktizierten, begannen sie nach der besagten Migration mit einer seßhaften Form des Ackerbaus. Ursprünglich stammen sie von der großen Gruppe der Bhils ab, haben aber seit längerem eine eigenständige Entwicklung durchlaufen und sind zu einer separaten Stammesgruppe geworden.

Die Tadavis untergliedern sich heute in zwei endogame Gruppen, die **Dhankas** und die **Tetariyas,** von denen sich die ersteren den letzteren sozial überlegen fühlen (JOSHI 1983, S. 68f). Zu dieser ethnisch-religiösen Differenzierung tritt mehr und mehr eine sozioökonomische, die u.a. von der Schulbildung abhängig ist. Die Tadavis haben die meisten Kontakte zur Hindubevölkerung in der Ebene und haben deren kulturelle Normen am stärksten übernommen. Deshalb empfinden sie sich den anderen Stammesgruppen gegenüber als sozial höherstehend. Sie bewohnen elf der betroffenen 19 Dörfer.

Die **Bhils**[4] (25%) sind in den abgelegeneren Dörfern zu finden. Sie siedeln am längsten in dieser Region, und ihre Lebens- und Wirtschaftsweise ist bis heute am stärksten an den Wald gebunden. Zwar betreiben sie heute auch hauptsächlich seßhaften Ackerbau, aber Jagd und Sammelwirtschaft bilden eine wichtige Ergänzung. Alle Familien haben noch Pfeil und Bogen. Der Einfluß des Hinduismus auf ihre Lebensweise ist noch recht gering, weshalb sie unter den Hindus als besonders zurückgeblieben und "wild" angesehen werden. Nur wenige Kinder besuchen die Schule. In den Dörfern mit einer Tadavi-Mehrheit hat sich eine neue Gruppe herausgebildet, die sich als **Vasavas** bezeichnet

-------------------------

4 Die Bhils bilden mit rund 5 Mio. Menschen, wenn man alle ihre Untergruppen zusammenrechnet, nach den Gonds und den Santhals die drittgrößte Stammesgruppe in Indien. Sie bevölkern das Bergland im Grenzraum von Madhya Pradesh, Gujarat, Maharashtra und Rajasthan, wo sie vor der britischen Kolonialzeit größere Gebiete beherrscht haben. Der Name "Bhil" kommt wahrscheinlich vom dravidischen Wort "Bil", was "Bogen" (Pfeil und Bogen) bedeutet. Eine eigene Sprache der Bhils hat sich nicht erhalten, lediglich besondere Dialekte; doch sind bis heute in ihrer Religion und ihren Gottheiten erhebliche Unterschiede zum Hinduismus festzustellen (vgl. CINEMART 1985, Bd. 2, S. 11 und BURIYA 1986, S. 275ff.).

und sich den anderen Bhils, den **Dungari Bhils** sozial überlegen fühlt
(a.a.O., S. 82f). Dungari und Vasava Bhils leben in 14 der 19 Dörfer.
Die **Rathwas** (9%) stammen ebenfalls ursprünglich von den Bhils ab,
verleugnen aber heute jede Verwandtschaft mit ihnen. Sie siedelten
früher in der Gegend um den Marktort Kavant, etwa 25 km nördlich von
Hanfeshwar. Wegen des zunehmenden Bevölkerungsdrucks in diesem na-
turbegünstigten Gebiet sahen sich viele junge Rathwa-Bauern vor 10-20
Jahren gezwungen, in die noch dünn besiedelten Wälder im Bergland an
der Narmada zu migrieren, um dort Neuland zu kultivieren. Ebenso wie
mit den Vasavas bei den Bhils bildet sich mit den **Rathwa Kolis** gerade
eine Gruppe heraus, die sich den übrigen Rathwas soziokulturell überlegen fühlen. Rathwas sind der Außenwelt mehr ausgesetzt als die
Dungari Bhils und stärker von hinduistischen Kultureinflüssen geprägt.
Sie bewohnen lediglich vier der 19 Dörfer (vgl. a.a.O., S. 91ff. und
DAS 1986, S. 27ff.).

Die jeweiligen Anteile der ethnischen Hauptgruppen werden aus Abbildung 6.8 ersichtlich. Neben den drei Hauptgruppen gibt es noch zwei
kleinere endogame Stammesgruppen: die **Nayakas**, die aus Madhya
Pradesh eingewandert sind, und die **Govals**, als landlose Viehhirten
eine besonders arme Gruppe. Hinzu kommen wenige **Nichtstammesange-
hörige**, deren Anteil in Navagam mit über 4% seinen Maximalwert erreicht. Trotz ihres durchschnittlichen Anteils von unter 2% haben sie
doch in den Dörfern als Lehrer, Händler, Handwerker oder Priester eine
einflußreiche Position (JOSHI 1983, S. 64) und beeinflussen den sozialen
Wandel erheblich.

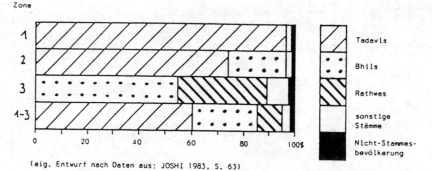

Abb. 6.8: Anteile von Stammesgruppen nach Zonen

Zone

Tadavis

Bhils

Rathwas

sonstige Stämme

Nicht-Stammes-bevölkerung

(eig. Entwurf nach Daten aus: JOSHI 1983, S. 63)

Zusammenfassend läßt sich aussagen, daß die bessere Infrastruktur und die stärkere Einbeziehung in marktwirtschaftliche Prozesse in Zone 1 nicht nur zu einer deutlichen **sozioökonomischen Differenzierung** geführt haben, sondern auch die soziokulturellen Traditionen erheblich verändert haben. Zone 3 dagegen steht, abgesehen von einigen Arbeitsmöglichkeiten in einer Mine bei Hanfeshwar, noch fast völlig auf der Stufe der Subsistenzwirtschaft. Die bisherigen soziokulturellen Normen und der Einfluß der traditionellen Führer sind noch ungebrochen. Trotz ungleicher Landbesitzgrößen kann bislang nicht von einer sozialen Schichtung die Rede sein (a.a.O., S. 138). Zone 2, wo die Umsiedlung unmittelbar bevorsteht, macht zur Zeit am stärksten einen Prozeß von Neuorientierung und Wandel durch. Deshalb soll im folgenden auch auf ein Fallbeispiel aus dieser Zone näher eingegangen werden.

Abb. 6.9: Dorfplan von Gadher mit Grenze des künftigen Stausees

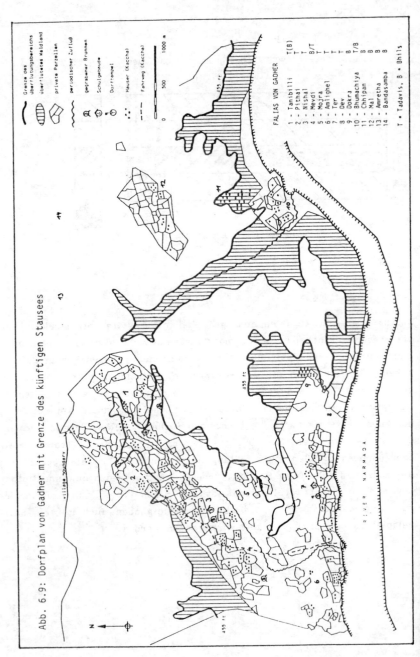

Grenze des
Überflutungsbereichs

überflutetes Weideland

private Parzellen

periodischer Zufluß

gegrabener Brunnen

Schulgebäude

Dorftempel

Häuser (Kaccha)

Fahrweg (Kaccha)

0    500    1000 m

FALIAS VON GADHER

1 - Tanibili          T(B)
2 - Pithai            T
3 - Nishal            T
4 - Mevdi             B/T
5 - Mojra             T
6 - Amlighel          T
7 - Ter               T
8 - Dev               B
9 - Dokra             T
10 - Bhumachiya       T/B
11 - Chhipan          B
12 - Mal              B
13 - Amretha          B
14 - Bandasamba       B

T = Tadavis, B = Bhils

N

RIVER NARMADA

(Quellen: GOG (Irrigation Dept.), Village Plan 1984; JOSHI/GANGOPADHYAY 1983)

(Zeichnung: T. Methfessel)

- 75 -

## 6.2. Fallbeispiel Gadher

Gadher ist mit 2467 Einwohnern (Zensus 1981) und 376 Familien das größte der betroffenen 19 Dörfer in Gujarat. Auch der Größe der zu überflutenden Fläche nach (fast 1200 ha) liegt es an der Spitze; von ihr entfallen 25% auf privates Ackerland, 35% auf Waldland und 40% auf öffentliches Ödland (JOSHI/GANGOPADHYAY 1983, S. 4).

Gadher liegt im östlichen Teil von Zone 2, hat sechs Monate im Jahr eine tägliche Busverbindung in die Kreisstadt Rajpipla, drei Schulen, davon eine bis zur achten Klasse, eine Poststelle und mehrere Läden. Bewohner der benachbarten Dörfer kommen zu Fuß nach Gadher, um dort Waren zu kaufen oder zu verkaufen und um den Bus zu nehmen.

Zwischen 1971 und 1981 hatte Gadher ein hohes jährliches Bevölkerungswachstum von etwa 4,5%, was u.a. auf Zuwanderungen aus den Nachbardörfern zurückzuführen ist. Von den Bewohnern sind 70% Tadavis und 27% Bhils (a.a.O., S. 22). Trotz seiner relativen Größe weist Gadher durchaus typische Strukturen für die Dörfer dieser Region auf.


### 6.2.1. Siedlungsstruktur und Hausformen

Gadher gliedert sich auf in Upper Gadher, das weitgehend von bewaldeten Hügeln umschlossen ist, und Lower Gadher, das nahe dem Flußufer der Narmada liegt. Eigentlich bildet Gadher wie alle größeren Dörfer in dieser Region einen Zusammenschluß einer ganzen Zahl kleinerer Dörfer (sog. "Falias"), die von den Bewohnern als unabhängige Siedlungen angesehen werden. Im Falle von Gadher sind es 14 Falias, davon neun in Upper Gadher und fünf in Lower Gadher (vgl. Abb. 6.9). Einige gehen ohne sichtbare Grenzen ineinander über, andere liegen isoliert und sind nur auf beschwerlichen Wegen erreichbar.

Foto 3: Hügeliges Relief bei Gadher

Foto 4: Typische Siedlungsstruktur in Gadher
(Grenzstein markiert den Überflutungsbereich)

Die **Siedlungsstruktur** wird, wie in den anderen Dörfern auch, **weitgehend von der Geomorphologie bestimmt.** Nach DAS (1982, S. 5) scheint der erste Eindruck dieser Dörfer die geographische Theorie vom Naturdeterminismus zu bestätigen. Die saisonalen Zuflüsse der Narmada haben teilweise steile Schluchten zwischen den Hügeln ausgefräst und formen so natürliche Barrieren zwischen den einzelnen Falias. Im Osten und Norden werden die Berge höher und sind weitgehend noch bewaldet. Nur die flachen Hänge lassen sich gut für die Landwirtschaft nutzen; dort konzentrieren sich auch die meisten Siedlungen. In den steileren Bereichen finden sich nur vereinzelt Häuser.

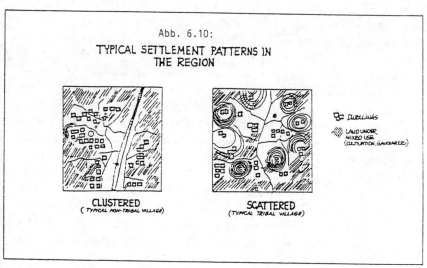

Abb. 6.10:
## TYPICAL SETTLEMENT PATTERNS IN THE REGION

CLUSTERED
( TYPICAL NON-TRIBAL VILLAGE)

SCATTERED
(TYPICAL TRIBAL VILLAGE)

(Quelle: SHAH/BOSE o.J., S. 48)

Im Gegensatz zur Küstenebene von Gujarat, wo Haufendörfer die typische Siedlungsform bilden, weist das Bergland überwiegend **Streusiedlungen** auf (vgl. Abb. 6.10). Teils stehen die Häuser als kleine Gruppen beieinander, wobei die Bewohner oft zu einer Großfamilie gehören[5] , teils stehen sie in etwas größerem Abstand voneinander und bilden als Falias lose Verbände (siehe Foto 4). Das rationale Prinzip für dieses Siedlungsmuster liegt darin, die Fußwege zu den kultivierten Feldern möglichst gering zu halten. In der Regel liegen die Häuser am Rand der privaten Ackerparzellen[6].

Vererbung und Landaufteilung haben diese Struktur aber vielfach überlagert. Lassen sich die vorhandenen privaten Parzellen nicht mehr unter mehrere Söhne aufteilen, kann es vorkommen, daß ein Teil der Familie fortzieht und sich einige Kilometer entfernt im Wald neues Land rodet. So sind einige der abgelegenen Falias entstanden (nach Interviewaussagen).

Generell läßt sich feststellen, daß die am meisten abgelegenen Falias nur von Bhils bewohnt werden, während die begünstigteren Siedlungsplätze überwiegend von Tadavis bewohnt werden. Letztere haben auch einige Brunnen und periodisch fließendes Wasser in der Nähe, während das Wasser zu den ersteren mühsam von der Narmada 100-150 m hoch hinaufgetragen werden muß.

Häuser und Parzellen sind von mannshohen Abzäunungen aus Dorngestrüpp und Bambussplittern umgeben, um das Vieh von den Feldfrüchten fernzuhalten. Für den Bau ihrer Häuser nutzen die Dorfbewohner die in den umliegenden Wäldern vorfindbaren Materialien. Das Grundgerüst der Häuser wird aus stabilen Teakholzpfeilern erbaut; die Wände bestehen aus Bambusgeflecht und werden von den Tadavis mit Lehm verputzt, während die Bhils sie so belassen. Die meisten Dächer sind mit einfachen, selbstgefertigten Ziegeln gedeckt; nur ein Teil der Bhils deckt die Dächer noch mit Teak- oder Palmblättern. Die Fußböden bestehen aus gestampftem Lehm, der mit einer dünnen Kuhdungschicht bestrichen ist. Alle Häuser in dieser Gegend sind sog. "kaccha houses", es gibt

---

5   "Such clusterings with one's kin is also due to division of cultivable land among brothers who often after marriage or at some point in time have branched off from the 'parent' family. The mere present of 'land' at the same site also becomes a factor for such clusterings." (DAS 1983, S. 5).

6   Es gibt jedoch noch eine andere Erklärung: Die Bhils bauten von alters her ihre Häuser auf kleine Hügelchen in einigem Abstand voneinander aus Furcht vor ansteckenden Krankheiten, die von bösen Geistern herrühren. Wird ein Bhil länger krank, so wird er sein Haus wechseln (GOG 1961, S. 151).

noch keine aus gebrannten Ziegeln erbaute Häuser ("pucca houses"), was von einer einzigen Ausnahme abgesehen auch für die anderen 18 Dörfer gilt (JOSHI/GANGOPADHYAY 1983, S. 10ff.). Die Größe der Häuser hängt hauptsächlich von der Familiengröße ab, weniger vom Landbesitz, d.h. vom ökonomischen Status[7]. Landlose haben aber viel weniger Platz im Haus für Vorräte und Vieh (a.a.O., S. 11, 60). Das Vieh (Kühe, Ochsen, Wasserbüffel, Ziegen und Hühner) nächtigt unter demselben Dach wie die Menschen - eine Schutzmaßnahme aus der Zeit, als es noch viele wilde Tiere in der Nähe gab - heute jedoch meist in einem separaten Raum.

Den innersten, privaten Raum der Familie bildet stets die Küche, wo zum Teil auch die Getreidevorräte in irdenen Behältern gespeichert werden. Der Wohnraum hat dagegen eine wichtige Funktion für die Kommunikation mit den Nachbarn, da es keine öffentlichen Versammlungsräume im Dorf gibt. Bei großen Familien finden sich auch separate Schlaf- und Vorratsräume. Wenn die Söhne erwachsen werden und heiraten, wird meist ein neues Haus gebaut. Es gibt aber auch größere Häuser, die mehrere Kernfamilien beherbergen; sie teilen dann den geräumigen Wohnraum und haben zusätzlich jeweils einen eigenen abgeschlossenen Raum zum Kochen und Schlafen (a.a.O., S. 11ff.).

Die Häuser von Tadavis und Bhils unterscheiden sich weniger in der Größe voneinander als im Grad der Unterteilung. Bhils, die in direkter Nachbarschaft von Tadavis wohnen, haben eher Neuerungen übernommen als solche, die in den abgelegenen Falias leben (a.a.O., S. 14). Vor fast allen Häusern steht eine 2-3 m hohe Bambusplattform, auf der das Viehfutter gelagert wird. Die einfachsten und kleinsten Hütten im Dorf gehören den Govals, die kein eigenes Land besitzen. Einige typische Hausformen von Tadavis und Bhils sind in Abbildung 6.11 und 6.12 dargestellt.

---

[7] "The land cultivated by many in the villages are not on their own names. Most often, these are either on their father's or eldest brothers' names. According to the changing family sizes land gets divided for cultivation. Hence a major factor determining sizes of land holdings (cultivated by share-owners) is the family size and the subsequent shares of land. Hence, assumption of an association between the dwelling size and land holding may be misleading." (DAS 1982, S. 12)

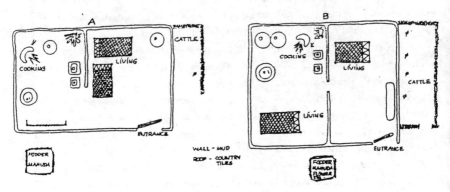

Abb. 6.11: TADVI DWELLING TYPES (A & B) - PLAN

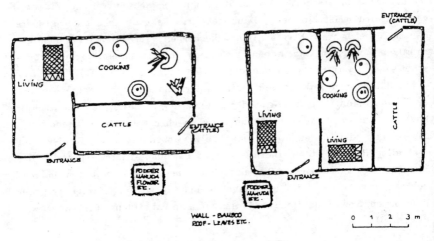

Abb. 6.12: BHIL (VASAVA) DWELLING TYPES - PLAN

(Quelle: DAS 1983, App. V, VI)

Hausformen und Siedlungsstruktur haben sich über einen längeren Zeitraum nur wenig verändert und basieren auf den natürlichen Gegeben-
heiten sowie einem relativ statischen Sozialgefüge. Das als Baumaterial
verwendete Holz wird trotz staatlichen Verbots kostenlos aus dem Wald
entnommen, weshalb auch keine deutliche Korrelation zwischen ökonomi-
schem Status (gemessen am Landbesitz) und Hausgröße besteht. Holz,
Getreide und Wasser müssen oft über beträchtliche Strecken auf dem
Kopf getragen werden, da es an befahrbaren Wegen mangelt. Das Leben
in dieser Region wird auch von den Bauern selbst als mühselig bezeichnet.

## 6.2.2. Die wirtschaftliche Situation

Die **Böden** in Gadher sind größtenteils flachgründig und von rötlicher
Farbe und werden mitunter noch bis zu einem Hangwinkel von 45° kul-
tiviert. Nur um Ter-Falia herum gibt es fruchtbarere schwarze Böden in
der Höhe des Flußufers. Es gedeihen nur lokale Getreidesorten, für die
das Saatgut meist aus der Kreisstadt Rajpipla stammt; für
Hochleistungssaatgut fehlen die Voraussetzungen. Auch der Einsatz von
Mineraldünger lohnt sich nicht auf diesen Böden, ganz abgesehen vom
Problem seiner Bezahlung (JOSHI/GANGOPADHYAY 1983, S. 46).

Die **Hauptanbaufrüchte** in der Monsunperiode (Kharif-Früchte) sind
Jowar (Sorghumhirse), Bajra (Kolbenhirse), Mais sowie einige ur-
sprüngliche Getreidesorten, außerdem die Hülsenfrüchte Tur und Arad.
Auf flachen Feldern wird auch etwas Reis angebaut. Erntezeit ist im
Oktober bis November. Jowar wird zum Teil zusätzlich als Winterfrucht
(Rabi-Frucht) angebaut und im März zusammen mit dem länger reifenden
Tur geerntet. Bei Ter-Falia steht im Winter auch etwas Weizen und Gemüse auf den Äckern. Daneben hat fast jede Familie etwas Gemüse für
den Eigenbedarf in ihrem Garten. Von Mai bis Oktober ist die Hauptar-
beitsperiode im Dorf, während von November bis April Unterbeschäfti-
gung vorherrscht (DAS 1982, S. 48).

Überwiegend wird die **landwirtschaftliche Arbeit** von den Familien selber verrichtet; einige größere Bauern beschäftigen auch saisonal Landarbeiter aus dem Dorf (JOSHI/GANGOPADHYAY 1983, S. 47). Die Landwirtschaft stellt die Lebensgrundlage für über 90% der Bevölkerung dar. Tabelle 6.3 stellt die verschiedenen Beschäftigungszweige für alle Personen im arbeitsfähigen Alter (ab 10 Jahre) dar.

**Tab. 6.3: Distribution of workforce by types of occupations**

| Occupation | No. of persons | | | Percentage to |
|---|---|---|---|---|
| | Males | Females | Total | total workforce |
| Cultivation | 343 | 13 | 356 | 22.7 |
| Agricultural labours | 52 | 70 | 122 | 7.8 |
| Cultivation-cum-agri.labour | 60 | 1 | 61 | 3.9 |
| Cultivation-cum-forest labour | 110 | 3 | 113 | 7.2 |
| Forest labourers | 41 | 7 | 48 | 3.1 |
| Cattle grazing | 30 | 15 | 45 | 2.9 |
| Dam-site jobs | 5 | - | 5 | 0,3 |
| Business | 5 | - | 5 | 0.3 |
| Shopkeeping | 10 | - | 10 | 0.6 |
| Tailoring | 7 | - | 7 | 0.5 |
| Office jobs/peon/teacher | 14 | - | 14 | 0.9 |
| Guard (forest) | 1 | - | 1 | 0.1 |
| Students | 79 | 14 | 93 | 5.9 |
| Household | 11 | 649 | 660 | 42.1 |
| Invalid | 15 | 14 | 28 | 1.8 |
| Total | 783 | 786 | 1569 | 100.0 |

Quelle: JOSHI/GANGOPADHYAY 1983, S. 45.

Abgesehen von den 42% Haushaltsarbeit, fast ausschließlich Frauen, arbeiten über 44% im landwirtschaftlichen Sektor, dazu 3% im Wald. Nicht einmal 2,5% arbeiten im Dienstleistungssektor, wohingegen der relativ hohe Anteil von Schülern (6%) auffällt. Letzteres dürfte eher übertrieben sein, da die Angabe von Schulbesuch natürlich das Sozialprestige erhöht; die meisten dürften Reservearbeitskräfte für die Landwirtschaft bilden. Die Zahl der Lohnarbeiter an der Dammbaustelle hat sich nach Angaben des Dorfvorstehers NARANBHAI inzwischen bedeutend erhöht, obwohl die Entfernung zur Dammbaustelle kaum noch als tägliche Pendelwanderung zu bewältigen ist. Deshalb dürfte Gadher eine so hohe Anzahl wie in Vadgam und den Dörfern der Zone 1 nie erreichen.[8]

---

8  JOSHI/NAKOOM (1982, S. 37) geben z.B. für Panchmuli eine Anzahl von 90 Kontraktarbeitern an den Baustellen des Hauptdammes und
(Fortsetzung Fußnote)

Die Bauernfamilien kultivieren im Durchschnitt eine **Landfläche** von 2,7 ha, wovon 1,5 ha Privatland darstellt; der Rest ist "illegal kultiviertes" staatliches Ödland und Waldland von meist minderer Qualität und wegen der steilen Hanglage sehr erosionsanfällig. Eine Aufgliederung der verschiedenen Landarten nach **Besitzgrößenklassen** zeigt, daß die Kleinbauern am meisten Wald- und Ödland zusätzlich zu ihren privaten Landstücken kultivieren, die wohlhabenderen Bauern am wenigsten (vgl. Abb. 6.13). Dies ist aber nicht in allen Dörfern so; DAS (1982, S. 40 und 1983, S. 38) kommt für Vadgam und Mokhadi zu unterschiedlichen Ergebnissen. In einigen der entlegenen, nur von Bhils bewohnten Falias (Amretha, Bandasamda und Chhipan) gibt es überhaupt kein Privatland (vgl. Abb. 6.9); dort wird nur Waldland kultiviert (JOSHI/GANGOPADHYAY 1983, S. 50).

Eine Lorenzkurve nach Besitzgrößenklassen zeigt eine **mäßig ausgeprägte Ungleichheit** (vgl. Abb. 6.14). Viele Hindudörfer mit ihrer Kastenstruktur weisen eine wesentlich deutlichere Ungleichheit auf.

Abb. 6.13: Aufteilung der landwirtschaftlichen Nutzfläche in Gadher

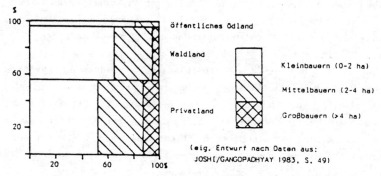

(eig. Entwurf nach Daten aus: JOSHI/GANGOPADHYAY 1983, S. 49)

---

(Fortsetzung Fußnote von vorangegangener Seite)
der Nebendämme und 10 kleineren Angestellten (Wächter, Boten, Fahrer) gegenüber 145 in der Landwirtschaft beschäftigten Personen an.

Abb. 6.14: Verteilung des Privatlands in Gadher (Lorenz-Kurve)

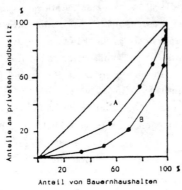

A - Gadher
B - Durchschnittswert für ganz Indien (1970)

(eig. Entwurf nach Daten aus: a.a.O. und BOHLE 1984, S. 77)

Die Aufteilung von Landeigentum hat bei einer wachsenden Bevölkerung dazu geführt, daß einige Tadavi-Bauern ihr Land an andere Dorfbewohner verkaufen mußten und sich seither als Landarbeiter teils gegen Nahrungsmittel, teils gegen Barzahlung verdingen. Einige von ihnen haben aber noch eigenes Vieh. Die Viehhirten, überwiegend Govals, gehören zu den ärmsten Teilen der Dorfbevölkerung. Sie arbeiten für Tadavi-Bauern und flechten zusätzlich Körbe aus Materialien, die sie im Wald vorfinden (a.a.O., S. 51f).

Der **Wald** spielt für die Wirtschaftsweise in Gadher eine große Rolle. Über 10% aller arbeitsfähigen Bewohner sind ganz oder teilweise als Waldarbeiter beschäftigt (vgl. Tab. 6.3), zumeist sind es Bhils. Hinzu kommt, daß sämtliche Haushalte den Wald für den Bau ihrer Häuser und für Feuerholz nutzen, letzteres nicht nur zum Kochen, sondern auch zum Wärmen im Winter, da es an warmer Kleidung mangelt und die Temperaturen bis etwa 5°C zurückgehen können.

Eine **kommerzielle Ausbeutung der Waldressourcen** gab es hier schon während der Kolonialzeit. Heute hat eine der großen Papierfabriken die Nutzungsrechte vom Staat erhalten. Hauptsächlich wird in der Umgebung Bambus abgeholzt und über Kontraktoren an die Fabrik verkauft, was den Dorfleuten etwas Arbeit und Bareinkommen einbringt. Auch das

Teakholz (Tectona grandis) im Wald ist sehr gefragt und wird von den Leuten aus Gadher oft illegal geschmuggelt und verkauft. Naranbhai, Ladenbesitzer und "Sarpanch" (Dorfvorsteher) von Gadher, ist mittlerweile zum Agenten der "Gujarat Forest Development Corporation" geworden, die den Dorfleuten verschiedene Waldprodukte gegen Barzahlung abkauft, so z.B. Blüten und Früchte des Mahudabaumes (Madhuca indica), verschiedene Blätter für die Beedie-Herstellung (eine Art Zigarillo), Wurzeln und Trockenfrüchte einiger Pflanzen (a.a.O., S. 53ff.)[9]

In Gadher gibt es drei größere Läden[10], deren ältester vor 25 Jahren von einem zugewanderten Muslim eröffnet wurde. Ein Laden verkauft speziell Eisenwaren. Zu den Läden kommen die Händler aus den umliegenden Marktstädten, um Produkte von den Bauern zu kaufen, soweit sie landwirtschaftliche Überschüsse abzugeben haben, und um selber Nahrungsmittel und andere Konsumgüter zu verkaufen. Wenn das eigene Getreide der Bauern nicht für das ganze Jahr gereicht hat, dann sind sie meist in der Monsunzeit gezwungen, Getreide auf Kreditbasis zu kaufen, bevor sie ihre neue Ernte einbringen. Die Handels- und Kreditspannen der Hindu- und Muslim-Händler aus den Städten liegen oft um 50%, so daß sie sich auf Kosten der armen Bauern der abgelegenen Stammesgebiete kräftig bereichern (a.a.O., S. 56).

Zum **Dienstleistungssektor** gehören weiterhin einige winzige Geschäfte in den abgelegenen Falias, die nebenberuflich betrieben werden, sechs Lehrer und ein Forstbeamter, die alle von außerhalb stammen, sowie ein Ledermacher und ein Weber, ebenfalls keine Stammesangehörige, sondern kastenlose Hindus, die zugezogen sind (a.a.O.).

Schon bevor mit dem Narmada-Projekt neue Arbeitsmöglichkeiten für die außerlandwirtschaftliche Periode im Jahr aufkamen, haben viele Männer als **saisonale Arbeitsmigranten** ein zusätzliches Einkommen für

---

9   DAS (1982, S. 46) berichtet für Vadgam, daß dort seit 20 Jahren eine Genossenschaft besteht, die von den Dorfbewohnern im Wald produzierte Holzkohle aufkauft und die Gewinne unter ihnen aufteilt.

10  Im Laden vom Dorfvorsteher Naranbhai werden u.a. folgende Waren zum Verkauf angeboten: Getreide, Zwiebeln, Pepperoni, Kekse, Bonbons, Tee, Garn, Kugelschreiber, Plastiksiebe und -trichter, Metallsiebe und -löffel, Batterien, Taschenlampen, bunte Gürtel, Haarspangen, Ansteckrosen aus Plastik, Rasierklingen, Rattengift und viel Seife (eig. Beobachtung).

ihre Familien verdient. Dabei kamen Tätigkeiten im Straßenbau, als Holzfäller und auch als Landarbeiter während der "Rabi"-Periode in anderen Kreisen und Distrikten Gujarats in Frage. Die durchschnittlichen Tageslöhne für Kontraktarbeit liegen zwischen fünf und acht Rupees (ca. 1 - 1,50 DM) und sind meist abhängig von der Arbeitsleistung. Trotz ihrer geringen Höhe haben sie zur Erhöhung der Kaufkraft im Dorf für neue Konsumgüter erheblich beigetragen (a.a.O., S. 57; DAS 1982, S. 46f).

Eine wichtige zusätzliche wirtschaftliche Aktivität liegt in der Viehhaltung, obwohl sie bislang noch wenig kommerziell genutzt wird. Ochsen dienen als Arbeitstiere, Kühe zu ihrer Nachzucht. In kleinerem Rahmen werden sie im Dorf getauscht oder verkauft. Die Nutzung von Kühen und Büffeln zur Milchproduktion ist noch unüblich. Ziegen und Hühner werden entweder selbst geschlachtet, meist für religiöse oder familiäre Feste, allerdings nur vom nichtvegetarisch lebenden Teil der Dorfbewohner, vor allem den Bhils, oder sie werden an der Dammbaustelle verkauft, wo es einen guten Absatz gibt (a.a.O., S. 58). Abbildung 6.15 zeigt die Anzahl von Vieh bezogen auf alle Haushalte.

Abb. 6.15: Viehbesitz in Gadher nach Haushalten

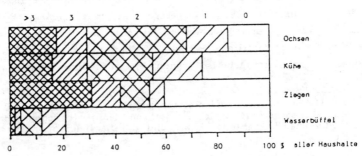

(eig. Entwurf nach Daten aus: JOSHI/GANGOPADHYAY 1983, S. 63)

Neben der Größe des privaten Landbesitzes und der Anzahl der Tiere geben die Arbeitsgeräte, die Ausstattung der Häuser sowie einzelne moderne Wertgegenstände (Uhren, Radios, Fahrräder) Aufschluß über die unterschiedliche wirtschaftliche Situation der einzelnen Haushalte. Geldeinkommen und -ausgaben können bei einer Wirtschaftsform, die noch hauptsächlich auf die Eigenversorgung ausgerichtet ist, kaum als Kriterien zur sozioökonomischen Schichtung dienen. Mit der Zunahme der Marktwirtschaft wächst auch der Grad der **Verschuldung.** Fast 40% aller Haushalte in Gadher sind verschuldet, darunter 22% bei privaten Händlern, 9% bei Verwandten, 7% bei Banken und Kooperativen und lediglich 1% durch staatliche Kredite (a.a.O., S. 66).

JOSHI/GANGOPADHYAY (a.a.O., S. 67f) unterscheiden drei **sozioökonomische Schichten** in Gadher:

- die größeren Bauern (über 4 ha Land), die Überschüsse erwirtschaften und Landarbeiter beschäftigen, sowie die Haushalte, die den Dienstleistungssektor bilden (insg. ca. 9%); sie haben Zugang zum Markt, sind am wenigsten verschuldet und besitzen die meisten Wertgegenstände;

- die mittleren und kleinen Bauern (unter 4 ha Land), von denen viele ein zusätzliches Einkommen durch saisonale Wanderarbeit verdienen müssen, um zurecht zu kommen (insg. über 80%);

- die landlosen Land- und Waldarbeiter sowie die Viehhirten als ärmste Gruppe (ca. 7%).


### 6.2.3. Sozialstruktur und traditionelle Kultur


Die Gesamtbevölkerung Gadhers untergliedert sich in 70% Tadavis, davon 42% Tetariyas und 28% Dhankas, 27% Bhils sowie 3% sonstige, zu denen Govals, Muslims, kastenlose und Kasten-Hindus gehören (a.a.O., S. 21). Überlieferten Mythen zufolge soll das Dorf bereits vor 200 Jahren bestanden haben und einstmals den Flußübergang an einer Handelsroute gebildet haben. Bhils waren die ersten Bewohner; die soziokulturell überlegenen Tadavis haben sich erst später dort angesiedelt und die besseren Ackerflächen in Besitz genommen (a.a.O., S. 24).

Fast alle Bewohner bezeichnen sich als **Hindus**, unterscheiden sich aber sehr stark darin, inwieweit sie hinduistische Verhaltensnormen übernommen haben. Insbesondere bei den Bhils mischen sich noch traditioneller Geisterglaube, Anbetung von Naturgottheiten und Fruchtbarkeitsriten darunter. Aber alle begehen die Festtage nach dem religiösen Hindu-Kalender (a.a.O., S. 34f).

Bei den Tadavis gibt es neben den endogamen ethnischen Gruppen von Tetariyas und Dhankas noch eine sozio-religiöse Gliederung in **Bhagats** und Nicht-Bhagats, die auf eine hinduistische Missionsbewegung vom Anfang dieses Jahrhunderts zurückgeht. Ihre Anhänger unter den Adivasis bezeichneten sich fortan als Bhagats und befolgten strikt Hindu-Normen wie Enthaltsamkeit von nichtvegetarischem Essen und Alkohol sowie ein tägliches Bad. In Gadher sind fast 1/3 aller Tadavis Bhagats, erkennbar an einer kleinen weißen Flagge vor dem Haus. Sie bezeichnen sich als Abkömmlinge der Rajputs, einer Unterkaste der zweithöchsten Hauptkaste bei den Hindus, der Kshatriyas, der Kriegerkaste. Oft gibt es Bhagats und Nicht-Bhagats in derselben Familie, da es kein erblicher Status ist (a.a.O., S. 26; DAS 1982, S. 17).

Bei den Bhils bezeichnen sich diejenigen, die in enger Nachbarschaft mit den Tadavis wohnen und einige ihrer Gewohnheiten übernommen haben, als **Vasavas** wie in den Dörfern weiter westlich, während diejenigen in den abgelegenen Falias sich noch als Dungari Bhils bezeichnen, so wie sämtliche Bhils weiter ostwärts (JOSHI 1983, S. 83).

Die **Familien** sind zu 72% Kernfamilien, da die erwachsenen Söhne nach ihrer Hochzeit in der Regel sogleich ein eigenes Haus bauen. Immerhin gibt es aber 28% Großfamilien, wo mehrere Kernfamilien unter einem Dach wohnen (JOSHI/GANGOPADHYAY 1983, S. 27).

Nach der **Hochzeit** gehen die Töchter bei den Tadavis ins Haus ihrer Schwiegereltern; bei den Bhils ist es in der Regel genau umgekehrt; dort erhält der Schwiegersohn Land von seinem Schwiegervater (a.a.O., S. 27). Mit der zunehmenden Sanskritisierung (Hinduisierung) unter den Tadavis ist das System der **Mitgift** (überwiegend in Form von Hauseinrichtung), die die Brauteltern der Familie des Bräutigams zur Hochzeit übergeben müssen, immer stärker geworden. Auch die Hochzeitszeremonie der Tadavis mit einem Brahmanen als Priester, mit geliehenen Kassettenrecordern und Lautsprechern sowie mit bunten Luftschlangen hat sich in den letzten 20 Jahren mehr und mehr derjenigen der Kasten-Hindus angeglichen und zeigt auch den zunehmenden Einfluß der Marktwirtschaft (a.a.O., S. 29).

**Bhil-Hochzeiten** folgen dagegen noch traditionellen Ritualen mit Kampfspielen, Tanz, Gesang und selbstgebrautem Alkohol. Im Gegensatz zu den Tadavis muß hier die Familie des Bräutigams einen **Brautpreis** an die Familie der Braut bezahlen, der im Falle von Geldmangel auch vom Bräutigam beim Schwiegervater abgearbeitet werden kann. Mitunter kommen auch noch Fälle von Entführungen junger Frauen vor, die aber von den Familien nach kleinen Geschenken meist als Heirat akzeptiert werden (JOSHI 1983, S. 87). Generell läßt sich feststellen, daß der Status der Frau desto geringer wird, je stärker sanskritisiert eine Familie ist, d.h. je höher ihr sozialer Status ist (vgl. a.a.O., S. 74).

Eheschließungen finden in Zone 1 und 2 im Gegensatz zu den Dörfern der Zone 3 selten zwischen Mann und Frau aus demselben Dorf statt. Selbst in Gadher sind es trotz seiner Weitläufigkeit nur 6% aller Hochzeiten, bei den Bhils auffällig mehr als bei den Tadavis (vgl. Tab. 6.4).

Tab. 6.4: Eheschließungen nach Entfernung der Familien (in %)

| Entfernung | Tadavis | Bhils | Tadavis und Bhils |
|---|---|---|---|
| 0 km (Gadher) | 3 | 19 | 6 |
| 3-10 km | 52 | 50 | 52 |
| 11-20 km | 29 | 21 | 28 |
| 21-30 km | 11 | 5 | 10 |
| 31-40 km | 4 | 3 | 4 |
| Über 40 km | 1 | 2 | 1 |
| | 100 | 100 | 100 |

nach Daten aus: JOSHI/GANGOPADHYAY 1983, App. III.

In der Regel ist die Entfernung zwischen den Familien, die ihre Kinder miteinander verheiraten wollen, auf eine Tagesreise zu Fuß begrenzt. Die Häufigkeiten von Heiraten nimmt oberhalb eines Radius' von 10 km rasch ab und ist über 25 km hinaus schon recht selten. Tadavis und Bhils haben ihre **Heiratsgebiete** in verschiedenen Richtungen von Gadher aus gesehen. Während erstere ins Hauptsiedlungsgebiet der Tadavis,

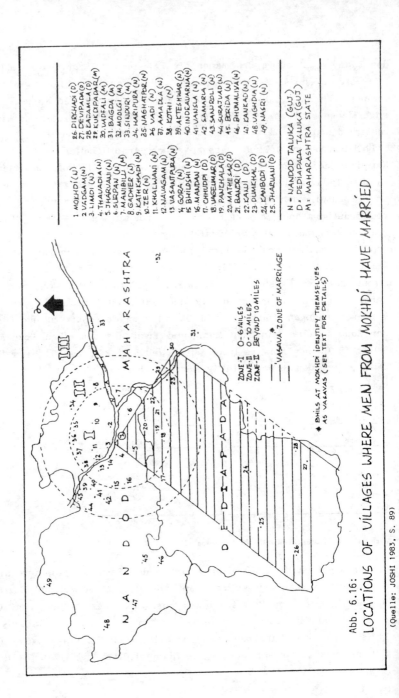

Abb. 6.16:
LOCATIONS OF VILLAGES WHERE MEN FROM MOKHDÍ HAVE MARRIED

(Quelle: JOSHI 1983, S. 89)

westwärts bis in die Ebene bei Garudeshwar heiraten, heiraten letztere
mehr nach Osten und Süden, in die traditionellen Siedlungsräume der
Bhils (vgl. Abb. 6.16 für Mokhadi). Dabei spielt die Narmada als
Grenze zwischen Gujarat und Maharashtra keine Rolle als Hindernis für
Heiratsbeziehungen (JOSHI/GANGOPADHYAY, S. 32f).

Ursprünglich haben alle Stämme ihre traditionelle **Kleidung**. Dungari
Bhils tragen bis heute oft nur einen Lendenschurz aus Leinen als ein-
ziges Bekleidungsstück. Vasavas tragen Dhotis (lange Hüfttücher) und
Hemden wie die Tadavis. Auch lange Hosen werden im Dorf mehr und
mehr getragen, insbesondere bei der jüngeren Generation, dazu 'Gum-
milatschen' als Fußbekleidung, anstatt wie früher barfuß zu gehen. Bei
den Tadavi-Frauen sind Saris wie bei den Hindu-Frauen üblich, bei
den Bhil-Frauen herrschen sehr bunte Farben vor. Alle Frauen tragen
viel Zinn- und Silberschmuck an Armen und Beinen (a.a.O., S. 33).

Die **Schulbildung** gehört neben der Marktwirtschaft zu den Faktoren,
die die alten sozialen Normen am stärksten verändern. So tragen selbst
hier Kinder schon Schulkleidung (DAS 1982, S. 23). Weniger als die
Hälfte aller Kinder im Grundschulalter besucht eine der drei Schulen
von Gadher, wobei die Mädchen stark unterrepräsentiert sind. Die
Alphabetisierungsrate lag 1981 über 23%[11] ; davon hatten knapp 3/4
nur die Grundschule (1.-4. Klasse) und 1/4 die Mittelschule (22% die
5.-7. Klasse, 4% die 8.-10. Klasse) in Gadher besucht. Lediglich sieben
Schüler (1,5%) gingen auf weiterführende Schulen in der Stadt
(JOSHI/GANGOPADHYAY 1983, S. 38f).

Mit wachsenden Außenkontakten und Bildungseinflüssen änderten sich
nicht nur die Kleidung und die Konsumgewohnheiten der Dorfbewohner,
sondern auch ihre Interessen und Wünsche für die Zukunft. Vor allem
die junge Generation nimmt schnell **moderne Einflüsse** aus den umliegenden Marktstädten auf, wobei die Realisierung ihrer Wünsche von den
ökonomischen Möglichkeiten der Familie und ihren eigenen Verdienstmöglichkeiten abhängt. **Soziale Mobilität** zeigt sich in der zunehmenden
Differenzierung von Stammesdörfern wie Gadher nach sozioökonomischen
und soziokulturellen Kriterien. Dabei sind die Tadavis von ihren Lebensgewohnheiten her offener für sozialen Wandel und können nach den

---

11 Nach den Zensus-Ergebnissen von 1981 hat sich der Anteil der Al-
phabetisierten an der Gesamtbevölkerung (alle Altersgruppen) mit
über 17% gegenüber 1971 mit knapp 7% mehr als verdoppelt.

üblichen Sozialindikatoren als höher entwickelt angesehen werden. Soziale Unterschiede führen zu heterogenen Reaktionen auf eine äußere Krise wie die erzwungene Umsiedlung durch den Sardar-Sarovar-Damm. Darauf wird in Kapitel 7. näher einzugehen sein.


## 6.3. Zusammenfassung: Sozioökonomische Schichtung und sozialer Wandel in Stammesdörfern


Die traditionelle Wirtschafts- und Lebensweise sowie die dazugehörigen Normen und Rituale bildeten den Gegenstand vieler anthropologischer Studien über die Stämme in Indien. Darin wird die Stammesgesellschaft meist idealtypisch definiert als:

- geographisch und kulturell isoliert;
- relativ wenig hierarchisch und differenziert und
- auf einem geringen technischen und ökonomischen Entwicklungsniveau stehend (vgl. BOSE 1981, S. 191).

Andere Studien richteten ihre Aufmerksamkeit auf den Übergangsprozeß der Stämme in die gesamtindische Gesellschaft. BOSE (a.a.O.) unterscheidet dabei zwei zeitliche Stadien:

"In earlier times, when tribes came in contact with Hindus, the caste ideology was the dominant ideology of the economic system and, willingly or unwillingly, tribes had to assume a rank in the overall caste system. However, in modern times, caste ideology is no longer the dominant ideology, tribes are directly interacting with the market network, the regional and the national economy, without the mediation of caste, and are adopting characteristics of the commercial capitalist system."

Es stellt sich die Frage: **Gibt es überhaupt noch eine spezifische "Tribal Economy"** mit eindeutigen Unterschieden zum übrigen Indien? BOSE (a.a.O., S. 192f) kommt am Beispiel des Bharuch-Distrikts in Gujarat zum Ergebnis, daß es hinsichtlich des ökonomischen Entwicklungsniveaus keinen qualitativen, sondern nur einen quantitativen Unterschied zwischen Stammes- und Nicht-Stammesregionen gibt. So liegt dort z.B. der prozentuale Rückgang des Anbaus von "food crops" und der entsprechende Anstieg bei den "cash crops" jeweils fast gleich hoch, was zeigt, daß die Bauern in beiden Regionen in ähnlich starker Weise in die Marktwirtschaft eintreten. Allerdings kann das jeweilige Ausgangsniveau für diesen Prozeß von Region zu Region recht unterschiedlich hoch sein.

Wie schon die Abschnitte 6.1. und 6.2. gezeigt haben, sind die Stammesgesellschaften heute in der Regel nicht mehr isoliert von der übrigen Gesellschaft und durch ihre **Einbeziehung in die Marktwirtschaft** auch dem überall sonst zu beobachtenden Prozeß von **sozioökonomischer Differenzierung** ausgesetzt.

"The growing economic stratification among the Adivasis is inevitable. It is an indicator of social change. This change is in the same direction as that taking place in the larger society." (SHAH 1976, S. 47)

Dieser Prozeß ist aber von Region zu Region, mitunter von Dorf zu Dorf verschieden stark vorangeschritten.

So sind nach JOSHI (1983, S. 136ff.) in Zone 1 des künftigen Überflutungsbereiches des Sardar-Sarovar-Sees vier sozioökonomische Schichten zu unterscheiden, während in Zone 3 von einer deutlichen Schichtung noch nicht die Rede sein kann. SHAH (1976) und BOSE (1978) weisen für fünf Distrikte von Gujarat mit einem hohen Anteil von Stammesbevölkerung nach, daß das Ausmaß der sozialen Schichtung vom ökonomischen Entwicklungsstand abhängt, und zwar unabhängig davon, ob es sich um die Stammesregionen innerhalb der Distrikte handelt oder nicht.

"As a logical consequence of this stratification, one can assume that it is the class interest which will predominate, instead of tribal solidarity." (BOSE 1981, S. 194).

Reiche Bauern in Stammesdörfern scheuen sich nicht, ihre ärmeren "Stammesbrüder" ökonomisch auszubeuten. So geht die **ethnische Identität** mit dem Erstarken von kapitalistischer Marktlogik **allmählich verloren** (vgl. JOSHI 1983, S. 70)[12].

---

12 Demgegenüber behauptet der Ethnologe PFEFFER (1982, S. 54): "One group is never found to work for the economic benefit of the other. This absence of a **class** confrontation in reality marks the difference between the ancient tribal village and the standard type of peasant village in the civilization." Es gebe bei den Stammesgesellschaften zwar Statusunterschiede, aber keine permanente Diskriminierung aufgrund des Status'. PFEFFER's Aussagen beziehen sich wohl mehr auf die sehr abgelegenen Stammesdörfer, die ihre
(Fortsetzung Fußnote)

Es besteht eine positive Korrelation zwischen der Größe des privaten Landeigentums einerseits und dem Verkauf von "cash crops", der Marktinformation, dem Viehbestand, der Verwendung von Mineraldünger, den Arbeitsgeräten, der Höhe der Verschuldung(!) sowie der Ausbildung der Kinder andererseits. Verstärkt werden die sozialen Disparitäten noch durch die staatlichen Entwicklungsprogramme für die Stammesregionen. Von diesen profitieren nämlich vor allem die wohlhabenden Bauern, während die armen Bauern trotz ihrer vielfachen Anzahl nur einen Bruchteil abbekommen. So erhielten im Bharuch-Distrikt die armen Bauern (unter 2 ha Land) nur 8% aller staatlichen Kredite, die relativ reichen Bauern (über 6 ha) dagegen 61%; im Baroda-Distrikt lagen die entsprechenden Zahlen bei 19% bzw. 44% (vgl. SHAH 1976 und BOSE 1978).

> "What has happened to the larger society, has also happened to Advasi society. **The rich have become richer and the poor poorer.**"
> (SHAH 1976, S. 44f - Hervorhebung: T.M.).

Der Ausgangspunkt für diesen Prozeß der sozialen Differenzierung in der Überflutungsregion liegt am Anfang des 20. Jahrhunderts. Damals führte die britische Kolonialverwaltung das private Landeigentum als Bestandteil ihrer "Befriedungspolitik" ein, wodurch die bei den Stämmen im Bergland übliche Großfamilien-Wirtschaft mit jährlich wechselndem Umfang an bearbeitetem Ackerland abgelöst wurde (JOSHI/GANGOPADHYAY 1983, S. 43). Letzteres - eine Landwechselwirtschaft von festen Siedlungen aus - war schon ein Fortschritt gegenüber dem Wanderfeldbau in früheren Zeiten.

In der Küstenebene von Gujarat hatte der zunehmende Bevölkerungsdruck und die Erschöpfung der vorhandenen landwirtschaftlich nutzbaren Flächen schon ab 1910 zu einer steigenden Konzentration von Landeigentum durch erzwungene Landverkäufe armer Bauern, zur **Intensivierung der Landwirtschaft** und zur Einführung der Marktwirtschaft geführt (vgl. DAS 1986, S. 48). Dagegen bilden die Wälder im Bergland bis heute eine Reserve zur **Extensivierung von Kulturland** auf marginalen Flächen für die Ernährung der wachsenden Stammesbevölkerung. Regionale Mängel an verfügbarer Kulturfläche für die Subsistenzpro-

---

(Fortsetzung Fußnote von vorangegangener Seite)
   traditionellen soziokulturellen Elemente noch stärker bewahren konnten.

dukțon lösten mitunter Migrationen aus (wie die erwähnte der Rathwas von Kavant). Je größer die Landreserven waren, desto weniger ist die sozioökonomische Differenzierung bisher ausgeprägt, wie das Beispiel der 'Zone 3' zeigt. In 'Zone 1' ist dagegen der Anteil der Landlosen wegen der notgedrungenen Landverkäufe bereits beträchtlich.

In Gadher tauchten die ersten marktwirtschaftlichen Elemente erst nach der Unabhängigkeit Indiens 1947 auf (JOSHI/GANGOPADHYAY 1983, S. 44). Seither wuchs der Anteil der produzierten Marktfrüchte, setzte eine berufliche Differenzierung ein, wuchs das Geldeinkommen und damit die Möglichkeit zum Kauf von landwirtschaftlichen Inputs sowie von neuen Gebrauchsgütern. Mit immer häufigeren Besuchen in den Marktorten und der Einführung von Schulbildung im Dorf war nicht nur ein zunehmender Einfluß hinduistischer Verhaltensnormen, sondern auch ein Anwachsen moderner Markt- und Kultureinflüsse (Kleidung, Nahrung, Gebrauchsgüter) festzustellen. DAS (1982, S. 19) bezeichnet dies als "a movement from an autarchic to a more open system".

Diese spezifische Kombination einer soziokulturellen Assimilation an den Hinduismus und der Übernahme moderner kapitalistischer Konsumgewohnheiten und -wünsche, deren Realisierungsmöglichkeiten vom ökonomischen Status der Familien abhängt, bestimmte den sozialen Wandel in Gadher und den benachbarten Dörfern seit einigen Jahrzehnten. Die relativ egalitäre Sozialstruktur der Stammesdörfer wurde dabei Schritt für Schritt durch eine andere mit immer größeren sozialen Disparitäten ersetzt.

> "Agrarian development has not raised the standard of living of all
> the people, nor is it egalitarian. On the contrary, as a conse-
> quence of this type of capitalist development, inequality and
> poverty increase. (...) Over a period of time, the control over
> ressources and privileges has been transferred into a few hands
> among the tribals. Thus the same kind of inequality and stratifi-
> cation which one is likely to observe among the non-tribals prevails
> among the tribals as well." (BOSE 1981, S. 193).

Dabei stimmt die neu entstandene **sozioökonomische Hierarchie** (soziale Schichtung) im großen und ganzen mit der **soziokulturellen Hierarchie** (Grad der Sanskritisierung) überein. Dieser Prozeß von sozioökonomischer Schichtung und soziokulturellem Wandel ist aber, wie bereits gezeigt wurde, in den 19 Dörfern des künftigen Überflutungsbereiches unterschiedlich weit vorangeschritten.

In dieser Situation stellt nun der **Bau des Sardar-Sarovar-Dammes** einen äußeren Eingriff dar, der gewissermaßen wie ein **Katalysator für einen ohnehin,** nur viel langsamer ablaufenden **Prozeß** wirkt. Zum einen werden viele neue Arbeitsmöglichkeiten und damit Bareinkommen geschaffen, was die soziale Differenzierung weiter fördern wird. Zum anderen steht eine Umsiedlung in andere Dörfer bevor und damit nicht nur neue Kontakte, neue Einflüsse, eine neue Lebensumwelt, sondern zuvor auch ein Prozeß der Artikulation von Interessen und der Entscheidungsfindung, der eine neue Dynamik in diese trotz allem bisher noch relativ statischen Dorfgemeinschaften hineinbringt. Auf die einzelnen Aspekte dieses Umsiedlungsprozesses und seine Auswirkungen soll im folgenden Kapitel ausführlicher eingegangen werden.

# 7. DER PROZESS DER ·UMSIEDLUNG UND SEINE AUSWIRKUNGEN

## 7.1. Bekanntwerden des Staudammprojekts und erste Reaktionen der Betroffenen

Die ersten Vermessungsarbeiten begannen im Jahre 1957 bei Navagam, an der ursprünglich geplanten Dammbaustelle. Bereits in den 60er Jahren wurde in Navagam und Limdi einiges Land vom Staat enteignet, damals zu sehr niedrigen Kompensationsraten (150-300 Rs./ac), um Kevadia Colony, das Projekt-Hauptquartier, und die Zugangsstraße zum künftigen Damm zu bauen. Da diese Entschädigungsumme nicht im entferntesten dazu reichte, anderswo Land zu kaufen, blieben die Betroffenen als verarmte Landlose im Dorf wohnen.

Wegen der jahrzehntelangen Verzögerungen glaubten die Bewohner der umliegenden Dörfer nicht so recht an die Realisierung des Projekts und schon gar nicht an eine angemessene Entschädigung für ihr Land. Ab 1970 wurden dann die ersten fünf Dörfer zu erheblich verbesserten Bedingungen umgesiedelt (nach NWDT-Beschluß). Dies führte zu Spannungen zwischen verschiedenen Gruppen im Dorf, weil die einen sich ungerechter als die anderen behandelt fühlten (vgl. JOSHI 1983, S. 70, 162).

Im Gegensatz zu den wenigen Dörfern nahe der Dammbaustelle erfuhren die anderen Betroffenen erst nach und nach, was ihnen bevorstand. Nach Gadher kamen Regierungsbeamte erstmalig 1979, führten Landvermessungen durch und setzten Steine als Markierung für den Rand des künftigen Stausees (siehe Foto 4). In einigen Dörfern fanden Versammlungen statt, bei denen den Leuten eröffnet wurde, daß ein großer Staudamm gebaut werde und sie deswegen ihr Dorf verlassen müßten. Ihnen wurde neues Land und der Transport ihrer Habseligkeiten zugesagt. Bewohner anderer Dörfer erfuhren auf den Wochenmärkten diese Neuigkeit von ihren Stammesleuten.

Weiter flußaufwärts, im Jhabua-Distrikt von Madhya Pradesh, der sich östlich an die 19 Dörfer von Gujarat anschließt und als besonders entlegen gilt, wissen viele Menschen bis heute nichts Genaues über den

Staudamm, ob sie ihr Land verlieren oder nicht usw. Von den ihnen zustehenden Rechten nach dem NWDT-Beschluß und dem Abkommen mit der Weltbank wissen sie erst recht nichts, und die Regierungsleute haben kein Interesse daran, sie darüber aufzuklären (nach Mitteilung einiger unabhängiger Sozialarbeiter aus Madhya Pradesh).

Nur aus den Dörfern der Zone 1 kamen anfänglich einige verständnisvolle Reaktionen:

"Those who had some education and exposure, showed positive attitude at the very first meeting and said that they were ready to part with their land for accomplishing such a task of national importance, provided an exclusive plan for the rehabilitation of the whole village is prepared." (JOSHI 1983, S. 160)

Interview-Aussagen von Dorfbewohnern der Zonen 2 und 3 und ließen eher eine Mischung aus Ohnmachtsgefühl gegenüber dem Staat und Schicksalsergebenheit erkennen. In der Dorfstudie über Gadher wird ihre Haltung bezeichnet als **"mixture of hostility and apathy for evacuation"** (JOSHI/GANGOPADHYAY 1983, S. 96).

Aus **Turkheda**, einem der östlichsten Dörfer in Gujarat, wird berichtet, daß die meisten Bewohner sich nicht vorstellen konnten, wie das Wasser eines Stausees bei Vadgam bis Turkheda reichen könnte. Viele hielten den Bau eines Dammes über den heiligen Fluß Narmada überhaupt für unmöglich, zumal dann auch der Tempel im Nachbarort Hanfeshwar[1] überflutet würde. Als sich die ersten Gerüchte bestätigt hatten, gingen einige Bewohner zu Fuß zur Dammbaustelle, um sich mit eigenen Augen davon zu überzeugen. Aber erst als die für den Landerwerb zuständigen Beamten Fingerabdrücke (als Unterschrift) von den Landbesitzern einholten und Händler, Forstbeamte usw. den Dammbau bestätigten, begann Ende 1982 die Mehrheit im Dorf daran zu glauben (PATEL 1983, S. 71ff.).

Ein Effekt, der etwa die Hälfte der 19 Dörfer in Gujarat direkt mit dem Baubeginn betraf, waren neue Arbeitsmöglichkeiten im Zusammenhang mit dem Projekt. Hier setzte ein räumlicher Differenzierungsprozeß nach der Lagegunst der einzelnen Dörfer ein, von denen einige einen Anstoßeffekt für ihre Entwicklung erhielten. Die mit der bevorstehenden

---

1    In den NWDT-Beschlüssen von 1979 ist eine Verlegung der hinduistischen Tempel von Hanfeshwar und Surpan an den Rand des künftigen Stausees geplant. Beide sind als Stationen der Pilgerreise "Parikrama" von überregionaler Bedeutung.

Umsiedlung verbunden Belastungen wurden dort wenigstens zum Teil durch die Vorteile neuer Verdienstmöglichkeiten aufgewogen.


## 7.2. Landerwerb und Kompensation in der Überflutungszone


### 7.2.1. Die Berechnungsweise der staatlichen Behörden


Da es in den betroffenen Stammesdörfern vorher niemals zum Verkauf von Land gekommen war und somit Landpreise für einen Vergleich fehlten, mußte ein Verfahren gewählt werden, um den Wert des Landes zu ermitteln. Es soll hier am Beispiel des Dorfes **Katkhadi** (Zone 2) dargestellt werden. Das Verfahren für den Landerwerb durch den Staat wird durch den "Land Acquisition Act" von 1894 geregelt (vgl. 4.3.). Grundlage für die Landbewertung war hier die landwirtschaftliche Produktion und das potentielle Nettoeinkommen daraus.[2]


Tab. 7.1.: Bewertung der privaten Landnutzungsfläche im Dorf Katkhadi

| Anbaufrucht | Wert der Produktion pro ha (in Rs.) | Anteile an der gesamten LNF (in %) | Rohertragsanteile bezogen auf 1 ha (in Rs.) |
|---|---|---|---|
| Baumwolle | 1.800 | - | - |
| Erdnuß | 1.900 | 8 | 152 |
| Sorghum-Hirse | 900 | 34 | 306 |
| Mais | 1.400 | 6 | 84 |
| Tur (chick pea) | 400 | 17 | 68 |
| insgesamt | | 65 | 610 |
| Grasland | - | 35 | - |
| insgesamt | | 100 | 610 |

Quelle: EXECUTIVE ENGINEER 1986


---

2    Vom Srisailam-Projekt in Andhra-Pradesh (vgl. 4.2.) wird berichtet, daß hier der Marktwert auf der Basis von Landverkäufen in den letzten Jahren festgelegt werden konnte. Doch wurde das Land viel zu niedrig bewertet, weil das Projekt bereits bekannt geworden war und infolgedessen die Landpreise in der Überflutungszone drastisch gefallen waren. Hier wäre eine Berechnung nach der Produktivität gerechter gewesen (FACT-FINDING-COMMITTEE 1986, S. 257).

Etwa die Hälfte des so ermittelten durchschnittlichen Jahresrohertrags pro Hektar wird für landwirtschaftliche Aufwendungen (Saatgut, Dünger, Geräte) berechnet, so daß ein Nettoproduktionswert von 317 Rs. pro ha verbleibt. Der Wert des Landes wird nun als Summe dieses potentiellen **Jahreseinkommens pro Hektar über 20 Jahre** hinweg kalkuliert.[3] Da aber, statistisch gesehen, jedes vierte Jahr als Dürrejahr ausfällt, verbleiben nur 15 Jahre mit landwirtschaftlicher Produktion.

$$15 \times 317 \text{ Rs./ha} = 4.750 \text{ Rs./ha}$$

Der so ermittelte **Landwert** von 4.750 Rs./ha (= 1.900 Rs./ac) bleibt aber weit hinter der Forderung der Dorfbewohner von 4.600 Rs. pro Acre zurück. Allerdings erhöht sich der Betrag von 1.900 Rs/ac nach dem Gesetz noch um 30% Sonderentschädigung (Solatium) für die zwangsweise Enteignung und um weitere 12% jährlich vom Zeitpunkt der ersten Ankündigung der Enteignung an bis zum endgültigen Beschluß, im Falle von Kathkadi für vier Jahre und zwei Monate. Damit ergibt sich für dieses Dorf eine **Landkompensation** in Höhe von 3366 Rs./ac, die jedem Eigentümer entsprechend seiner Landfläche zusteht. In Kathkadi entfallen von der gesamten Kompensation (891.915 Rs.) 61% auf das Land und 39% auf die Häuser (vgl. a.a.O. und 7.2.4.).

Diese Berechnung des "Land Acquisition Officer" von 1986 berücksichtigt fast ausschließlich privates Land (insg. 64 ha plus 1 ha öffentliches Land). Nach Berechnungen von CYSV werden in Kathkadi insg. 80 ha öffentliches Öd- bzw. Waldland kultiviert, die nach dem Regierungsbeschluß von 1985 ebenfalls kompensiert werden müssen.[4] Die Behörden verzögern aber die gesamte Auszahlung. Sie sagen den Bauern: "Kauft Euch erst etwas neues Land von der Kompensation für Euer Privatland und später mehr, wenn Ihr auch eine Entschädigung für kultiviertes

---

3    20 Jahre wurden deshalb zugrundegelegt, weil die Familie durch die Kapitalisierung des Landwertes ein dauerhaftes Einkommen haben soll. Bei einer jährlichen Verzinsung von 5% ergibt sich nämlich: 20 Jahre x 5% = 100% des Landwertes.

4    Danach ergibt sich eine durchschnittliche Gesamtkulturfläche von 4,7 ac pro Familie, wovon aber nur durchschnittlich 2,1 ac registrierter Privatbesitz sind.

öffentliches Land erhaltet!" Dies würde aber die Verhandlungsposition der Bauern schwächen, wenn sie Land von Privatverkäufern erwerben wollen (CYSV 1985b).

Gegen den Beschluß des "Land Acquisition Officer" über die Kompensationszahlung kann in maximal sechs Monaten Einspruch vor dem Hohen Gerichtshof von Gujarat eingelegt werden. Sofern niemand den Bauern hilft, bleibt dies aber außerhalb ihrer Möglichkeiten. Die unabhängige Hilfsorganisation CYSV sieht in dieser Berechnungsweise eine Reihe von Problemen:

1. Die Regierung berechnet nur 65% als fruchtbares Ackerland, obwohl nach Unterlagen des "Talati"[5] 100% bebaut wurden.
2. Die Dürrejahre werden nicht mitberechnet.
3. Doppelte Ernten werden auch nicht mitberechnet.
4. Die Erträge und damit die Einkommen für die einzelnen Feldfrüchte werden nach früheren Jahren berechnet und somit zu niedrig angesetzt.
5. Die Nebeneffekte der Feldfrüchte werden nicht berechnet, so z.B. Hirse- und Maisstroh als Viehfutter und Turstroh als Brennstoff zum Kochen (nach mündlichen Angaben).

Eine Gegenrechnung zur Regierung könnte demnach etwa wie folgt aussehen:

|  | | Regierung | Gegenrechnung |
|---|---|---|---|
| 1. Rohertrag auf 65% von 1 ha | | 610 | 915 Rs. |
| 2. desgl. auf 100% | | 610 | 1.408 Rs. |
| 3. Jahresnettoeinkommen | pro 1 ha | 317 | 704 Rs. |
| 4. Nettoeinkommen in 20 Jahren | pro 1 ha | 4.750 | 14.080 Rs. |
| 5. desgl. | pro 1 ac | 1.900 | 5.632 Rs. |

(auf Kathkadi angewandte Berechnungsweise nach CYSV-Angaben)

Nach den Bewertungskriterien der Behörden liegt der Marktwert des Landes in den benachbarten Dörfern etwa gleich hoch wie in Kathkadi (z.B. 1.800 Rs./ac in Vadgam - vgl. DAS 1982, S. 59). Demgegenüber steht die Tatsache, daß in einigen Dörfern bereits eine Kompensation von 4.600 Rs./ac für Privatland gezahlt wurde. Doch selbst die 4.600 Rs./ac reichen nur selten dazu aus, anderswo Land zu kaufen, erst

---

5  Der "Talati" führt die Landbesitzregister und hat genaue Aufstellungen, welche Feldfrüchte wann und wo angebaut wurden. Diese Unterlagen können für Gutachten gegen die Regierung sehr wichtig sein.

recht nichtweniger Geld. Um eine Land-für-Land-Kompensation zu gewährleisten und die Richtlinien des NWDT und des Abkommens mit der Weltbank einzuhalten, müßte der Staat die fehlende Differenz zum jeweiligen Kaufpreis zuzahlen. Aber um dies im einzelnen durchzusetzen, bedarf es mühseliger und langwieriger Verhandlungen, möglicherweise auch gerichtlicher Schritte. Davor schrecken viele der Betroffenen unter dem Druck, möglichst bald neues Land zu finden, zurück.

### 7.2.2. Der Musterprozeß des Dorfes Vadgam

Anfang der 80er Jahre wurde in den fünf Dörfern der Zone 1 lediglich 3000 Rs./ac Kompensation gezahlt, zwar weit mehr als in den 60er Jahren, aber immer noch zu wenig. 1983 begannen Arbeiter in Vadgam damit, die oberen Bodenschichten einiger privater Landstücke abzutragen, um sie als Füllmaterial für die Steinschüttdämme zu benutzen. Anderes Privatland wurde durch große Felsbrocken, die von den Sprengungen an der Baustelle herrührten, wertlos gemacht. Dieses Land war noch nicht vom Staat ordnungsgemäß angekauft worden, und die Bauern standen fassungslos vor ihrem zerstörten Land. Nachträglich sollten sie dann mit nur 2000 Rs./ac abgespeist werden.

Dies bildete den Auslöser für die bereits erwähnte Demonstration von mehr als 3000 Bauern von Vadgam bis zur Kevadia Colony, bei der sie ihren sämtlichen Forderungen nach einer gerechten Rehabilitation Ausdruck gaben. Vor allem wurde die Forderung nach einer Entschädigung aller Kleinfamilien und nicht nur der registrierten Khatedar-Besitzer bekräftigt. Denn in Vadgam gibt es 472 Kleinfamilien ("major sons"), davon 17 landlose, aber nur 124 eingetragene "Landholdings" (nach Angaben von CYSV). 85-90% sind überdies auf die Kultivierung von öffentlichem Öd- und Waldland angewiesen.

Kurz nach dem Protestmarsch besuchte der Minister für Bewässerung und Stammesangelegenheiten in Gujarat, Mr. A. Choudhary, im April 1984 mehrere betroffene Dörfer. Er versicherte erneut, daß jeder erwachsene Mann, der privates oder öffentliches Land kultiviert, soviel

Kompensation erhalten solle, um anderswo mindestens 5 ac erwerben zu können. Die Kompensation solle mindestens 4.600 Rs./ac betragen. Aber schon wenige Monate später kam der Leiter der Rehabilitationsbehörde in die Dörfer und verkündete dort, daß die Ansprüche auf eine Entschädigung für kultiviertes öffentliches Land unhaltbar seien und daß die Bauern sich selber nach käuflichem Privatland umsehen sollten. Dadurch eingeschüchtert, gaben viele Bauern freiwillig ihren Daumenabdruck auf ein Papier, das ihre Landbesitzrechte auf die Regierung übertrug, im Glauben, sonst völlig leer auszugehen (RSSS 1986, S. 7f).

Andere Bauern wandten sich voller Besorgnis an die unabhängigen Hilfsorganisationen CYSV und RSSS. Diese organisierten eine gewaltlose Satyagraha-Aktion, bei der die Bauern die Zufahrtstraße zu den Steinschüttdämmen Nr. 1 und 2 für einige Stunden blockierten; daran beteiligten sich etwa 400 Bewohner von Vadgam, was sie früher nie gewagt hätten. Journalisten von Englisch- und Gujarati-sprachigen Zeitungen wurden benachrichtigt, und das **Doppelspiel der Regierung** wurde in der Presse angegriffen (a.a.O.).

Anfang 1985 richteten CYSV-Aktivisten eine Petition an den Hohen Gerichtshof von Gujarat (vgl. CYSV 1985a), die zunächst mit einem Erfolg beschieden war. Das Gericht verbot den Behörden des Narmada-Projekts, sich weiter illegal Land anzueignen. Jeder Kernfamilie wurde erneut ein Minimum von 5 ac Land zugesagt, auch denjenigen, die lediglich öffentliches Land kultivieren (rund 40% aller Familien von Vadgam). Außerdem verfügte das Gericht die Zahlung von 4.600 Rs./ac Kompensation auch in den fünf Dörfern der Zone 1. Doch schon einen Monat später fand nach dem Einspruch der Rehabilitationsbehörde ein Revisionsverfahren statt. Darin kam das Gericht zu dem Schluß, daß in der CYSV-Petition lediglich moralische, aber keine gesetzlichen Fragen angesprochen würden. CYSV wandte sich daraufhin an den Obersten Gerichtshof in New Delhi, wo die Verhandlung des Verfahrens bis 1987 verzögert worden ist. Eine vom Gericht eingesetzte Kommission kam aber schon 1985 zum Ergebnis:

"No proper and real attempt at rehabilitation has been done for the inhabitants of Vadgam." (SWAMINATHAN/CHOUDHARY 1985).

Foto 5: Bauernversammlung in Vadgam
(rechts oben ein Teilstück vom Staudamm)

Foto 6: Tadavi-Frauen in Vadgam

Foto 7: Junge Frauen leisten a
der Baustelle Schwerst
arbeit unter Tage

Vadgam ist somit zum **Präzedenzfall** geworden für die Implementation der Rehabilitationsbestimmungen. In diesem Dorf hat eine starke Politisierung der Bevölkerung stattgefunden, die aber auch zur Herausbildung von zwei fast gleich starken Fraktionen geführt hat. Fast die Hälfte der Bewohner hat bereits auf eigene Faust privates Land erworben, hofft aber auf eine nachträgliche Erhöhung der Kompensation. Die andere Hälfte weigert sich, ihr Land abzugeben und neues Land zu kaufen, solange der Oberste Gerichtshof nicht entschieden hat. Letztlich geht es darum, daß jede Familie ihre 5 ac erhält, auch wenn sie, was in der Regel der Fall ist, von Privatverkäufern Land erwirbt.

In **Gadher** verhalten sich die Bauern einheitlicher. Auf Beschluß der Dorfversammlung hin soll niemand neues Land kaufen, ehe nicht die gesamte Kompensation, sowohl für privates wie für öffentliches Kulturland, auf den Bankkonten der Bewohner eingegangen ist. Man hat zwar schon anderswo Land in Aussicht (vgl. 7.3.4.), aber gekauft haben es bisher nur wenige Bauern. Auf den Bewußtseinsstand der Dorfbewohner angesprochen, äußerte NARANBHAI, der "Sarpanch" (Dorfvorsteher) von Gadher:

"Anfangs hatten die Leute Angst vor den Regierungsbeamten; jetzt stellen sie ihnen viele Fragen. Wenn Regierungsbeamte kommen, versammeln sich alle Dorfbewohner und äußern ihre Fragen. Ihr Bewußtsein ist gestiegen; selbst innerhalb der Familien gibt es Auseinandersetzungen darüber. Keiner würde mehr still bleiben bei einer Versammlung." (Interviewaussage).

Dennoch gibt es nach Aussagen des Sarpanch auch in Gadher die üblichen Probleme: Es wird zu wenig Land als Kulturfläche berechnet; die langjährige Kultivierung von Waldland ist kaum nachzuweisen; das Waldland liegt größtenteils außerhalb des Überflutungsbereichs und soll somit nicht kompensiert werden. Dazu noch einmal NARANBHAI:

"Wenn wir genug Land bekommen (5 ac pro Familie), dann wird es eine deutliche Verbesserung geben. Wenn nicht, wenn wir nur eine Kompensation für das private Kathedar-Land erhalten, dann werden wir bestimmt benachteiligt sein, weil die meisten von uns vom Wald abhängig sind." (Interviewaussage)

### 7.2.3. Alternativen aus der Sicht zweier Bauernfamilien aus Vadgam

**Ranchhodbhai Koyjibhai Tadavi** gehört zu einer Großfamilie mit 70 Personen, die aus zwölf Kernfamilien (Brüder, Onkel, Cousins, etc.) besteht. Sie bewohnen drei benachbarte Häuser in Vadgam und bearbeiten zusammen folgende Kulturfläche: 9 ac privates Land + 5 ac Ödland (Kharaba-Land) + 15 ac Waldland = 29 ac. Die meist unter 1 ac großen Parzellen liegen relativ verstreut in den westlichen Falias von Vadgam. Zusätzlich arbeiten zehn Familienmitglieder an der Baustelle und drei weitere in Kevadia.

Da das Waldland nicht überflutet wird, verbleiben nur 14 ac, für die die Familie eine Entschädigung erwartet. Das Geld für die 9 ac Privatland haben sie bereits auf ihr Konto erhalten. Da das Gerichtsverfahren in New Delhi noch läuft, haben sie bislang kein neues Land gekauft, obwohl sie schon welches gefunden haben, das in der "Command Area" des Projekts liegt und ihnen akzeptabel erscheint.

Für die Familie ergeben sich mehrere **mögliche Zukunfts-Szenarios:**

1. Sie rechnen als 12 Kernfamilien, denen nach den Rehabilitationsrichtlinien jeweils 5 ac Land zustehen, d.h. sie würden **60 ac** bewässerbares Land von gleicher Qualität erhalten. Diese Regelung gilt, wie gesagt, für Umsiedler aus Madhya Pradesh und Maharashtra, die sich in Gujarat ansiedeln, für Umsiedler aus Gujarat dagegen nur dann, wenn sie öffentliches Land, das ihnen von der Regierung angeboten wird, akzeptieren. Diese Landstücke sind jedoch durchgängig von schlechter Qualität, bislang unkultiviert, weit versprengt und meist auch weit entfernt.

2. Sie erhalten 4.600 Rs./ac Kompensation für 14 ac, insgesamt also 64.400 Rs. Das neue Land, das sie in Roziya gefunden haben, kostet 6.000 Rs./ac. Sie können sich also dort für 54.000 Rs. wieder 9 ac Land kaufen und von den restlichen 10.400 Rs. sowie der Hauskompensation noch einige weitere Acres dazu. Werden ihnen **14 ac** als rechtmäßiger Landbesitz anerkannt, müßten sie 84.000 Rs. für 14 ac zahlen, und die Regierung müßte ihnen die Differenz von 19.600 Rs. als Zuschuß (ex-gratia-payment) bezah-

len. In beiden Fällen wären sie wesentlich schlechter gestellt als vorher, weil sie auf die 15 ac Waldland angewiesen waren und sie in Roziya nur ihr privates Land zur Kultivierung hätten.

3. Würde ihnen **29 ac** als notwendige Existenzgrundlage angerechnet, dann müßten sie in Roziya 174.000 Rs. (29 x 6.000 Rs.) bezahlen. Das Grundprinzip der Rehabilitation soll ja sein, den Bauern mindestens die frühere Existenzbasis wiederzugeben. Dazu müßte ihnen dann die Regierung entweder 109.600 Rs. als Zuschuß zahlen oder die gesamten 29 ac Land in Vadgam erwerben (für insg. 133.400 Rs.) und den Rest von 40.600 Rs. als Zuschuß zahlen. Damit hätten sie zwar keine 5 ac pro Kernfamilie erhalten, sondern nur etwa die Hälfte. Da das Land aber im künftigen Bewässerungsgebiet liegt und ein größerer Teil der Bauern aus Vadgam sich dort ansiedeln könnte, wäre es schon eine gewisse Verbesserung ihrer Situation (alle Angaben nach Interviewaussagen).

Die Regierung verweist auf die künftige Bewässerung des Landes dort (in 10-20 Jahren!) und hält deshalb weniger Land für ausreichend. Die Hilfsorganisationen wie CYSV fordern dagegen, daß die Regierung im genannten Fall für weitere 31 ac einen zinslosen Kredit geben solle, damit die **'5-ac-pro-Familie'**-Regelung eingehalten wird und der Geist des NWDT-Beschlusses und des Abkommens mit der Weltbank erfüllt wird (CYSV 1986b; vgl. 5.2. und 5.3.).

Zusammenfassend läßt sich folgendes festhalten:

- 5 ac Land pro Familie wäre eine erhebliche Verbesserung, allerdings nur dann, wenn es von gleicher Qualität und auch sonst akzeptabel wäre.
- Eine Barkompensation für das private Land und ggf. für kleinere Teile des kultivierten öffentlichen Landes würde zu einer deutlichen Verschlechterung der sozioökonomischen Situation führen, zumal die Preise für privates Land in der näheren Umgebung gestiegen sind.
- Wenn der Staat gewährleistet, daß die Bauern soviel gutes Land kaufen können, wie sie vorher kultiviert haben, dann würden sie in der Regel am Entwicklungsfortschritt teilhaben.

Zum Vergleich sei kurz ein zweiter Fall dargestellt:

**Dhoblabhai Tadavi** ist ein alter Mann mit drei erwachsenen Söhnen; zu den vier Familien gehören insgesamt 13 Personen. Sie gehören zu den ärmeren Familien, da sie kein privates Land besitzen, sondern lediglich 10 ac Ödland und 2,5 ac Waldland kultivieren. Ohne zusätzliche Lohnarbeit könnten sie nicht überleben. Das Waldland wird nicht überflutet, und für das Ödland wurde bisher keine Kompensation gezahlt; sie hoffen aber darauf. Für sie ergeben sich folgende Zukunfts-Szenarios:

1. Als Landlose sollen sie mindestens 3 ac pro Familie erhalten, insgesamt also 12 ac, wenn sie eines der Landangebote der Regierung annehmen.

2. Für 10 ac kultiviertes Ödland müßten sie 4.600 Rs./ac, also insg. 46.000 Rs. Kompensation erhalten, wovon sie in Roziya fast 8 ac privates Land (à 6.000 Rs/ac) kaufen könnten. Um 10 ac kaufen zu können, müßten sie 60.000 Rs. bezahlen und vom Staat noch einen Zuschuß von 14.00 Rs. bekommen.

So oder so hofft diese Familie auf eine Verbesserung, da sie erstmalig eigenes Land und dazu besseres als in Vadgam, erhalten könnte. Aber noch zweifeln sie daran, ob sie überhaupt Geld vom Staat erhalten (nach Interviewaussage).

### 7.2.4. Die Kompensation für die Häuser

Die Häuser in der Überflutungszone sollen zu ihrem Marktwert entschädigt werden, der von Alter und Größe abhängt. Bisher waren neue Häuser kein Statussymbol, da jede Familie genügend Baumaterial kostenlos im Wald vorfand. Von den schon umgesiedelten Familien aus der Zone 1 haben viele ihre Häuser zerlegt, an den neuen Ort transportiert und dort wiedererrichtet. Doch erhielten z.B. in Limdi viele Umsiedlerfamilien keine Hauskompensation, weil lediglich ihr Land oder Teile davon, nicht aber ihre Häuser im Überflutungsbereich liegen (nach Interview mit VYAS). Nach Aussagen von Umsiedlern liegen die Kompensationshöhen zwischen 1.000 Rs. für sehr kleine und 25.000 Rs. für sehr große Häuser. Die Häuser werden oft recht willkürlich bewertet, was zu erheblicher Unzufriedenheit geführt hat (DAS 1982, S. 82ff.).

In **Kathkadi** beträgt die gesamte Hauskompensation 265.346 Rs., hierzu kommen noch 30% Sonderentschädigung (solatium), so daß sich ein Gesamtbetrag von 344.950 Rs. ergibt. Bei 40 Häusern, die überflutet werden, kommen somit durchschnittlich 8.624 Rs. auf ein Haus oder 4.539 Rs. auf jede der 76 betroffenen Kernfamilien (Daten aus: EXECUTIVE ENGINEER 1986; JOSHI 1983, S. 48). Nach Regierungsangaben (GOG 1986, S. 6) kommen in allen 19 Dörfern von Gujarat durchschnittlich 5.860 Rs. Kompensation auf jedes Haus oder 2.700 Rs. auf jede Kernfamilie. Dazu kommen dann 2.600 Rs. für Grundstück und Hausmaterialien am Rehabilitationsort (NCA 1984, S. 25ff.), insg. also 5.300 Rs. pro Familie für ihr Haus. Bei einem Vergleich mit den Hauskosten in Kevadia Colony, dem Verwaltungshauptquartier, wo für 5000 Angestellte 230 Mio. Rs. ausgegeben wurden (KALPAVRIKSH 1985, S. 280), ergibt sich dort ein durchschnittlicher Wert von 46.000 Rs. pro Familie, also mehr als das Achtfache!

## 7.3. Die Suche nach geeignetem Ersatzland

### 7.3.1. Das Problem der Landknappheit

Infolge des raschen Bevölkerungswachstums ist im Laufe dieses Jahrhunderts überall in Indien der Druck auf das landwirtschaftlich nutzbare Land immer größer geworden. Der prozentuale Anteil der städtischen Bevölkerung hat sich zwar auf heute 25% erhöht, doch die absolute Zahl der Landbevölkerung steigt weiter an (MALHOTRA 1987, S. 17). Auch über die hier behandelte Region läßt sich generell feststellen, daß die Grenze der **agraren Tragfähigkeit** (vgl. EHLERS 1984, S. 36) bei einer Beibehaltung der derzeitigen landwirtschaftlichen Produktionsweise fast überall erreicht zu sein scheint. Der Ausweg liegt entweder in einer Erhöhung der landwirtschaftlichen Produktivität, wofür es hier wie in großen Teilen von Indien noch erhebliche Möglichkeiten gibt, oder in einem verstärkten Abzug von Erwerbsfähigen aus der Landwirtschaft in andere Wirtschaftssektoren. Hierzu vertritt VARMA die These, daß die erstgenannte Möglichkeit zumindest kurzfristig einen größeren Beitrag zur Lösung der ländlichen Entwicklungsprobleme dieser Region erbringen kann (nach Interviewaussage).

Mit dem Problem der Landknappheit sehen sich auch die für die Rehabilitation verantwortlichen Behörden des Narmada-Valley-Projekts konfrontiert.[6] So heißt es in einem Zwischenbericht der NCA (1984, S. 7) über das Sardar-Sarovar-Projekt:

"It is also likely that all the land required to be allotted as per the Award of the Narmada Water Disputes Tribunal may not become available either in Gujarat or in Madhya Pradesh. In such an eventuality, a considerable number of oustees from Madhya Pradesh will have to be resettled in the non-agricultural sector."

S.C. VARMA, Leiter der NVDA in Madhya Pradesh, betont den enormen Zuwachs der Nettoanbaufläche (um fast 25%) in Madhya Pradesh während der letzten drei Jahrzehnte:

"The addition of more than 3 million ha became possible because almost all lands fit for cultivation available in the villages have been brought under the plough, authorizedly or unauthorizedly. This has very greatly reduced the possibility of getting any sizable pockets of land for being allotted to the oustee families." (VARMA 1985, S. 290).

------------------------

6   Dieses Problem ist keineswegs auf vergleichbare Projekte in Indien beschränkt, wie aus folgenden Äußerungen von SCUDDER (1973b, S. 713) hervorgeht:
    "A major problem associated with relocation of peasants and tribesmen is the increasing scarcity of equivalent agricultural land. Governments respond to this situation in one of three ways. The first is to shift people to less fertile upland soils. (...) The second is to provide smaller plots of roughly equivalent land. (...) The third is to reclaim desert or other unoccupied lands. (...) All three approaches require intensification for satisfactory long-term results."

Abb. 7.1: Baroda (Vadodara) und Bharuch Distrikt mit Talukas (Kreisen)

(Quelle: Census 1971, District Census Handbook, Bharuch und Vadodara Distrikt)     (Zeichnung: T. Methfessel)

VARMA (a.a.O.) weist darauf hin, daß der Anteil an Weideland in den meisten Dörfern schon so stark zusammengeschrumpft ist, daß jede weitere Umnutzung als Ackerland die Haltung von Vieh erheblich beeinträchtigen wird. Damit wird deutlich, daß eine Implementation der **Land-für-Land-Politik** mit 2 ha pro Familie schon aus diesem Grund auf große Schwierigkeiten stößt.

Nach den Rehabilitations-Bestimmungen ist Gujarat dafür verantwortlich, allen Umsiedlerfamilien Land anzubieten, möglichst in der "Command Area" des Projekts. Die Regierung weist eine verfügbare Fläche von fast 40.000 ha in ganz Gujarat nach, die rein rechnerisch für 12.000 Umsiedlerfamilien mehr als ausreichen würde (GOG 1986, S. 45f). Dieses Land ist jedoch größtenteils Ödland von schlechter Qualität und liegt in weiter Entfernung über ganz Gujarat verteilt; lediglich 5% davon liegen in den beiden angrenzenden Distrikten Baroda und Bharuch (vgl. Abb. 7.1), in denen die 19 betroffenen Dörfer Gujarats liegen (vgl. 7.3.7.).

VARMA (1985, S. 291) äußert die Hoffnung, daß durch die Ausweitung von Bewässerungsmöglichkeiten einige bisher marginale öffentliche Landstücke kultiviert werden könnten. Dies erscheint jedoch für die anfänglich großräumigen Umsiedlungspläne der Regierung schon allein deshalb illusorisch, weil zwischen dem Zeitpunkt der Umsiedlung und der Verfügbarkeit von Bewässerung in der "Command Area" eine Spanne von 10-20 Jahren vergehen dürfte. Andere Möglichkeiten sieht VARMA (a.a.O., S. 279ff.) in der periodischen Uferrand-Kultivierung am späteren Stausee während der Trockenzeit (vgl. 8.3.) und in der Umverteilung größerer, vom Staat aufzukaufender privater Ländereien (vgl. 7.3.2.).

## 7.3.2. Der Anstieg der Landpreise

In nicht allzu weiter Entfernung von den 19 Überflutungsdörfern Gujarats werden größere private Ländereien zum Verkauf angeboten. Landbesitzende Hindukasten (z.B. Patels) oder Muslims, die schon vor einiger Zeit in die Stadt abgewandert sind und ihr Land seither von Landarbeitern bestellen lassen, sehen durch das Staudammprojekt eine gute Chance, ihr Land zu einem günstigen Preis zu verkaufen. Die Zwangslage der Umsiedler, anderswo Land zu finden, hat besonders in der unmittelbaren Nachbarschaft der betroffenen Dörfer zu einem regen Geschäftssinn geführt. Potentielle Landverkäufer kalkulieren damit, daß die Betroffenen möglichst in der Nähe ihrer alten Dörfer und in ihrem Stammesgebiet bleiben wollen, und versuchen, den Umsiedlern über Mittelsmänner in deren Dörfern ihr Land trotz erhöhter Preise schmackhaft zu machen. So stiegen die Landpreise in den Umsiedlungsdörfern nahe der Zone 1 binnen drei Jahren auf das Doppelte, von 3-4.000 Rs./ac auf 7-8.000 Rs./ac (CYSV 1986a, S. 5). Ihr Geschäft witternd, versuchen die Landanbieter die Umsiedler dazu zu überreden, doch besser eine Barkompensation anzunehmen, als auf die Landangebote der Regierung einzugehen (vgl. hierzu u.a. JOSHI/NAKOOM 1982, S. 61f).

Besonders deutlich beschreibt KALATHIL (1983, S. 62f) die schädlichen Folgen für die Dorfleute am Beispiel des Bhil-Dorfes Makadkhada:

"The land salesmen are by now well versed in putting pressure on the village people to buy land from private owners of land. Private land of inferior quality is now being sold to displaced persons at an exorbitant price. The sellers of such land are taking more money from the displaced persons than what the latter received from the government for the lands they lost. (...) As the people are greatly illiterate and ignorant the possibility of their being misguided is very great indeed. The illiterate people are not in a position to protect their interests unaided as they come out to play a part in the outer world."

Genau hier zeigt sich die ganze Bedeutung der Forderung nach einer Land-für-Land-Kompensation. Bekommen die Umsiedler eine Barkompensation (z.B. 4.600 Rs./ac), um davon privat Land zu erwerben, entsteht bei der starken Nachfrage nach Land und dem begrenzten Angebot ein **Verkäufermarkt**, auf dem die Käufer im Nachteil sind. Deshalb sei hier noch einmal die Bedeutung von Abschnitt 7 im Abkommen mit der Weltbank betont, wo es heißt: **"In no case shall cash payment be made in substitution for actual rehabilitation."** (vgl. 5.3.).

Die Regierung sieht sich aber nicht verpflichtet, den Umsiedlern auch privates Land zu vermitteln, indem sie z.B. größere Ländereien von Privatbesitzern aufkauft und unter jenen verteilt. Damit kann sie ihrem

Anspruch, die Rechte der Stammesbevölkerung besonders zu schützen, nicht gerecht werden.

"The insistence of the government of Gujarat that it shall offer only government lands for the purpose or rehabilitating oustees, that it shall not acquire lands in areas other than command of the S.S.P., that it shall not purchase or acquire by contract the lands in big chunks that may be available on sell for the rehabilitation of oustees, that it shall ask oustees to purchase private lands on their own if they do not select the lands that are available with the government, and that in that case they shall loose their right of getting minimum of 2 hectares of irrigable land per family is, on the face of it, violative of the principles of rehabilitation that are laid down by the NWDT and the World Bank agreement and as such quite unreasonable and unjustifiable." (CYSV 1986b, S. 14f).

Demgegenüber betonen Regierungsvertreter, daß es seit 1984 ein beratendes Komitee mit staatlichen Beamten und Betroffenen gebe, das bei Verhandlungen über private Landverkäufe helfen solle (vgl. GOG 1986, S. 33f); außerdem gebe es in einigen Kreisen einen von der Regierung festgesetzten Maximalpreis für Land. Die Rehabilitationsbehörde habe aber nicht die Aufgabe, nach privaten Ländereien für die Umsiedler Ausschau zu halten; dies sei ihre eigene Sache (nach Interviewaussagen von VYAS und SUPREME COURT 1986). Wenn trotzdem Regierungsleute als Vermittler bei privaten Landvermittlungen de facto beteiligt sind, so liegt ihr Interesse nicht selten darin begründet, daß dabei auch eine beträchtliche Summe Geldes in ihre eigene Tasche wandert (vgl. JOSHI/NAKOOM 1982, S. 75).

Eine Anwendung der Rehabilitationsgesetze von Maharashtra (1976) und Madhya Pradesh (1985) auf Gujarat sei nicht vorgeschrieben. In jenen wird zum Schutz der Umsiedler vor einer Spekulation mit den Landpreisen nicht nur eine Beschränkung des privaten Landverkaufs in der künftigen Bewässerungszone verordnet (vgl. 5.1.), sondern der Staat wird dazu ermächtigt, privates Ackerland zum Zweck der Umsiedlung anzukaufen.[7] Allerdings könnte es infolgedessen zu Spannungen

---

7   Der "M.P.Rehabilitation of Displaced Persons Act" von 1985 sieht folgende Regelung zum Erwerb von Privatland durch den Staat vor, um es an die Umsiedler zu verteilen:

| Größe des Landbesitzes | vom Staat zu erwerbendes Land |
|---|---|
| bis 4 ha | --- |
| 4-6 ha | alles Land über 4 ha, max. 1 ha |
| 6-8 ha | "      "      "      6 ha |
|  | (Fortsetzung Fußnote) |

zwischen den bisherigen Landbesitzern und den Neusiedlern kommen, wenn die Regierung Land auf Kosten der ersteren zugunsten der letzteren umverteilt, auch wenn es später mit Bewässerung zu einer höheren Bodenproduktivität kommt (VARMA 1985, S. 275ff.).

### 7.3.3. Die Landangebote der Regierung

Die Rehabilitationsbehörde von Gujarat beschränkte ihre Aktivitäten im wesentlichen darauf, kleinere Gruppen von Bauern aus verschiedenen Dörfern immer wieder an dieselben Stellen zu fahren, die sie für die Ansiedlung ganzer Dörfer vorgesehen hatte. Dazu gehört ein größerer Block von öffentlichem Land im Mangrol Taluka des Distrikts Surat, der von allen Dörfern wegen seiner schlechten Bodenqualität und der Entfernung von rund 100 km abgelehnt wurde. Daraufhin schlugen die Behörden den Bauern gleich vor, doch lieber eine Barkompensation anzunehmen und sich selbst nach Privatland umzuschauen (vgl. hierzu u.a. JOSHI/GANGOPADHYAY 1983, S. 72).

Zwei andere bisher unkultivierte Gebiete liegen über 200 km entfernt im Distrikt Valsad (vgl. Abb. 7.1) und wurden bislang auch von keiner Gruppe akzeptiert. Wie das Land im Distrikt Surat gehören sie nicht zur "Command Area" des Sardar-Sarovar-Projekts.

Den Bewohnern von **Mokhadi** machten die Regierungsvertreter noch zwei andere Vorschläge, von denen ein größerer Teil der Dorfbewohner den letzten, nämlich **Ambawadi** im Dediapada Taluka annahm (vgl. Abb. 7.2). Dort ist der Boden zwar nur von mittlerer bis schlechter Qualität, dafür sind aber größere Landblöcke zu einem relativ niedrigen Preis erhältlich, so daß ein großer Teil des Dorfes geschlossen umsiedeln kann (DAS 1986, S. 39f). Es handelt sich um Privatland eines Groß-

---

(Fortsetzung Fußnote von vorangegangener Seite)

| | | | | |
|---|---|---|---|---|
| 8-10 ha | " | " | " | 6 ha, max. 3 ha |
| 10-12 ha | " | " | " | 7 ha, max. 4 ha |
| über 12 ha | " | " | " | 8 ha |

Quelle: VARMA 1985, S. 323

grundbesitzers und wurde aufgrund von Schmiergeldern von den Beamten weitervermittelt. Das Arrangement mit den Behörden wurde 1982 vom Dorfvorsteher Chiman Prabhu getroffen. Dieser und die wenigen einflußreichen Bauern suchten sich das beste Land in Ambawadi aus, wohingegen für die meisten anderen nur relativ schlechtes Land übrigblieb. An dieser Frage spaltete sich das Dorf in Befürworter und Gegner einer Ansiedlung in Ambawadi (vgl. DAS 1983, S. 65).

**Segajibhai Hatiyabhai Vasava**, ein alter Bauer mit fünf verheirateten Söhnen, berichtete, daß sie zusammen etwas über 14 ac Land anstelle ihrer bisherigen 15 ac erworben hätten und wegen des günstigen Preises von knapp 3.000 Rs./ac noch einiges Geld auf der Bank liegen haben. Zur Zeit bewirtschaftet ein Teil der Familie das Land in Ambawadi, ein anderer Teil das Land in Mokhadi. Das neue Land sei eher noch etwas besser als das alte, aber dafür gebe es Probleme mit der Wasserversorgung. Er ist wie andere auch verärgert über den Sarpanch, dessen Vorschlag er 1982 gefolgt ist, weil er meint, heute eine höhere Kompensationszahlung erhalten zu können. Daß die Regierung ihm nicht 30 ac Land (für sechs Kernfamilien) vermittelt hat, schien ihn dagegen weniger zu berühren, weil er sich wie die meisten mit den gesetzlichen Regelungen nicht auskennt (nach Interviewaussagen).

Eine kleine Gruppe von sechs Bauern aus **Turkheda** fuhr mit den Beamten im Jeep zu den zwei erwähnten Orten im Distrikt Valsad. Die Bauern lehnten sie vor allem wegen der weiten Entfernung ab, die zu einem völligen Zerreißen ihrer sozialen Beziehungen führen würde. Außerdem ist der Boden dort nur teilweise fruchtbar und kann nur Reis statt der traditionellen Anbaufrüchte tragen. Pidiyabhai, der Führer der Bhils aus dem Nachbardorf Kadada, versuchte seine Leute zur Umsiedlung dorthin zu bewegen, weil er vorhatte, an der dortigen Hauptstraße eine Teestube zu eröffnen. Daraufhin kamen die Rathwas in Konflikt mit Pidiyabhai, den sie seither als Handlanger des Staates ansehen (PATEL 1983, S. 76ff.). Später wurde den Bewohnern von Turkheda noch ein drittes Angebot im Distrikt Kheda gemacht. Das Land dort liegt aber auch weit über 100 km entfernt, ist sehr schlecht und in kleine Stücke von unter 1 ac aufgesplittert. Zudem widersetzte sich dort die relativ arme, ansässige Bevölkerung einer Ansiedlung von Zuwanderern (a.a.O.).

Abb. 7.2: Subregionen und Dörfer mit verfügbarem Land für die Umsiedler

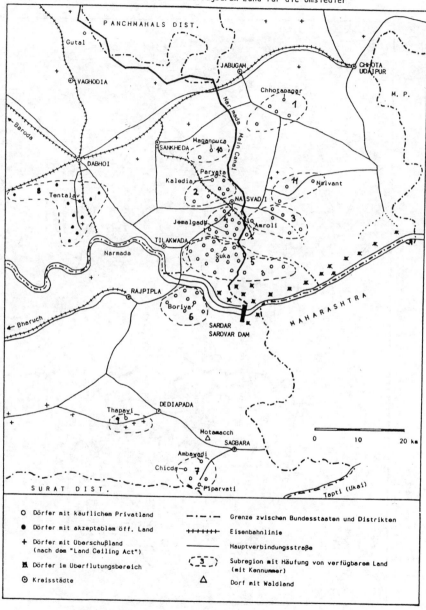

O   Dörfer mit käuflichem Privatland

●   Dörfer mit akzeptablem öff. Land

+   Dörfer mit Überschußland
    (nach dem "Land Ceiling Act")

Ħ   Dörfer im Überflutungsbereich

⊙   Kreisstädte

—·—·—   Grenze zwischen Bundesstaaten und Distrikten

++++++   Eisenbahnlinie

————   Hauptverbindungsstraße

⊂ 3 ⊃   Subregion mit Häufung von verfügbarem Land
        (mit Kennnummer)

△   Dorf mit Waldland

(Quellen: NDO (GOG), District map 1984; GOG 1986;
          Informationen von CYSV)

(Zeichnung: T. Methfessel)

Abb. 7.3: Überflutungs- und Umsiedlungsdörfer in Gujarat

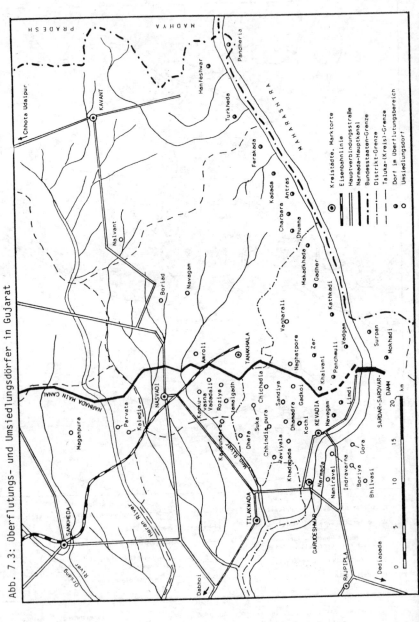

(Zeichnung: T. Methfessel)

Diese wenigen Beispiele mögen genügen, um folgendes festzustellen:
Die **praktische Durchführung der Rehabilitation** läuft trotz aller positiven neuen gesetzlichen Vorschriften bisher darauf hinaus, daß **der größte Teil der Umsiedler selber nach käuflichem Privatland Ausschau halten muß.** Ein Zwischenbericht über die Rehabilitation der vom Sardar-Sarovar-Projekt verdrängten Bevölkerung aus Madhya Pradesh vermerkt unverblümt:

> "It is expected that much of the land will be bought by oustees themselves with compensation paid to them. It is not expected that many new rehabilitation villages will have to be set up." (zitiert in: KALPAVRIKSH 1985, S. 279).

### 7.3.4. Die Landsuche der Dorfbewohner

Bei ihrer saisonalen Wanderarbeit haben Leute aus den betroffenen 19 Stammesdörfern Gujarats einige käufliche private Ländereien ausfindig gemacht, die für eine Neuansiedlung in Frage kämen. Meist hing es von der persönlichen Initiative einzelner Dorfbewohner ab, meist der Wohlhabenderen und etwas Gebildeten, daß solchen Informationen nachgegangen wurde. Die Aktiven im Dorf bildeten dann ein Gruppe, die verschiedene Orte aufsuchte und in erste Verhandlungen mit den Landbesitzern trat (vgl. hierzu u.a. DAS 1986, S. 40).

So berichtete **Narjubhai Rathwa** aus **Turkheda** von ihren Initiativen nach der Ablehnung der Regierungsangebote in den Distrikten Valsad und Kheda. Sie fanden Land in Piparvati im Dediapada Taluka (vgl. Abb. 7.2), aber dorthin wollten wegen der immer noch relativ weiten Entfernung auch nur wenige Familien mitkommen. Dann fanden sie Land von guter Qualität in Chhotanagar im Jabugam Taluka (vgl. Abb. 7.2) für 6-8.000 Rs./ac, das schon jetzt teilweise bewässert wird. Dort können sich fast alle Rathwas aus dem Dorf ansiedeln, vorausgesetzt, sie erhalten eine Kompensation für das von ihnen kultivierte Waldland. Das Land dort wird von Patels, Parsis und Muslims angeboten, die aus dem Dorf abgewandert sind. Da es nicht weiter als 50 km entfernt liegt und relativ nahe am Hauptsiedlungsgebiet der Rathwas um Kavant, haben sich die Rathwas aus Turkheda auf Chhotanagar festgelegt. Nicht weit entfernt davon, in Maganpura, wurde auch für die Rathwas der Nachbardörfer Ferakada und Kadada sehr gutes Land gefunden, über dessen hohen Preis von 12.000 Rs./ac aber noch verhandelt wird (nach Interviewaussagen).

Die Suche nach einem geeigneten Umsiedlungsort für die Bewohner von **Gadher** ist schon allein wegen der großen Zahl der Einwohner schwierig. Hier wird es aller Voraussicht nach zu einer Trennung nach verschiedenen Falias kommen (vgl. 6.2.1.). Naranbhai, der Sarpanch, und einige andere aktive **Tadavis** besuchten eine größere Anzahl von möglichen Orten, nachdem auch sie das erwähnte Regierungsangebot im Distrikt Surat abgelehnt hatten. Das Hauptproblem für eine Ansiedlung in der Tadavi-Region (z.B. in Suka oder Chhindiapura - vgl. Abb. 7.3) liegt im Hochschnellen der Landpreise. Im Distrikt Valsad hätten sie gutes Land für nur 2.000 Rs./ac bekommen können, noch dazu vom Naturraum her Gadher recht ähnlich. Doch die weite Entfernung und die Furcht vor sozialen Konflikten mit den Landarbeitern dort, die sich gegen die Grundbesitzer gewerkschaftlich zusammengeschlossen haben, führten zur Ablehnung. Land in Ambawadi und in Piparvati im Dediapada Taluka (vgl. Abb. 7.2) wurde von zahlreichen Tadavis befürwortet, weil es billig war, die gleiche Anbaustruktur wie in Gadher zulassen würde und weil sich dort bereits einige Tadavis angesiedelt haben. Land im Jhagadia Taluka (vgl. Abb. 7.1), außerhalb ihres sozialen Netzwerkes, wurde dagegen aus Furcht vor Feindseligkeiten der lokalen Bevölkerung abgelehnt. Schließlich fanden sie öffentliches Land in **Kaledia**, das eigentlich für die Umsiedler aus Maharashtra reserviert bleiben sollte. Nachdem klar geworden war, daß von dorther nur wenige Zuwanderer kommen würden, sah Naranbhai eine gute Chance für sein Dorf. Um Kaledia gibt es viel Land mit Wald in der Nähe, es liegt am Rand des Tadavi-Siedlungsgebietes und zudem im künftigen Bewässerungsgebiet des Sardar-Sarovar-Projekts (JOSHI/GANGOPADHYAY 1983, S. 73ff.; Interviewaussagen).

Anfänglich nahmen auch einige **Bhils** gemeinsam mit den Tadavis an der Landsuche teil. Weil sich die letzteren aber nur für Dörfer mit Tadavi-Bevölkerung ernsthaft interessierten, trennten sich ihre Wege.

"Though initially the Tadavi leaders of the village said that entire village will shift at one place, they (the Bhils - T.M.) knew that this was not going to happen because of the social differences between the two tribes. They also did not want the Bhils to shift with them. Hence, though late, the Bhils have started worrying about their future." (a.a.O., S. 78).

Entsprechend ihrem sozialräumlichen Netzwerk (vgl. 6.2.3.) interessieren sich die Bhils eher für die südlich gelegenen Gebiete im Dediapada Taluka oder im angrenzenden Maharashtra, wo es auch noch viel Wald gibt. Am liebsten aber würden sie ganz in der Nähe bleiben, z.B. im Mal Falia von Gadher, der nicht überflutet wird.

Rukhia Handia, ein Bhil aus dem hauptsächlich von Tadavis bewohnten Tanibilli Falia von Gadher, versicherte, er werde gemeinsam mit seinen Nachbarn umsiedeln, auch wenn er lieber in der Nähe des Waldes leben würde. Insgeheim hofft er aber doch, mit anderen Bhils zusammen weiter in der Nähe bleiben zu können, zumal auch sein Land nur teilweise und sein Haus gar nicht überflutet sein wird. So ist seine gerade für die Bhils nicht untypische Strategie, möglichst lange abzuwarten, was sich ergibt (nach Interviewaussage).

Zahlreiche Tadavis aus **Limdi** siedelten sich in **Tentalav** im Dabhoi Taluka an (vgl. Abb. 7.2), erheblich weiter weg als die meisten Umsiedler der Zone 1. Dort lebt eine gemischte Bevölkerung aus Kastenhindus, Harijans, Muslims und Tadavis. Dieser Fall ist deshalb bemerkenswert, weil hier Umsiedler selber öffentliches Ödland ausfindig machten, das von relativ guter Qualität ist und bewässert werden kann, und ihrerseits die Behörden darauf ansprachen, es ihnen zu überlassen. Jene waren zunächst nicht damit einverstanden und wollten die Bauern zum Kauf von Privatland überreden. Es erweist sich also nicht nur als schwierig, Informationen von den Behörden über solche verfügbaren Landgebiete zu erhalten, sondern auch, sie zugesprochen zu bekommen. Nach der Regierungserklärung vom Juni 1979 (vgl. 5.2.) erhielten sie zwar nur Land entsprechend der Größe ihres alten Privatbesitzes und mindestens 5 ac pro "Khatedar", doch haben sie noch genug Geld über, um weiteres Land zu kaufen, und hoffen auf eine nachträgliche Anwendung der Regierungserklärung vom November 1985, wonach ihnen 5 ac pro Kernfamilie zustehen würden (nach Interviewaussagen und Mitteilungen von CYSV - vgl. 7.5.).

Schließlich sei hier noch ein weiterer Fall aufgeführt, bei dem die Behörden den Vorschlag der Bauern von **Vadgam**, sich auf öffentlichem

Land in Motamacch im Dediapada Taluka (vgl. Abb. 7.2) anzusiedeln, ablehnten. Dieser Ort wurde am Anfang der Landsuche (etwa 1981) von fast allen Leuten aus Vadgam befürwortet, und zwar aus drei Gründen:

1. Für das Land hätten sie nur eine Landsteuer an die Regierung zu zahlen gehabt.
2. Auch marginale Haushalte mit sehr geringem Landbesitz hätten 5 ac pro "Khatedar" erhalten.
3. Das Land ringsum hat reichlich Wald, aus dem sie erhebliche Vorteile hätten ziehen können.

Der letztgenannte Grund war sogar der wichtigste, weil viele Haushalte in Vadgam ein beträchtliches Zusatzeinkommen aus dem legalen und illegalen Holzverkauf erzielen (DAS 1982, S. 60). Die Behörden lehnten aber den Vorschlag damit ab, daß es sich überwiegend um Waldland handelte, das nach dem "Forest Conservation Act" von 1980 unter den Schutz der Zentralregierung gestellt ist und für Umsiedlungszwecke nicht mehr freigegeben werden darf.

### 7.3.5. Die Umsiedlung der ersten fünf Dörfer in Gujarat

Die Umsiedlung der ersten fünf Dörfer der Zone 1, soweit sie dem Bau der Steinschüttdämme und Stauteiche unterhalb des Hauptdammes weichen mußten, ist nahezu abgeschlossen. Anfänglich gingen Behörden wie Betroffene von einer geschlossenen Umsiedlung der Dörfer aus. Nach der Ablehnung des erwähnten Landes im Distrikt Surat durch die Umsiedler und der Verweigerung des Landes in Kaledia (vgl. 7.3.4.) durch die Behörden, wurden die Dorfbewohner zur Suche nach Privatland aufgefordert. Die Einstellung der meisten Tadavi-Bauern, nur innerhalb ihrer Stammesregion (72 Dörfer) umzusiedeln, wurde, wie bereits erwähnt, von Geschäftemachern ausgenutzt. Infolgedessen kam es zu einer Aufsplitterung der alten Dorfgemeinschaften auf verschiedene neue Siedlungen. In der Regel brachten verschiedene Führungspersonen ihre jeweiligen Anhänger im Dorf dazu, ihnen zu folgen. Mitunter spielten auch familiäre

Beziehungen in Nachbardörfer oder soziale Gruppen innerhalb der Tadavis eine Rolle (vgl. 7.4.1.).

Bei einer Betrachtung der **räumlichen Distanz,** die durch die Umsiedlung überwunden wird (vgl. Abb. 7.4), fällt auf, daß der größte Teil von ihnen heute kaum weiter als 10 km (Luftlinie) entfernt von den alten Dörfern lebt. Allerdings haben fast alle nahegelegenen Orte den Vorteil, westlich des Narmada-Hauptkanals zu liegen (vgl. Abb. 7.3) und damit zur künftigen Bewässerungszone zu gehören. Ein weiterer Vorteil liegt darin, daß die Familienmitglieder, die eine Arbeit an den Projektbaustellen gefunden haben, weiterhin dort Geld verdienen können. Schließlich nutzen einzelne Bauern weiterhin ihr altes Land zusätzlich zum neuen, obwohl sie bereits umgesiedelt sind. Das Recht dazu haben sie, solange das Gelände noch nicht überflutet ist.

Lediglich zwei Orte, an denen sich Tadavis aus fast allen fünf Dörfern angesiedelt haben, liegen über 40 km weit entfernt; legt man die zu fahrende Straßendistanz zugrunde, noch erheblich mehr. Tentalav wurde bereits erwähnt; auch in Thapavi im Dediapada Taluka (vgl. Abb. 7.2) wurde relativ gutes und billiges Land gefunden, so daß die Umsiedler dort mehr Land von ihrer Kompensation kaufen konnten, als sie zuvor besaßen (a.a.O., S. 67).

Tabelle 7.2 vergleicht die überflutete private Landfläche der Umsiedler mit dem von ihnen gekauften Privatland. Es ergibt sich dabei, daß im Durchschnitt aller fünf Dörfer nahezu genauso viel Land neu gekauft wurde, wie durch das Projekt verloren geht. Dabei ist allerdings zu bedenken, daß bei einigen Umsiedlern nur ein Teil des privaten Landes kompensiert wird, so daß sie jetzt Landbesitz an zwei Orten haben. Außerdem geht in diese Zahl nicht das von ihnen kultivierte Ödland und Waldland ein, das in Zone 1 mit 20% der gesamten Kulturfläche vergleichsweise wenig ausmacht (lt. CYSV-Berechnung). Als zweites Ergebnis läßt sich aus der Tabelle ablesen, daß der durchschnittliche private Landbesitz pro Familie nach der Umsiedlung 0,64 ha beträgt. Berücksichtigt man, daß in Zone 1 lediglich 70% der Familien eigenes Land kultivieren, dann haben sie statt der versprochenen 2 ha pro Familie nach wie vor weniger als 1 ha Land nach ihrer Rehabilitation.

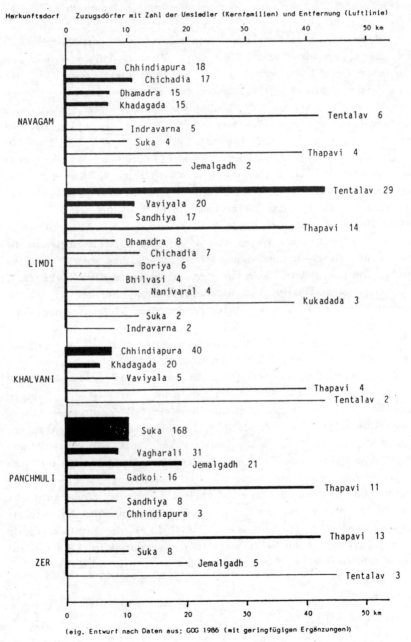

Abb. 7.4: Räumliche Entscheidungen der Umsiedler aus Zone 1 (Gujarat)

Herkunftsdorf    Zuzugsdörfer mit Zahl der Umsiedler (Kernfamilien) und Entfernung (Luftlinie)

NAVAGAM
- Chhindiapura 18
- Chichadia 17
- Dhamadra 15
- Khadagada 15
- Tentalav 6
- Indravarna 5
- Suka 4
- Thapavi 4
- Jemalgadh 2

LIMDI
- Tentalav 29
- Vaviyala 20
- Sandhiya 17
- Thapavi 14
- Dhamadra 8
- Chichadia 7
- Boriya 6
- Bhilvasi 4
- Nanivaral 4
- Kukadada 3
- Suka 2
- Indravarna 2

KHALVANI
- Chhindiapura 40
- Khadagada 20
- Vaviyala 5
- Thapavi 4
- Tentalav 2

PANCHMULI
- Suka 168
- Vagharali 31
- Jemalgadh 21
- Gadkoi 16
- Thapavi 11
- Sandhiya 8
- Chhindiapura 3

ZER
- Thapavi 13
- Suka 8
- Jemalgadh 5
- Tentalav 3

(eig. Entwurf nach Daten aus: GOG 1986 (mit geringfügigen Ergänzungen))

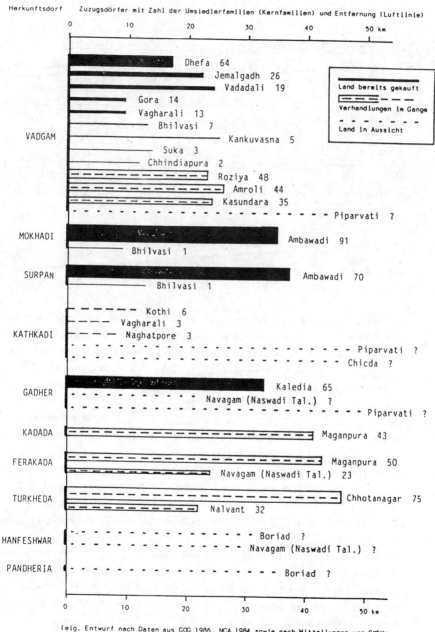

Abb. 7.5: Räumliche Präferenzen der Umsiedler aus Zone 2 und 3

Herkunftsdorf   Zuzugsdörfer mit Zahl der Umsiedlerfamilien (Kernfamilien) und Entfernung (Luftlinie)

(eig. Entwurf nach Daten aus GOG 1986, NCA 1984 sowie nach Mitteilungen von CYSV)

Für Makadkhada, Dhumna, Chharbara und Antras liegen noch keine Angaben vor.

- 126 -

Tab. 7.2.: Submerged and purchased private agricultural lands in zone-1-villages

| village | number of oustee families | submerged private lands (ha) | average priv.lands under submergence (ha/family) | number of oustees fam. hav.purch. new lands | priv.lands purchased (ha) | average priv. lands purch. in new vill. (ha/family) |
|---------|-----------|-----------|-----------|-----------|-----------|-----------|
| Navagam | 114 | 73 | 0,64 | 80 (a) | 60 | 0,75 |
| Limdi | 239 | 90 | 0,38 (b) | 89 (a) | 64 | 0,72 |
| Khalvani | 71 | 126 | 1,77 (b) | 71 | 53 | 0,75 |
| Panchmuli | 296 | 153 | 0,52 | 259 | 147 | 0,57 |
| Zer | 36 | 24 | 0,67 | 26 | 12 | 0,46 |
| Total | 756 | 466 | 0,62 | 525 | 336 | 0,64 |

Fig. Berechnung nach Daten aus: GOG 1986; (b)
(a) not including oustees going to Tentalav; questionable data


## 7.3.6. Der Stand der Umsiedlung in den anderen 14 Dörfern von Gujarat


Auf die Initiativen zur Landsuche in Gadher, Mokhadi und Turkheda wurde bereits in Abschnitt 7.3.4. eingegangen. In Zone 2 haben erst 23% aller Familien neues Land gekauft, in Zone 3 noch niemand (nach GOG 1986). Dazu kommen weitere 8% in Zone 2 und 24% in Zone 3, die bereits Land gefunden haben, das sie gerne kaufen würden (nach CYSV-Angaben).

Entsprechend Tabelle 7.2 läßt sich für die Familien, die bereits Land gekauft haben, ein Vergleich zwischen der durchschnittlichen Größe des privaten Landbesitzes vor und nach der Umsiedlung anstellen. Dabei ergibt sich ein Zuwachs von 0,5 ha auf 0,95 ha pro Familie, was vor allem auf die relativ günstigen Landkäufe in Ambawadi und Kaledia zurückzuführen ist (nach GOG 1986). Bei 87% Landbesitzern in Zone 2 käme durchschnittlich 1,1 ha auf jede dieser Familien nach der Um-siedlung. Diese Zahl muß jedoch eine vorläufige Schätzung bleiben, da erst ein kleinerer Teil überhaupt Land gekauft hat und die Kompensa-tion für öffentliches Öd- und Waldland, sofern es überflutet wird, noch aussteht. Der Unterschied zur Zone 1 liegt hier mehr darin, daß in den alten Dörfern der Anteil am privaten Land geringer war, der am kulti-vierten öffentlichen Land dagegen höher.

Vergleicht man die räumlichen Distanzen (vgl. Abb. 7.5), so zeigt sich eine durchschnittlich weitere Umsiedlungsentfernung als in Zone 1. Das liegt daran, daß in unmittelbarer Nähe viel weniger Kulturland zum Kauf angeboten werden kann, weil diese Dörfer weiter flußaufwärts in der schlechter zugänglichen Wald- und Bergregion liegen. Auch wegen des Anstieges der Landpreise in der Nähe werden günstige Alternativen auch in relativ größeren Entfernungen angenommen. Doch liegt die obere Grenze mit 50 km (Luftlinie) immer noch weit unter den genannten Regierungsangeboten.

Bei den bisherigen Käufen und Verhandlungen waren nur Tadavis und Rathwas beteiligt. Bhils haben bisher noch kein Land gekauft, und es wird angenommen, daß ein größerer Teil von ihnen sich entgegen allen staatlichen Verboten im Waldland der näheren Umgebung niederlassen wird. Das bisherige räumliche **Muster der Umsiedlung** läßt in der Tendenz eine **Differenzierung der Hauptumsiedlergruppen nach ihren jeweiligen Stammesgebieten** erwarten, doch wird es von ökonomischen Motiven überlagert (wie z.B. preisgünstiges Land in Ambawadi oder Tentalav). Abbildung 7.6 zeigt eine schematische Darstellung der räumlichen Vorzüge unter Berücksichtigung aller verfügbaren Hinweise auf künftige Umsiedlungsentscheidungen.


## 7.3.7. Benötigtes und verfügbares Land in Gujarat


Hier soll der Frage nachgegangen werden, ob in Gujarat überhaupt genügend akzeptable landwirtschaftliche Flächen für die Umsiedler gefunden werden können, um eine Rehabilitation gemäß den NWDT-Bestimmungen und dem Abkommen mit der Weltbank durchzuführen.

Für die Umsiedler aus **Maharashtra** werden in **Parvata/Kaledia** im Sankheda Taluka 470 ha öffentliches Land reserviert, für diejenigen aus Madhya Pradesh 220 ha in **Gutal** im Vaghodia Taluka (vgl. Abb. 7.2). In der ersten Umsiedlungsphase (bis zu einer Stauhöhe von 105 m) sind in Maharashtra zehn Dörfer mit 413 landbesitzenden Familien und in Madhya Pradesh 23 Dörfer mit 110 landbesitzenden Familien betroffen (NCA 1984, S. 2). Selbst von diesen Dörfern, die Gujarat räumlich näher liegen als die weiter flußaufwärts gelegenen 183 Dörfern der zweiten Umsiedlungsphase, dürfte nur ein kleinerer Teil nach Gujarat übersiedeln. Bisher sind lediglich 53 Familien aus Maharashtra nach Parvata gekommen (GOG 1986, S. 10). Während die nächstgelegenen Dörfer Maharashtras von Parvata 40-50 km entfernt liegen, sind es zwischen Madhya Pradesh und Gutal schon über 100 km.

Nach einer Umfrage in Madhya Pradesh ist davon auszugehen, daß höchstens 5% der Umsiedler von dort nach Gujarat kommen werden (VARMA 1985, S. 291). Für die meisten Umsiedler in Maharashtra wurden bereits neun Rehabilitationszentren mit kleineren Bewässerungsprojekten in der näheren Umgebung von der Landesregierung geplant.

"Though no detailed plans have been received, this preliminary planning looks good. In contrast to the state of Maharashtra, neither M.P. nor Gujarat currently plan to provide rehabilitation centres for their own oustees, rather prefering to resettle them as an aggregate of individual households after providing cash compensation." (SCUDDER 1983, S. 29).

Somit verbleiben im wesentlichen die 12.000 Umsiedler (3.900 Kernfamilien) aus den 19 Dörfern Gujarats, für die ausreichendes Land bzw. eine Beschäftigung (für die Landlosen) in Gujarat zu finden ist.

Die Regierung von Gujarat gibt in einem Zwischenbericht zum Stand der Rehabilitation (GOG 1986, S. 45f) an, daß folgendes Land verfügbar sei:

1. öffentliches Ödland                    insg. 30.363 ha

2. überschüssiges Ackerland nach
dem "Land Ceiling Act"[8]             insg. 8.838 ha

---

8    Der "Land Ceiling Act" von Gujarat basiert auf einem Programm der Zentralregierung von 1972 zur Festsetzung einer Höchstgrenze für den Besitz an Grund und Boden. Danach lag die Höchstgrenze bei 25 ha oder noch mehr in unfruchtbaren Gegenden. 1,2 Mio. ha wurden den reichen Bauern weggenommen, wovon bisher 0,9 Mio. ha an insg. 1,7 Mio. landlose Familien neu verteilt wurden, d.h. etwas über 0,5 ha (1,3 ac) pro Familie (MALHOTRA 1987, S. 22).

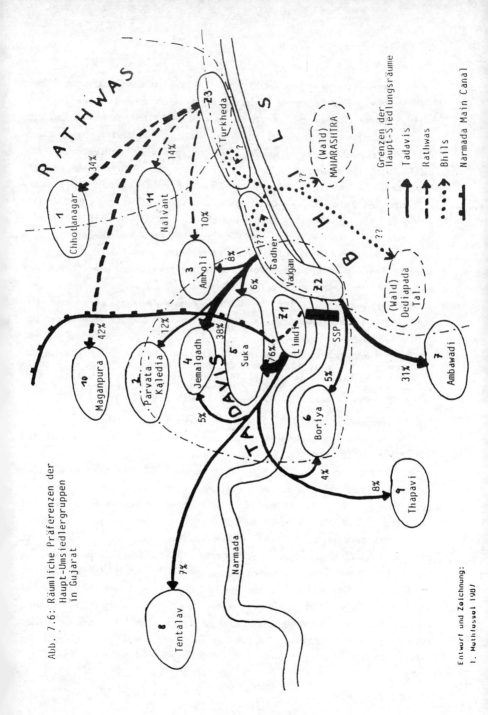

Abb. 7.6: Räumliche Präferenzen der Haupt-Umsiedlergruppen in Gujarat

Entwurf und Zeichnung:
I. Mathiassel 1987

- 130 -

Davon liegen allerdings nur 2123 ha (ca. 5%) in den Distrikten Baroda und Bharuch, zu denen der Überflutungsbereich gehört. Aus den bisherigen Ausführungen geht deutlich hervor, daß die Umsiedler, von einzelnen Ausnahmen abgesehen, sich maximal 50 km entfernt neu ansiedeln werden. Damit entfallen 95% der angegebenen Landreserven schon allein aus diesem Grund. Von der verbleibenden Fläche liegt ein erheblicher Teil in den westlichen Kreisen der beiden genannten Distrikte, die fast keine Stammesbevölkerung aufweisen. Mangels verfügbarer Daten sei hier geschätzt, daß dadurch mindestens die Hälfte der 2123 ha entfallen, so daß rund 1.000 ha verbleiben. Von diesen 1.000 ha sind 470 ha für die Umsiedler aus Maharashtra und 220 ha für die aus Madhya Pradesh reserviert. Überdies ist es fraglich, wieviel von dem verbleibenden Land wegen seiner oft schlechten Qualität, seiner zersplitterten Lage usw. für die Umsiedler aus Gujarat akzeptabel ist. Somit scheint das Hauptproblem zunächst in der Landknappheit zu liegen.

> "The villagers asked the officer to provide land in nearby villages. They got the reply that there was not sufficient government land in nearby villages. It was at this juncture that the villagers were advised to opt for cash compensation for their property and purchase private plots elsewhere." (JOSHI 1983, S. 169).

Der Regierungsbericht (GOG 1986, S. 6) vermerkt ebenfalls:

> "The oustees are encouraged to purchase land if possible in the nearby areas."

Nach Berechnungen von CYSV (Stand: Anfang 1987) ist aber von beiden Arten an öffentlichem Land mehr verfügbar, wie z.B. der Fall Tentalav zeigt (vgl. 7.3.4.), wo einige Bauern selber gutes öffentliches Land aufspürten. Von viel größerer Bedeutung für die Umsiedlung sind jedoch in der Tat private Agrarflächen, die zum Kauf angeboten werden, und zwar nicht nur wegen ihrer Verfügbarkeit in größeren Blöcken und in geringerer Entfernung, sondern auch wegen ihrer Qualität als bereits erschlossenes Kulturland. Tabelle 7.3 gibt eine Übersicht über das verfügbare Land nach Talukas (Kreisen), wobei unterschieden wird zwischen den Angeboten der Regierung und dem Land, das die Umsiedler selber aufgefunden haben. Tabelle 7.4 zeigt die summarischen Werte für die beiden Distrikte, getrennt nach öffentlichem und privatem Land.

Tab. 7.3: Für die Umsiedlung verfügbares Land in den Distrikten Baroda und Bharuch
(nach Talukas)

| Taluka (Kreis) | Landangebote der Regierung | | von Umsiedlern selber aufgefundenes Land | | |
|---|---|---|---|---|---|
| | öffentl. Ödland (ha) | Überschußland nach "Land Ceiling Act" (ha) | bereits gekauftes verfügb. priv. Privatland (ha) | priv. u. öff. Land (ha) | Subregion (Abb. 7.2) |
| Naswadi | | - | 110 | 995 | 2,3,4,11 |
| Chhotaudepur | | 354 | - | 60 | 11 |
| Sankheda | | 153 | 72 | 415 | 2,10 |
| Jabugam | | 78 | - | 200 | 1 |
| Tilakwada | | - | - | 30 | 2 |
| Dabhoi | | - | 4 | 460 (a) | 8 |
| insg. Baroda Dt. | 936 (b) | 585 | 186 | 2.160 | |
| Nandod (Rajpipla) | | 81 | 298 | 600 | 5,6 |
| Dediapada | | 116 | 213 | 280 | 7,9 |
| insg. Bharuch Dt. | 841 (c) | 197 | 511 | 880 | |
| insg. Baroda und Bharuch Dt. | 1.777 | 782 | 697 (d) | 3.040 | |

Quellen: GOG 1986; neuere Berechnungen von CYSV.

(a) von Umsiedlern gefundenes und akzeptiertes öffentliches Ödland
(b) Summe für alle 12 Talukas im Baroda Distr.
(c) Summe für alle 11 Talukas im Bharuch Distr.
(d) bisher nur 9 Dörfer

Tab. 7.4: Für die Umsiedlung verfügbares Land in den Distrikten Baroda und Bharuch (Stand 1986)

| | Baroda | Bharuch | insgesamt | |
|---|---|---|---|---|
| Überschußland nach "Land Ceiling Act" | 585 | 197 | 782 | ha |
| öffentl. Ödland (Regierungszahlen) | 936 | 841 | 1.777 | ha |
| öffentl. Ödland (von Umsiedlern gefunden) | 460 | - | 460 | ha |
| insg. öffentl. Land | 1.981 | 1.038 | 3.019 | ha |
| bereits gekauftes Privatland | 186 | 511 | 697 | ha |
| käufliches Privatland (von Umsiedlern gefunden) | 1.700 | 880 | 2.580 | ha |
| insg. privates Land | 1.886 | 1.391 | 3.277 | ha |
| insg. verfügbares Umsiedlungsland | 3.867 | 2.429 | 6.276 | ha |

Quellen: GOG 1986; Berechnungen von CYSV

Wenn man davon ausgeht, daß die von den Umsiedlern selber aufgefundenen Landflächen für ihre Rehabilitation akzeptabel sind, so ergibt sich eine nach den Daten berechnete Fläche von 3737 ha (3277 ha privates Land + 460 ha öffentliches Land), die dazu ausreichen würde, daß über 1.800 Familien (von rund 2.800 betroffenen Bauernfamilien) je 2 ha Land erhielten. Zugleich entspricht diese Fläche etwa dem Doppelten des gesamten Privatlandes, das in den 19 Dörfern Gujarats überflutet wird (Daten nach: GOG 1986, S. 2f). Somit reicht dieses Land zwar nicht ganz für eine Implementation der 2-ha-Regelung aus, die nach der Interpretation der Regierung im Falle des Kaufes von Privatland ohnehin nicht gilt, wohl aber für eine Rehabilitation, die zu keiner Senkung des Lebensstandards zu führen braucht.[9]

**Das Hauptproblem bei der Rehabilitation** dürfte damit **nicht so sehr in der Landknappheit** liegen, als **vielmehr** in den Möglichkeiten der Umsiedler, ausreichend Land kaufen zu können, also **in den Landpreisen und der Kompensation für das alte Land.** Das Ergebnis der Rehabilitation wird davon abhängen, ob die Regierung entsprechende Maßnahmen ergreift, um den Umsiedlern dazu zu verhelfen, mindestens soviel Land wie vorher bewirtschaften zu können. So könnte sie z.B.:

- die Landpreise begrenzen, um Preisspekulationen zu unterbinden;
- als uneigennütziger Vermittler bei Landtransaktionen fungieren;
- finanzielle Zuschüsse oder günstige Kredite über die Kompensation hinaus zu gewähren;
- die Freigabe von Waldland für die Bhils erwirken.

Diese Aufgaben werden inzwischen auch von der Rehabilitationsbehörde als solche erkannt (nach Aussagen von VYAS und GOG 1986). Doch wird die Regierung von der Weltbank und den mit "Monitoring & Evaluation" beauftragten Institutionen dahingehend zu überprüfen sein, ob sie diese Aufgaben tatsächlich erfüllt und damit den Geist der für das Sardar-Sarovar-Projekt festgelegten Rehabilitationsbestimmungen einhält oder nicht.

### 7.3.8. Entscheidungskriterien für die Wahl des neuen Siedlungsortes

Aus den genannten Beispielen läßt sich eine Anzahl von Kriterien herauslesen, von denen die Annahme oder Ablehnung eines möglichen

---

9  Es gibt leider keine verläßlichen Daten über die gesamte bisherige Kulturfläche für alle Dörfer der Zonen 2 und 3, sondern lediglich über den registrierten privaten Landbesitz. - Für die rund 800 Bhil-Familien werden ohnehin noch andere, für sie akzeptable Landflächen zu finden sein.

neuen Ansiedlungsortes abhängt. Sie lassen sich grob in zwei Kategorien einteilen, nämlich in soziokulturelle und sozioökonomische, wie sich aus der folgenden Aufstellung ergibt:

## 1. Soziokulturelle Kriterien

- Räumliche Distanz (möglichst unter 20 km, maximal 50 km);
- Verbleiben im ethnisch-sozialen Netzwerk;
- Verhältnis zu den schon ansässigen Bevölkerungsgruppen.

## 2. Sozioökonomische Kriterien

- Höhe des Landpreises;
- Bodengüte;
- Vorhandensein von Arbeitsmöglichkeiten;
- Vorhandensein von Weideland.

## 3. Kombination soziokultureller und sozioökonomischer Faktoren

- Verfügbarkeit einer größeren zusammenhängenden Landfläche (zur gruppenweisen Umsiedlung);
- Einfluß von Dorfführern;
- Nähe zum Wald (u.a. für Feuerholz);
- Anordnung und Ausstattung der neuen Siedlungen (mit Trinkwasserbrunnen, Elektrizität, Schulen usw.).

Die vier letzten Kriterien lassen sich nicht eindeutig zuordnen, weil z.B. die Nähe zum Wald sowohl von ökonomischer als auch von kultureller Bedeutung ist. Einige dieser Kriterien sind von übergeordneter, andere von untergeordneter Bedeutung. Aus dem bisher Gesagten läßt sich aber zumindest eine **Schlußfolgerung** ziehen: Die Kriterien "Räumliche Distanz" und damit verbunden "Verbleiben im ethnisch-sozialen Netzwerk" sind selbst den wichtigsten ökonomischen Kriterien "Höhe des Landpreises" und "Bodengüte", abgesehen von wenigen Ausnahmen, übergeordnet.

"Unlike the urbanites, **the people in the villages under submergence are not looking for better economic opportunities or better land by paying the price of social disruption.**" (VARMA 1985, S. 104 - Hervorhebung: T.M.)

Auch JOSHI (1983, S. 163) kommt anhand der Dorf-Untersuchungen des CSS zum selben Ergebnis:

> "The first and foremost criterion is an ethnic one. (...) Some Tadavis told us that it was not because of the quality of land, but because of the distance that they rejected government land. (...) Most of them do not want to go away from their kinfolk who reside in a radius of 10 to 15 kms." (Hervorhebung: T.M.)

Sofern es überhaupt akzeptable Wahlmöglichkeiten für die Umsiedler gibt, verliert das Kriterium "räumliche Distanz" nur bei einer gleichzeitigen starken Zunahme ökonomischer Vorteile an Bedeutung (vgl. Beispiele unter 7.3.4. - 7.3.6.).

Einige der genannten Kriterien gelten für alle Gruppen im Dorf, andere jeweils nur für bestimmte soziale und ökonomische Gruppen. Dementsprechend ist ein Prozeß der Differenzierung der Dörfer in verschiedene Interessengruppen durch die erzwungene Umsiedlung in Gang gesetzt bzw. verstärkt worden, worauf im folgenden Abschnitt näher eingegangen wird.

## 7.4. Das Entstehen von Interessengruppen in den umzusiedelnden Dörfern

Entscheidungen für einen Umsiedlungsort basieren auf bestimmten Einstellungen oder Bewertungen von Alternativen, die wiederum gruppenspezifisch sind. Während das Staudamm-Projekt und die erzwungene Umsiedlung als externer "Stimulus" angesehen werden können, handelt es sich bei den unterschiedlichen Einstellungen um einen meist gruppenweisen, nur selten individuellen "Response" auf die neue Situation (vgl. JOSHI 1983, S. 156). Je stärker der "Stimulus" wird, d.h. je näher der Zeitpunkt der notwendigen Umsiedlung rückt, desto stärker differenziert sich der "Response" nach verschiedenen Interessen.

> "Villages, be they tribal or not, constitute economically and socially fragmented groups and manifestations in interests. These variations act as elements in the formation of the socio-economic milieu of any unit and ensure varying responses to differing situations." (DAS 1982, S. 69).

In diesem Abschnitt soll vor allem zwei Fragen nachgegangen werden:
1. Von welchen Faktoren werden die Einstellungen und der **Entschei-dungsspielraum** einzelner Familien bestimmt?
2. Wie verändern sich die **Einstellungen** im Verlaufe des Umsiedlungs-prozesses von seiner ersten Ankündigung ab bei verschiedenen Gruppen und Dörfern?


## 7.4.1. Ethnisch-soziokulturell bedingte Differenzierung


Wie die unter 7.3.4. aufgeführten Beispiele bereits gezeigt haben, gibt es unterschiedliche räumliche Entscheidungen bei den drei ethnischen Hauptgruppen Tadavis, Bhils und Rathwas (vgl. Abb. 7.6). Jede Gruppe bevorzugt Siedlungsplätze innerhalb der von ihrem Stamm bewohnten Subregion, vor allem wegen der Heiratsbeziehungen und weil man sich Hilfe eher von Angehörigen der eigenen Stammesgruppe erhofft als von Dorfnachbarn eines anderen Stammes. Die kleinere Gruppe der Govals wird voraussichtlich als Hirten bei ihren Tadavi-Herren bleiben.

Es wurde auch schon erwähnt, daß Tadavis und Rathwas sich aktiver an der Landsuche beteiligen, weil zumindest die etwas Gebildeteren und Wohlhabenderen eine Chance zur Verbesserung ihres Lebensstandards in der Umsiedlung sehen. Als traditionelle Ackerbauern können sich nicht wenige ein Leben außerhalb der Bergregion als weniger mühselig vor-stellen. Dagegen klammern sich die Bhils am stärksten an ihren alten Lebensraum, zu dem der Wald als notwendiges Element gehört. Sie sind seit Generationen an das Bergland gewohnt und befürchten anderswo die Existenzbasis für ihre kombinierte Feld-, Wald- und Viehwirtschaft zu verlieren.

Damit kommt es in den Dörfern, die von verschiedenen Stämmen be-wohnt werden, zu differenzierten Umsiedlungsentscheidungen. Aber auch die Dörfer der Zone 1 haben sich teilweise nach soziokulturellen Krite-rien getrennt, obwohl dort nur Tadavis lebten. So entschieden sich z.B. in Panchmuli Gruppen von Dhankas und Tetariyas für unterschiedliche Siedlungsplätze (JOSHI/NAKOOM 1982, S. 62ff.), ebenso z.B. in Limdi

Bhagats und Non-Bhagats (JOSHI 1983, S. 150). So sind z.B. alle Neusiedler aus Limdi in Tentalav Bhagats. Diese Trennungen mögen aber
auch damit zusammenhängen, daß diese sozialen Gruppen in den alten
Dörfern schon z.T. räumlich getrennt in den einzelnen Falias angesiedelt waren.

Ähnliche Differenzierungen lassen sich zwischen Vasavas und Dungari
Bhils erwarten. Der beschriebene Fall von Rukhia Handia aus Gadher
(vgl. 7.3.4.) zeigt, wie die beiden für ihn widersprüchlichen Faktoren
Nachbarschaft (Tadavis) und Stammeszugehörigkeit (Bhils) ihn vorerst
zu keiner klaren Entscheidung kommen lassen. Nur in den wenigen
ethnisch einheitlichen Dörfern (z.B. in Makadkhada), in denen sich
wegen ihrer Abgeschiedenheit noch keine Untergruppen ausgeprägt haben, wollen alle Bewohner zusammenbleiben.


## 7.4.2. Sozioökonomisch bedingte Differenzierung


In Kapitel 6. wurde bereits auf den sozioökonomischen Differenzierungsprozeß eingegangen, der desto weiter vorangeschritten ist, je stärker
markteingebunden die betreffenden Dörfer sind. Durch den Bau des
Staudammes verstärkt sich dieser Trend noch weiter. Insbesondere in
den Dörfern, die der Baustelle räumlich nahe liegen, profitiert ein erheblicher Teil der Familien von den neuen außerlandwirtschaftlichen
Arbeitsmöglichkeiten. Die sozioökonomische Differenzierung verläuft zum
Teil quer zu den traditionellen sozialen Gruppierungen, so daß sich
insgesamt ein kompliziertes Bild ergeben kann, was die Umsiedlungsentscheidungen betrifft.

JOSHI/GANGOPADHYAY (1983, S. 87ff.) und DAS (1982, S. 71ff.) unterscheiden für Gadher bzw. für Vadgam vier bis fünf **sozioökonomische
Gruppen**, die sich auch in ihren Einstellungen zur Frage der Rehabilitation unterscheiden:

1. Familien mit relativ größerem privaten Landeigentum sind vor
allem an einer hohen Barkompensation interessiert, um nach eigener Wahl anderswo Land kaufen zu können. Leute aus dieser

Gruppe entwickelten die Initiative, möglichst viele alternative Orte selber aufzusuchen, um die beste Möglichkeit für sich (und ihr Dorf) auszusuchen. Sie nehmen auch am ehesten eine etwas größere räumliche Distanz in Kauf.

2. Familien, die eine größere Landfläche bewirtschaften, aber nur einen geringeren Teil davon als Privatland besitzen, drängen vor allem auf die Kompensation des kultivierten Öd- und Waldlandes. Sie sind bislang noch in Ungewißheit über ihre Zukunft und befürchten, später verstärkt auf außerlandwirtschaftliche Arbeit angewiesen zu sein.

3. Familien, die fast ausschließlich von der Kultivierung von öffentlichem Land abhängen und auf zusätzliches Einkommen wie illegalen Holzverkauf u.ä. angewiesen sind, befürchten, am meisten zu verlieren. In dieser Gruppe sind auch emotionale Klagen, daß sie das Land ihrer Vorväter verlassen müssen, am stärksten zu hören. Sie haben Angst davor, künftig in die Reihen der Landlosen abzusinken, und würden am liebsten ganz in der Nähe bleiben.

4. Die landlosen Familien sind vor allem um die Kompensation für ihre Häuser besorgt. Sie wären mit einem kleinen Stück Land zum Wohnen schon zufrieden, vorausgesetzt sie könnten weiter für ihre bisherigen Herren arbeiten oder anderswie ihren Lebensunterhalt verdienen. Hier sind vor allem die Viehhirten und die Dorfhandwerker existentiell bedroht.

5. Eine Sondergruppe stellen die Familien dar, von denen mehrere Mitglieder an der Dammbaustelle arbeiten. Sie wollen möglichst in der Nähe bleiben, um aus dieser Beschäftigung auch weiterhin Geld verdienen zu können.

Nach DAS (a.a.O.) haben die Familien der zweiten und dritten Gruppe, die die Mehrheit der Umsiedler bilden, die unsicherste Perspektive und entsprechend die negativste Einstellung zur Rehabilitation. Mit einer vollen Implementation der Regelung zur Kompensation von kultiviertem Öd- und Waldland wäre für diese Gruppen ein erheblicher Fortschritt erreicht. Der größte Handlungsspielraum besteht für die erste Gruppe, aus der einige Familien sogar individuell umsiedeln würden, wenn es sich ökonomisch für sie rentiert (vgl. z.B. DAS 1983, S. 64).

Abb. 7.7: Die fortschreitende Desintegration der Stammesdörfer im künftigen Stauseebereich (verallgemeinernde schematische Darstellung)

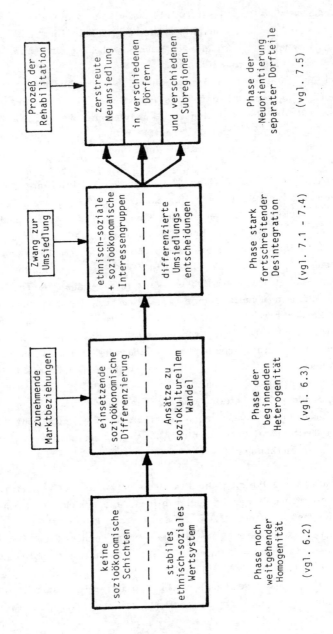

(Entwurf: T. Methfessel)

"In essence each group views rehabilitation as a disturbance in their present socio-economic set-up. Each group is interested in optimising compensation and protecting its interest. They view rehabilitation in their own prospective and there is little consensus among them." (JOSHI 1983, S. 176)

"Broadly speaking, those who have large holdings and are otherwise financially sound, would like to resettle themselves without much governmental intervention. The poorest would need the greatest care and assistance." (VARMA 1985, S. 125)

Da die sozioökonomische Differenzierung bei den Tadavis erheblich weiter vorangeschritten ist als bei den Bhils und Rathwas, fallen ihre Umsiedlungsentscheidungen auch uneinheitlicher aus. Doch zeichnet sich auch bei den übrigen Gruppen in den Dörfern der Zonen 2 und 3 eine Differenzierung nach Interessen ab, sobald das Problem der Umsiedlung aktueller wird.

Die Homogenität ethnisch-sozialer Gruppen bleibt nur bis zu einem gewissen Punkt intakt, jenseits dessen eine **Desintegration aufgrund verschiedener ökonomischer Interessen** stattfindet. Dieser Prozeß der Desintegration in den beschriebenen Dörfern wir durch die erzwungene Umsiedlung enorm verstärkt. Diese wird zwar von allen Gruppen mehr oder weniger als eine Krisensituation angesehen, aber die Einstellungen dazu variieren, und der **Handlungsspielraum** der einzelnen Gruppen ist sehr **unterschiedlich** und hängt von sozialen und ökonomischen Faktoren ab (vgl. DAS 1983, S. 68f). Das ursprüngliche Konzept von der dorfweisen Umsiedlung hat sich bislang als irreal erwiesen; Entscheidungen werden immer seltener auf der Ebene des Dorfes, sondern vielmehr in kleineren Gruppen oder sogar von individuellen Familien gefällt. Abbildung 7.7 stellt den Desintegrationsprozeß der Dörfer schematisch dar.


7.4.3. Der Wandel der alten Führungsstruktur


In den 19 Dörfern der Überflutungszone in Gujarat war die Führungsstruktur vor Beginn des Sardar-Sarovar-Projekts keineswegs gleich geartet. In den Dörfern der Zone 1 und einigen der Zone 2 (Vadgam, Gadher) wurde schon in den 60er Jahren wie in den meisten Dörfern Indiens das "Panchayat Raj", ein demokratisch gewählter Dorfrat mit einem ebenfalls gewählten Dorfvorsteher, eingeführt. Die durch Marktbeziehungen zunehmende Kommunikation der Dörfer nach außen bewirkte auch neue politische Einflüsse. Als "Sarpanch" werden meist Leute mit einer gewissen Schulbildung gewählt. Einige vertreten auch politische Richtungen (Kongreß-Partei oder Janata-Partei). Sie gehören meist zu den relativ größeren Landbesitzern und sind stärker hinduisiert (Bhagats).

Dagegen spielen die traditionellen Dorf- und Stammesführer, z.T. noch als "Dayas" (weise Männer) bezeichnet, in den übrigen Dörfern der Zone 2 und 3 bis heute eine wichtige Rolle. Oft haben die einzelnen Falias ihre eigenen Führer, die durch die verschiedenen Stammesgruppen repräsentiert werden. Einzelne von ihnen werden als Führerpersonen eines ganzen Dorfes oder sogar mehrerer Dörfer anerkannt. Sie haben die Aufgabe, Konflikte unter den Bewohnern zu schlichten, und ihr Rat wird allgemein akzeptiert.

Trotz gewisser persönlicher Konflikte zwischen einzelnen Führungspersonen konnte doch im großen und ganzen bis in die 70er Jahre noch in allen Dörfern von einer relativ einheitlichen Dorfführung die Rede sein. Darauf begründete die Regierung ihre ursprüngliche Strategie, mit den Dorfführern über den künftigen Umsiedlungsort für ihr jeweiliges Dorf zu verhandeln. Doch mit dem einsetzenden Prozeß der Differenzierung in Interessengruppen traten auch zahlreiche neue Führungspersonen hervor, die die einzelnen Gruppen repräsentierten.

In den Dörfern der Zone 1 haben sich potentielle Landverkäufer ihre Agenten im Dorf ausgesucht, die sich den alten Führern und einer geschlossenen Umsiedlung widersetzten. Sie machten sich jeweils zu Wortführern einer Gruppe, deren Ziel die Umsiedlung an einen bestimmten Ort wurde. In den Dörfern der Zone 2 und 3 verstärkten sich auch schon bestehende Widersprüche zwischen den Führern verschiedener ethnischer Gruppen, so daß fast überall auch auf der Ebene der Dorfführung eine zunehmende Differenzierung festzustellen ist (vgl. hierzu u.a. JOSHI 1983, S. 140ff. und PATEL 1983, S. 65ff.).

Einige der alten Dorfführer nutzten ihre Stellung bei den Verhandlungen mit den Regierungsvertretern dazu aus, ihre persönlichen Interessen bei der Umsiedlung durchzusetzen (vgl. 7.3.3.). Andere wagten es nicht, sich den Beamten zu widersetzen, oder sind einfach nicht dazu in der Lage, mit den komplizierten Problemen bei der Rehabilitation ihres Dorfes zurechtzukommen. So ist es in einigen Dörfern (z.B. Vadgam und Turkheda) mit dem Eingreifen der unabhängigen Hilfsorganisationen wie CYSV und RSSS zu einer starken Opposition im Dorf und zum Konflikt mit einigen alten Führern gekommen. Dort traten auch neue Führer hervor, die es wagen, der Regierung zu trotzen, und die Initiative ergreifen, um möglichst gutes Land für das Dorf zu finden.

Ein Beispiel dafür ist **Lakshmanbhai**, der neue junge Sarpanch von Vadgam. Er besuchte die Schule in der Kreisstadt Rajpipla bis zur 10. Klasse und verdient heute mehr durch seinen neuen Laden im Dorf als aus der Landwirtschaft. Durch seine Initiative hat er einem schon bestehenden Laden den Rang abgelaufen[10]. Er war zusammen mit CYSV-Leuten und anderen Dorfbewohnern mehrere Male in Gandhinagar, der Haupstadt Gujarats, um dort mit den Behörden zu verhandeln. Durch ihre betont freundliche Behandlung hat er sich nicht beeindrucken lassen.

"Sie reden sehr freundlich und behandelten uns gut. Aber sie führen nur schöne Reden und tun nicht das, was wir von ihnen verlangen." (Interviewaussage).

Lakshmanbhai führt den Teil der Dorfbewohner an, die mit allen Mitteln ihr Recht durchsetzen wollen (vgl. 7.2.2.).

Auch **Naranbhai**, der Sarpanch von Gadher, gehört zu den dynamischen Dorfführern. Er ist von der gandhianischen Sarvodaya-Ideologie beeinflußt und hat vielfältige Kontakte nach außen. Sein Laden im Dorf bildet zugleich den Hauptkommunikationsplatz. Kürzlich wurde daneben ein neuer Raum als dritte Schule von Gadher eröffnet. Naranbhai setzt sich gegenüber den Behörden entschieden für eine Land-für-Land-Kompensation ein (vgl. 7.3.4.). Er ist Dhanka Tadavi und Bhagat und als solcher kann er in der Frage der Umsiedlung trotz allgemeiner Achtung nicht mehr die Bhils von Gadher vertreten, die sich eher von Chhaganbhai, dem Bhil-Führer aus dem Nachbardorf Makadkhada vertreten sehen (vgl. JOSHI/GANGOPADHYAY 1983, S. 81 und Interviewaussagen). Doch verhalten sich beide eher kooperativ zueinander.

---

10  Lakshmanbhai fährt selber in die Kreisstadt Dabhoi, kauft dort größere Mengen an Waren ein, mietet einen Lieferwagen und läßt sich die Waren nach Vadgam fahren. So hat er ein für das Dorf recht attraktives Angebot.

Foto 8: Lakshmanbhai (4.v.l.), Sarpanch von Vadgam, mit
seiner Frau vor ihrem Haus

Foto 9: Naranbhai (4.v.l.), Sarpanch von Gadher, vor
seinem Haus (rechts die neue Schule)

Zusammenfassend läßt sich feststellen, daß die **Bildung von Interessengruppen** in den Dörfern engstens mit der **Differenzierung unter den
Dorfführern** zusammenhängt. Je aktueller die Umsiedlung wird und je
größer die Probleme werden, akzeptables Land zu finden, desto stärker
fortgeschritten ist auch der Erosionsprozeß der alten Führungsstruktur.


## 7.4.4. Der Wandel der Einstellungen und Erwartungen


Der Beginn der Arbeiten am Sardar-Sarovar-Projekt bedeutet zugleich
den Einzug moderner Technik in diese rückständige Stammesregion. Moderne Maschinen, neue Straßenverbindungen, Elektrizität, auswärtige
Arbeitskräfte, Restaurants usw. treten als neue Elemente in den Alltag
der Dörfer in der näheren Umgebung der Baustelle und sind nicht länger begrenzt auf die Kreisstädte der Region. Während das Vordringen
der Geldwirtschaft und damit auch neuer kultureller Werte vorher eher
schleichend verlief (vgl. 6.3.), so gibt es jetzt einen kräftigen Anstoß,
der die alten sozioökonomischen und soziokulturellen Strukturen der
Stammesdörfer erschüttert.

Die betroffenen Stammesgruppen, vorher eher noch als geschlossene
Gruppen anzusehen, werden zunehmend zu offenen gesellschaftlichen
Gruppen, wenn auch in unterschiedlichem Ausmaß je nach Lage der
Dörfer (Zone 1 bis 3). In diesem **durch den Staudamm enorm beschleunigten Prozeß der sozioökonomischen Differenzierung und des sozialen
Wandels** gewinnen die individuellen gegenüber den kollektiven Interessen zunehmend an Bedeutung, und zwar umso stärker, je mehr ein Dorf
oder eine Untergruppe oder eine Familie von diesem Prozeß des Wandels
erfaßt ist. So hat sich unter den Umsiedlern aus der Zone 1 mehr verändert als in der Zone 2 und noch mehr als in der Zone 3. Ebenso
verändert sich in den relativ wohlhabenderen Schichten, unter denen
mit etwas Schulbildung und denjenigen, deren hauptsächliche Einkom-
mensquelle ihre regelmäßige Arbeit an der Baustelle oder ihrem Umfeld
geworden ist, weit mehr als bei den marginalen Bauern, den Waldar-
beitern, Landarbeitern und Viehhirten (vgl. JOSHI 1983, S. 158f).

Entsprechend verändern sich auch die Einstellungen der Menschen zu ihrer Rehabilitation und ihre Zukunftserwartungen für ihr Leben in den neuen Siedlungen. Während von den ersteren nicht selten optimistische Einschätzungen zu hören sind, neigen die letzteren eher zu Pessimismus. Wenn sie ihre sozioökonomische Situation verbessern können, dann fällt es auch nicht so schwer, den Boden ihrer Vorväter verlassen zu müssen - so denken viele Tadavis und Rathwas, aber noch kaum Bhils. Das Leben in der Hügelregion an der Narmada ist nicht leicht; nur mit harter Arbeit reicht es zum Überleben. Darum erscheint eine Umsiedlung zu günstigen Bedingungen schon als eine akzeptable Alternative. Hier im Wald sei die Bodenfruchtbarkeit gering, - so berichtete NARANBHAI, der Sarpanch von Gadher. Jeden Tag werde die Arbeit schwerer; darum sind die meisten Leute bereit, von hier wegzuziehen. Das Land ist zwar nicht schlechter geworden, aber seit Jahren gebe es immer weniger Regen. In der Ebene seien zwei bis drei Ernten pro Jahr möglich, und es gibt für alles bessere Möglichkeiten. Deshalb werde es langfristig zum Vorteil aller sein, von hier wegzuziehen.

> "Wenn wir genügend Land erhalten (5 ac pro Familie), dann wird es eine deutliche Verbesserung geben. Wenn wir aber nur unser privates Khatedar-Land kompensiert bekommen, dann wird es eine deutliche Verschlechterung für uns geben, da die meisten von uns vom nahen Wald abhängig sind." (Interviewaussage)

Ähnlich äußerte sich NARJUBHAI, Dorfführer der Rathwas aus Turkheda:

> "In Zukunft werden wir weniger, aber besseres Land haben. Das neue Land liegt in der Ebene und läßt sich besser pflügen. Jetzt müssen wir alles weite Strecken über die Hügel tragen, dort können wir Ochsenkarren benutzen. Wir werden das Land bewässern können und mehr Baumwolle anbauen. Es wird eine Menge Verbesserungen geben. Wir sind es gewohnt, hart zu arbeiten. So werden wir in Zukunft hohe Erträge haben. Man nennt uns jetzt "Waldleute", weil wir gezwungen sind, im Wald zu leben. Wir wollen aber auch Zugang zu Schulen für unsere Kinder haben. Jetzt gibt es zwar eine Menge Probleme mit der Umsiedlung, aber langfristig wird es gut sein." (Interviewaussage).

Dagegen äußerte sich VANJIBHAI, einer der Bhil-Wortführer aus Makadkhada, wie folgt:

> "Wir haben schon immer im Wald gelebt und können uns fast gänzlich selbst versorgen. In der Ebene müßten wir Holz kaufen und könnten nicht all unser Vieh weiden lassen. Wir sind an das Hügelland hier gewöhnt und wollen dieses Leben fortsetzen. Wir sind zufrieden mit dem, was wir hier und jetzt haben. Wir wissen nicht, wem der Damm nutzen wird, aber wir sind unglücklich über seinen Bau." (Interviewaussage).

Ein besonders interessanter Aspekt wird deutlich, wenn auch die Meinung der **Frauen** angehört wird.[11] SHANTABEN, eine etwa 40-jährige Tadavi-Frau aus Vadgam schilderte ihren Tagesablauf als sehr beschwerlich. Neben der Hausarbeit müssen die Frauen sich auch um das Vieh kümmern, Holz aus dem Wald und Wasser vom Fluß holen sowie auf dem Feld mithelfen. Sie müssen tagtäglich viele schwere Lasten über weite Strecken auf dem Kopf tragen. Da jetzt viele Männer an der Dammbaustelle arbeiten, müssen sie ihnen auch noch ein warmes Mittagessen dorthin bringen. So haben sie von frühmorgens bis spätabends hart zu arbeiten.

> "Wir müssen es tun, aber wir mögen unsere Arbeit nicht. Wenn wir sie aber ablehnen, werden die Männer schimpfen und uns schlagen. Wenn wir an einen anderen Ort umsiedeln, ist das gut. Es ist so schwer, hier zu leben, wegen der mühseligen Wege über die Hügel, um Feuerholz zu holen, und es ist schwer, aus dem glitschigen Fluß Wasser zu holen. Selbst wenn wir keine 5 ac bekommen, ist es besser. Im neuen Dorf brauchen wir nicht mehr die Hügel hochzusteigen, es wird Brunnen geben, und die Felder werden flach sein und nicht weit entfernt. Wenn es keinen Wald in der Nähe gibt, dann ist es nicht mehr unser Problem, dann müssen die Männer das Holz mit dem Fahrrad oder Ochsenkarren von weiter herholen. - Das ist die Ansicht von allen Frauen hier!" (Interviewaussage).

Auf mögliche Verbesserungen im Umsiedlungsort angesprochen, nannte eine junge Rathwa-Frau aus Turkheda folgendes: Land, Häuser, Brunnen, Schulen, eine Ambulanz, eine Straßenverbindung. Für die Frauen wäre eine zentrale elektrisch angetriebene Mühle im Dorf ein großer Fortschritt; dann brauchten sie nicht mehr wie bisher das Getreide mühsam von Hand mit dem Mahlstein zu mahlen. Ein Brunnen mit einem Wasserhahn wäre besser als einer mit einer Handpumpe (nach Interviewaussage). - Gerade die Frauen haben also konkrete Vorstellungen über mögliche Erleichterungen für ihre Arbeit am neuen Siedlungsort.

Der Optimismus von Bauern wie Naranbhai Tadavi (aus Gadher) und Narjubhai Rathwa (aus Turkheda) drückt sich auch in einer erstaunlichen **Innovationsbereitschaft** aus. Mögen sie auch als Dorfführer be-

---

11 Offensichtlich hat das "Centre for Social Studies" in Surat bei seinen umfangreichen Untersuchungen in allen 19 Dörfern Gujarats nur Männer befragt und nur Männer als Interviewer eingesetzt. In keiner der für diese Arbeit verwendeten Dorfstudien wird auf die Ansichten der Frauen eingegangen. Die hier angeführten Interviewergebnisse wurden mit Hilfe einer Dolmetscherin gewonnen, die auch von den Männern im Dorf sehr respektiert wird.

sonders aufgeschlossen sein, so werden ihnen doch viele Bauern folgen, wenn es an die Tat geht und die äußeren Bedingungen solche Innovationen zulassen.

"Wir haben Erfahrungen mit Bewässerung und recht gute Fertigkeiten. Einige von uns betreiben Flußbettkultivierung an den Zuflüssen der Narmada und kennen die Techniken zur Bewässerung kleiner Flächen. Wir haben auch schon etwas chemischen Dünger benutzt, nur noch keine Pestizide, aber diese könnten in der Wintersaison wichtig werden. Hier in Gadher bauen wir jetzt nur 'food crops' an, früher hatten wir auch etwas Baumwolle, aber wir werden in Zukunft auch mehr 'cash crops' anbauen." (Interviewaussage von NARANBHAI).

"Wir verstehen es, Felder zu bewässern. Wir haben es in den Dörfern der Patels kennengelernt, wo wir als Landarbeiter waren. Wir sind zuversichtlich, daß wir eine Karte zeichnen können, von wo wir Feldkanäle abzweigen und wo wir kleine Stauteiche anlegen müssen. Auch die Wasserverteilung werden wir unter uns regeln. Für Kredite können wir eine Kooperative gründen." (Interviewaussage von NARJUBHAI).

Zusammenfassend läßt sich feststellen, daß es im Verlauf des Entscheidungsprozesses über den zukünftigen Umsiedlungsort nicht nur zu einer fortschreitenden Differenzierung der Dörfer in Interessengruppen nach sozialen und ökonomischen Kriterien gekommen ist, sondern daß auch die Einstellungen zur Rehabilitation und die Erwartungen für die Zukunft von einer Gruppe zur anderen sehr verschieden sein können.


## 7.5. Rehabilitation in den Neuansiedlungsdörfern

In diesem Abschnitt soll folgenden Fragen nachgegangen werden:
- Wie sehen die konkreten **Veränderungen** der Wirtschafts- und Lebensweise in den ersten Umsiedlungsdörfern aus?
- Inwieweit haben sich die **Erwartungen** der Umsiedler bislang realisiert?

## 7.5.1. Allgemeiner Strukturvergleich mit den alten Dörfern

Die bisherigen Umsiedlungsdörfer sind in Abb. 7.4 und 7.5 aufgeführt und in Abb. 7.2 und 7.3 zu finden. Tabelle 7.5 soll einen Vergleich nach verschiedenen Strukturdaten für einige ausgewählte Dörfer aus dem Überflutungsbereich und einige Umsiedlungsdörfer ermöglichen. Wenn auch von Fall zu Fall Besonderheiten auftreten, lassen sich doch folgende generell unterschiedliche Tendenzen aufweisen:

1. Der Anteil des registrierten Kulturlandes ist in den neuen Dörfern um ein Mehrfaches höher; im Gegensatz zu den alten Dörfern gibt es z.T. Bewässerungsmöglichkeiten, dafür gibt es nur in wenigen neuen Dörfern Wald in der Nähe.

2. Die Bevölkerungsdichte in den neuen Dörfern liegt schon vor dem Zuzug der Umsiedler erheblich höher als in den alten, die im weitläufigen Hügelland an der Narmada liegen.

3. Während die alten Dörfer fast ausschließlich von Stammesgruppen bewohnt sind, weisen die neuen eine gemischte Bevölkerung auf.

4. Die Alphabetisierungsrate liegt in den neuen Dörfern erheblich höher.

5. Der Anteil der selbständigen Bauern ist in den neuen Dörfern geringer, der der Landarbeiter höher; außerdem gibt es dort einen nennenswerten sekundären bzw. tertiären Beschäftigungssektor.

6. Die infrastrukturelle Ausstattung ist im allgemeinen in den neuen Dörfern besser als in den alten.

| | Überflutungszone | | | | Umsiedlungszonen | | | |
|---|---|---|---|---|---|---|---|---|
| | Limdi | Vadgam | Gadher | Turkheda | Suka | Tentalav | Ambawadi | Parvata/Kaledia |
| Taluka | Nan. | Nan. | Nan. | Chh. | Nan. | Dab. | Ded. | San. |
| Landnutzung (in %): | | | | | | | | |
| Waldland | 46,2 | 51,4 | 68,7 | 98,3 | – | – | 59,0 | 29,7 |
| bewäss. Kulturland | – | – | – | – | 21,1 | 12,6 | – | 0,6 |
| unbewäss. Kulturl. | 15,3 | 13,7 | 9,5 | 0,5 | 71,4 | 74,9 | 29,9 | 56,5 |
| kultivierb. Ödland | 37,2 | 26,1 | 1,6 | 1,3 | 3,6 | 5,3 | 0,5 | 3,4 |
| nicht-kultivierbar | 1,2 | 8,7 | 20,1 | – | 3,9 | 7,2 | 10,7 | 9,8 |
| Gemarkungsfläche (ha) | 919 | 1892 | 3310 | 2462 | 224 | 1385 | 717 | 1490 |
| Einwohner (1971) | 741 | 1195 | 1702 | 148 | 227 | 2303 | 1315 | 2788 |
| Bevölkerungsdichte (Einw./km²) | 81 | 63 | 51 | 17 | 101 | 166 | 183 | 187 |
| Anteil der Stammes-bevölkerung (in %) | 98,8 | 98,6 | 99,1 | 100 | 65,2 | 28,6 | 70,0 | 49,0 |
| Alphabetisierungsrate (in %)[a] | 12,4 | 12,1 | 6,8 | – | 23,8 | 46,3 | 29,2 | 32,0 |
| Anteil an allen Beschäftigten (in %) | | | | | | | | |
| Bauern | 27,5 | 57,0 | 61,4 | 40,4 | 15,0 | 27,0 | 39,5 | 20,7 |
| Landarbeiter[b] | 70,7 | 39,6 | 36,1 | 59,6 | 71,7 | 58,3 | 44,3 | 48,0 |
| sek. und tert. Sektor | 1,7 | 1,5 | 2,5 | – | 5,8 | 14,5 | 15,9 | 29,7 |
| sonstige im prim.Sektor (z.B. Hirten) | – | 2,0 | – | – | 7,5 | 0,1 | 0,3 | 1,5 |
| Infrastruktur: | | | | | | | | |
| Schulen (1.-4. Kl.) | 1 | 1 | 2 | – | 1 | 1 | 1 | 3 |
| Elektrizität[c] | – | – | – | – | ja | ja | – | – |
| Trinkwasser | B | B,F | B,F,S | F | B,S | Z,B | Z,B,S | B,T |
| Entfernung zur nächsten Stadt (in km) | 30 | 35 | 44 | 56 | 36 | 9 | 52 | 20 |

Quelle: CENSUS 1971, District Census Handbook, Bharuch Dist. und Vadodara Dist.

[a] hier als Anteil an der Gesamtbevölkerung (mangels Daten über Altersgruppen)
[b] Unter die Landarbeiter werden hier offensichtlich auch alle Bauern ohne eigenes Privatland gerechnet
[c] B = Brunnen, F = Fluß, T = Tank (Speicherbecken), Z = Zapfstelle (Hahn), S = Sonstiges


## 7.5.2. Veränderte Wirtschaftsstruktur


Langfristig gesehen wird sich die **Agrarstruktur** erheblich verändern, jedenfalls in allen Dörfern, die zur "Command Area" des Sardar-Sarovar-Projekts gehören. Im Zusammenhang mit der Bewässerung sollen Arbeiten zur Bodenmelioration (Planierung) durchgeführt werden, sollen

die Anbaufrüchte und die Fruchtfolge verändert, neue landwirtschaftliche Inputs (Dünger, Saatgut usw.) eingesetzt, die Bodenbearbeitungs-
methoden und Arbeitsorganisation angepaßt und die Vermarktungsformen
verbessert werden (z.B. durch Kooperativen).

Von alledem ist aber vorerst wenig zu sehen. Überwiegend werden
weiterhin die bisherigen Anbaufrüchte (Sorghumhirse, Mais, Tur, Arad,
z.T. auch Reis und Baumwolle sowie etwas Gemüse und Ölfrüchte) im
Regenfeldbau angebaut. Mit dem Vieh gibt es mangels Weideland große
Probleme. Viele Familien mußten Vieh verkaufen; nicht wenige schicken
einige Familienmitglieder mit dem Vieh zurück ins alte Dorf, um es dort
weiden zu lassen, solange noch kein Wasser aufgestaut wird. Große
Probleme gibt es auch mit dem Feuerholz, da kein Wald mehr in der
Nähe ist. So sind die Männer gezwungen, von weither illegal Holz mit
dem Ochsenkarren zu holen; erlaubt sind aber nur getragene Kopf-
lasten. Zudem gibt es Probleme mit der Wasserversorgung, weil einige
neue Brunnen nicht funktionieren und die Bauern nicht mehr wie früher
den Fluß in der Nähe haben (KALPAVRIKSH 1985, S. 279; Interviewaussagen in Suka).

Familien in **Suka**, dem Hauptansiedlungsort der Tadavis aus Zone 1,
berichteten, sie hätten jetzt viel weniger Land als zuvor, weil sie keine Entschädigung für das von ihnen kultivierte öffentliche Land erhalten haben. Statt von 22 ac müssen z.B. 18 Familienmitglieder jetzt von
8 ac leben, für deren Erwerb auch die Hauskompensation draufgegangen
ist. So reicht ihre Jahresproduktion nur für ein halbes Jahr aus, und
sie müssen ihre Ernte im voraus verkaufen, weil sie Geld brauchen zum
Kauf von Nahrungsmitteln. Dadurch verschlechtert sich aber der Preis,
den sie für ihre Ernte erhalten. Gäbe es nicht die Arbeitsmöglichkeiten
am nahe gelegenen Narmada-Hauptkanal, dann kämen sie nicht zurecht.
Zudem haben sie Land erworben, das vom Vorbesitzer mit Hypotheken
belastet war, ohne daß sie davon wußten. Vor ihrer Umsiedlung aus
Panchmuli kreuzten fast jeden Tag Beamte auf, um sie zum Verlassen
ihres Dorfes zu bewegen; jetzt läßt sich niemand mehr blicken, um ihnen zu helfen. Früher konnten sie sich selbst versorgen, jetzt sind sie
in Abhängigkeit geraten (nach Interviewaussagen).

Dieses Beispiel ist durchaus als typisch anzusehen. Die Größe der
Kulturfläche ist in der Regel zurückgegangen, die Abhängigkeit von

Jobs im außerlandwirtschaftlichen Sektor angestiegen. Fälle von gemeinschaftlichem Betrug der Landverkäufer und Bürokraten sind häufig. Insbesondere die zahlreichen Umsiedler, die nur einen Teil ihres Landbesitzes verloren haben oder nur das Land und nicht das Haus, sind benachteiligt.

Wegen der verringerten Landnutzungsfläche sind immer mehr Familien auf zusätzliche **Lohnarbeit** angewiesen. Nur in Suka gibt es bisher einen Ausbildungskurs für Teppichweberei, aber ohne jede Garantie für eine spätere Beschäftigung. Nach Angaben von MANKODI (1986, S. 77) arbeiten rund 200 Personen aus 12 verschiedenen Umsiedlungsdörfern als Lohnabhängige, d.h. ein Mitglied von mindestens jeder dritten bis vierten Kernfamilie. Je nach der Entfernung der neuen Dörfer pendeln etwa 60% von ihnen täglich zur Arbeitsstelle (zum Teil per LKW), der Rest bleibt dort für länger und kehrt nur alle paar Wochen nach Hause zurück. Sie arbeiten in folgenden Bereichen:

- Arbeit an der Dammbaustelle (57%),
- Jobs im Projekthauptquartier Kevadia (9%),
- Landarbeiter in anderen Dörfern (4%),
- sonstige Arbeit, z.B. Straßenbau (18%),
- als Arbeitssuchende unterwegs (12%).

Die Beschäftigung im Rahmen der Bauarbeiten ist nicht vertraglich geregelt und kann bei mangelndem Bedarf jederzeit beendet werden. Die Löhne liegen um den gesetzlichen Mindestlohn, etwa bei 12-15 Rs. pro Tag; dafür muß bis zu 12 Stunden täglich gearbeitet werden. Kontraktarbeiter aus anderen Bundesstaaten stehen dabei in Konkurrenz mit den Leuten aus der Region um die vorhandenen Arbeitsplätze.

Doch es gibt auch einige positive Beispiele für die bisherige Rehabilitation, so im schon erwähnten **Tentalav** im Dabhoi Taluka (vgl. 7.3.4.). Dort gibt es bereits jetzt Bewässerungsmöglichkeiten aus Brunnen, die den Patels gehören. Gegen eine Gebühr können die Umsiedlerfamilien das Wasser nutzen und sind so in der Lage, jetzt auch Baumwolle sowie Reis und Weizen anzubauen. Durch den Verkauf von Baumwolle können sie gut verdienen und Dünger, Saatgut und Pestizide kaufen; gleichzeitig können sie jetzt auch genügend Nahrungsmittel für sich selber produzieren. Die Bodenfruchtbarkeit ist besser als früher in

Limdi, die Hektarerträge haben sich erhöht und überdies sind wegen der Bewässerung zwei Ernten im Jahr möglich.

Jeder eingetragene Landbesitzer erhielt 5 ac öffentliches Land zugeteilt, was meist mehr war, als er zuvor hatte. Zudem besteht es nicht mehr aus kleinen, verstreut liegenden Parzellen. Zwar mußten sie hart arbeiten, um das vorher als Weide genutzte Land urbar zu machen, aber es hat sich gelohnt. Lediglich mit Wald- und Weideland sieht es schlechter aus als zuvor. Mehrere Familien wollen Ochsenkarren kaufen, die von der Regierung subventioniert sind. Einige Leute haben auch eine feste Beschäftigung in der nahen Kreisstadt Dabhoi gefunden.

## 7.5.3. Veränderte Siedlungsstruktur

Gegenüber den alten Dörfern, in denen, bedingt durch das hügelige Relief, eine **Streusiedlungslage** mit kleineren Hausgruppen vorherrschte (vgl. 6.2.1.), hat sich die Siedlungsstruktur in den neuen Dörfern grundlegend gewandelt. Die Rehabilitationsbeamten markierten auf einem eigens dazu ausersehenen Siedlungsgelände rechteckige, oft quadratische Wohnparzellen, so daß **Plansiedlungen** mit einem annähernden Schachbrettgrundriß entstanden. Jede Kernfamilie erhielt eine Grundstücksparzelle von 300 m² zugewiesen, die nach der Resolution von 1985 auf 500 m² aufgestockt wurde. Da oft mehrere Familien ein Haus bewohnen, konnten die Hausparzellen zu größeren Grundstücken zusammengezogen werden, von denen ein Teil als Gemüsegarten, Stapelplatz für Viehfutter oder als Dreschplatz genutzt werden kann.

Abbildung 7.8 zeigt den Siedlungsplan von **Tentalav** mit den Parzellengrenzen vor und nach 1985. Bisher wurden 42 Hausparzellen vergeben (von den ursprünglich 58); nach der Zusammenfassung zu 40 Parzellen sind etwa zehn noch völlig ungenutzt und liegen brach. Bisher wurden 15 Häuser errichtet, davon sieben Ziegelhäuser ("pucca houses") und acht Holz/Lehm-Häuser ("kachha houses"), in denen meist mehrere Kernfamilien leben. Von der vorgesehenen Baumbepflanzung um den Dorfplatz ist noch nichts zu sehen.

Abb. 7.8: Siedlungsplan von Tentalav (1980 und 1986)

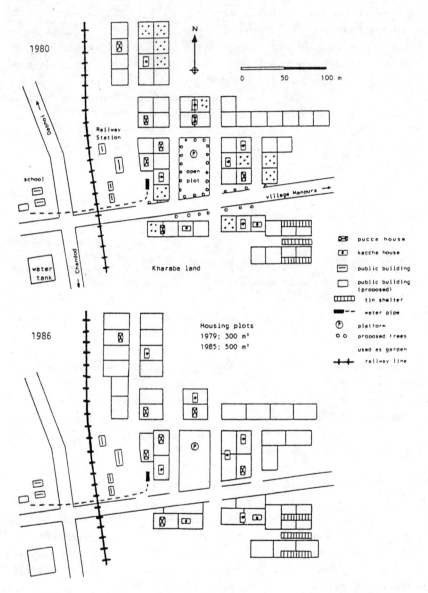

(Quelle: Chief Engineer Narmada Project, Proposed Layout Plan
for Relocation Site at Tentalav, 1980 und 1986,
ergänzt durch eig. Beobachtungen)

(Zeichnung: T. Methfessel)

Foto 10: Flachland bei Tentalav

Foto 11: Neue Ziegelhäuser in Tentalav

Wie in anderen Umsiedlungsorten wurden am Rande der Siedlung Well-
blechbaracken als vorübergehende Quartiere für die Zeit des Umzugs
und Hausbaus errichtet (siehe Foto 12). Doch noch Jahre nach der Umsiedlung sind die insgesamt 29 Räume dort dicht belegt und für eine
Reihe von Familien zur ständigen Behausung geworden. Sie leben dort
unter schlechteren Bedingungen als früher. Die Ursache liegt darin,
daß zahlreiche Umsiedler aus Limdi und Zer nur ihr Land oder Teile
davon verloren, nicht aber ihre Häuser. So wurden sie nur für einen
Teil ihres Besitzes entschädigt und erhielten auch keine Transportkosten
bezahlt. Es blieb ihnen nichts anderes übrig, als ihre finanziellen
Mittel vorerst in das Land zu stecken und sich mit schlechterem Wohnraum zu begnügen. Sie ließen ihre Häuser zurück, und nur eine Familie
konnte den Transport aus eigener Tasche finanzieren (nach Interviewaussagen).

Demgegenüber stehen in Tentalav einige neue, aus Ziegeln erbaute
Häuser, die gegenüber den Holz/Lehm-Häusern im alten Dorf eine erhebliche Steigerung des Wohnstandards bedeuten (vgl. Abb. 7.9 und Foto
11). Den Bau finanzierten die Bauern aus der Hauskompensation, dem
verbliebenen Teil der Landkompensation nach Abzug der Kosten für die
Urbarmachung sowie aus dem Einkommen vom Verkauf ihrer Baumwolle,
wie das Beispiel in Tabelle 7.6 verdeutlichen soll.

Tab. 7.6: Gokalbhai's selbst erbautes neues Ziegelhaus

| | Kosten | | Finanzierung |
|---|---|---|---|
| Ziegelsteine | 8.000 Rs. | Hauskompensation (a) | 2.500 Rs. |
| Zement | 6.600 Rs. | Landkompensation (b) | 9.000 Rs. |
| Metalldach | 2.750 Rs. | Verkaufserlöse | 6.000 Rs. |
| insg. | 17.350 Rs. | insg. | 17.500 Rs. |

(a) insg. 13.900 Rs. für 3 ac, von denen etwa 5.000 Rs. für die Urbarmachung
der 5 ac Ödland verwendet wurden; bisher verlangte die Regierung keinen Landpreis.

(b) Bruttoeinkommen aus dem Verkauf von Baumwolle im 1. Jahr 8.000 Rs., im 2.
Jahr 10.000 Rs., wovon Ausgaben für Inputs abgehen
(alle Angaben nach Interviewaussagen).

Tentalav ist ein großes Dorf mit fast 3.000 Einwohnern und liegt an der Schmalspur-Bahnlinie und der Hauptstraße von der Kreisstadt Dabhoi zur heiligen Stadt Chandod an der Narmada. Es wurde eine Wasserleitung in die neue Siedlung gelegt, und die Schule soll um einen Raum erweitert werden. Im alten Dorf gibt es einen großes Regenwasser-Speicherbecken ("Tank"), eine private Ambulanz und einige Geschäfte.

Abb. 7.9: Kanjibhai's neues Haus in Tentalav

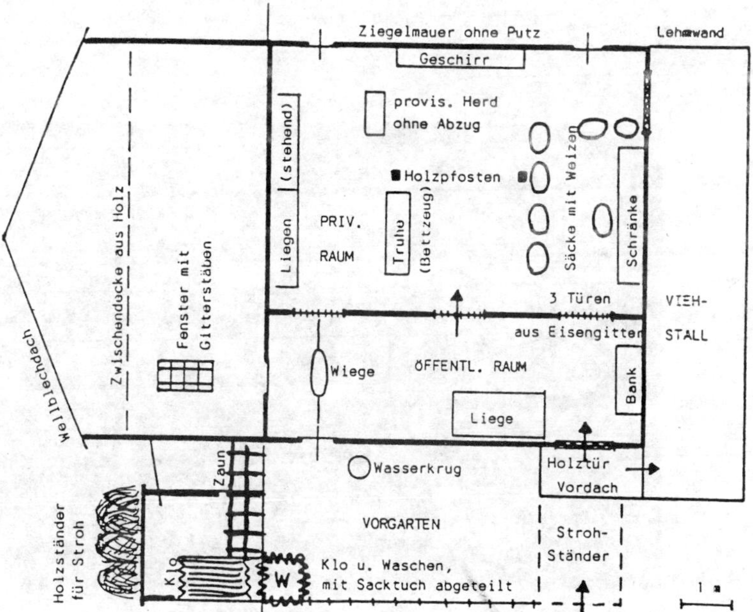

(Entwurf und Zeichnung: T. Methfessel)

Foto 12: Weïlblechbaracke in Tentalav mit Anbauten

Foto 13: Wiedererrichtetes Haus von Umsiedlern in Suka

Abb. 7.10: Proposed Layout Plan for Relocation Site at Suka

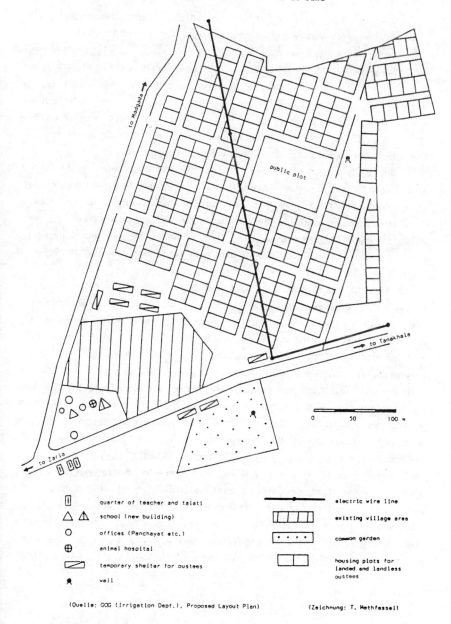

| | | | |
|---|---|---|---|
| quarter of teacher and talati | | electric wire line | |
| school (new building) | | existing village area | |
| offices (Panchayat etc.) | | common garden | |
| animal hospital | | housing plots for landed and landless oustees | |
| temporary shelter for oustees | | | |
| wall | | | |

(Quelle: GOG (Irrigation Dept.), Proposed Layout Plan)        (Zeichnung: T. Methfessel)

In **Suka** ist die bislang größte Neusiedlung entstanden. Dort haben nach Regierungsangaben 185 Kernfamilien Land gekauft (GOG 1986), aber noch wohnen nicht alle hier. Der offizielle Siedlungsplan (vgl. Abb. 7.10) zeigt 188 Hausparzellen, die aber noch nicht einmal alle mit Steinen markiert sind. Bisher sind etwas weniger als 50 Häuser errichtet worden. In der Regel haben die Umsiedler die Bestandteile ihrer alten Häuser nach Suka transportiert und sie dort wiedererrichtet (siehe Foto 13). Dadurch waren sie in der Lage, ihre Hauskompensation zusätzlich zur Bezahlung des Landpreises zu verwenden.

In Suka stehen zwei schon von der Betrachtung her recht unterschiedliche Dorfteile nebeneinander: auf der einen Seite die haufendorfartig, unregelmäßig und eng beieinander stehenden kleineren Häuser der bisherigen Bewohner, auf der anderen Seite die weiträumiger verteilten, regelmäßiger angeordneten und größeren Häuser der Neusiedler. Die unterschiedliche Größe dürfte mit dem fehlenden Zugang in Suka zu kostenlosem Baumaterial aus dem Wald zusammenhängen.

Die Einwohnerzahl von Suka hat sich durch die Neusiedler mehr als verdoppelt. Gegenwärtig wird die Schule um zwei Gebäude erweitert, und es wurden zwei neue Brunnen gegraben, mit denen es jahrelang Probleme gab. Es gibt ein Gebäude für den Dorfrat, einige kleine Läden im alten Dorf und eine Ambulanz in 7 km Entfernung (nach Interviewaussagen und eig. Beobachtungen).

Weder in Suka noch in Tentalav hat sich die infrastrukturelle Ausstattung entscheidend verbessert, was mit dem schon relativ guten Entwicklungsstand in den Dörfern der Zone 1 zusammenhängt. In einigen Orten ist sie zumindest vorübergehend sogar schlechter geworden, da die versprochenen Einrichtungen (Brunnen, Schulen usw.) in den neuen Siedlungen nur in seltenen Fällen termingerecht fertiggestellt waren. Überall wo die Zahl der Umsiedlerfamilien nicht so hoch ist (unter 50 bzw. 100), entfiel für die staatlichen Behörden die Notwendigkeit, für eine entsprechende Infrastruktur zu sorgen (vgl. 5.2.). Versprechungen des "Forest Department", Baumpflanzungen in der Nähe einiger Siedlungen anzulegen, sind bisher nicht eingelöst worden (vgl. KALPAVRIKSH 1985, S. 279 und SETU 1986, S. 17f).

## 7.5.4. Akzeptanzkriterien seitens der Umsiedler

Auf die Bedeutung der ökonomischen Faktoren wurde bereits eingegangen, hier soll noch kurz von den **sozialen Faktoren** die Rede sein. Gegen die neue Siedlungsstruktur werden keine Einwände erhoben; das geordnete Wegenetz wird sogar als Vorteil empfunden. Da die Häuser von den Umsiedlern individuell errichtet wurden, gibt es hier nicht die von anderen Neusiedlungen her bekannten Probleme mit dem ungewohnten Baustil und der Anordnung der Häuser (vgl. hierzu u.a. SCHAMP 1966a, S. 288). Gewünscht wird aber, daß möglichst alte Nachbarschaftsgruppen erhalten bleiben und die Häuser großer Familien beieinander stehen.

In Tentalav gab es anfänglich recht starke Spannungen mit dort ansässigen Bewohnern, weil diese von ihnen vorher als Weide oder illegal als Acker genutztes Land an die Umsiedler verloren. Nach Vermittlung der Rehabilitationsbehörde entwickelten sich mit der Zeit bessere Beziehungen, und heute werden z.B. zu Hochzeiten alle Dorfbewohner eingeladen. In Suka dagegen gab es kaum Probleme bei der Integration, da alte wie neue Bewohner Tadavis sind. Sie begingen festliche Anlässe von Anfang an gemeinsam (nach Interviewaussagen). Tabelle 7.7 enthält die wichtigsten Akzeptanzkriterien und zeigt für die beiden Beispieldörfer Suka und Tentalav, wie sich die Situation für die Umsiedler verändert hat.

Tab. 7.7: Bewertung von Suka und Tentalav durch die Umsiedler im Vergleich zu vorher

| | Suka | Tentalav |
|---|---|---|
| Größe des Eigenlandes | 0 | + |
| Größe der Kulturfläche | - | + |
| Bodengüte | + | + |
| Nahrungsversorgung | - | + |
| Trinkwasser | - | + |
| Zugang zu Waldland | -- | -- |
| Zugang zu Weideland | -- | - |
| Transportwege (Feld, Wasser) | + | + |
| Beschäftigungsmöglichkeiten | 0 | 0 |
| finanzielle Situation | -- | + |
| Häuser | 0 | ++/-[a] |
| Schule | 0 | 0 |
| Nachbarn, Dorfatmosphäre | 0 | - |

++ viel besser; + besser; 0 gleich; - schlechter; -- viel schlechter

(Zusammenfassung von Interviewaussagen und diversen Informationen; die Bewertungsskala gibt nur einen allgemeinen Trend an und trifft nicht auf jede einzelne Familie zu.)
[a] sehr unterschiedlich - vgl. Text.

Wie bereits erwähnt, verhielt sich aber die ansässige Bevölkerung in einigen möglichen Umsiedlungsorten so feindselig, daß diese für die Rehabilitation von vornherein nicht akzeptiert wurden. Als negatives Ergebnis bleibt auch festzuhalten, daß die alten Dorfgemeinschaften auf verschiedene neue Siedlungen aufgesplittert worden sind. Von Umsiedlern aus Maharashtra wird berichtet, daß sie nach kurzer Zeit in Gujarat in ihr altes Dorf zurückwanderten, nachdem sie dort schlechtere Bedingungen vorgefunden hatten als zuvor und zudem an die Regierung doppelt so viel für ihr neues Land zahlen sollten, wie sie als Kompensation erhalten hatten (DHAR 1987).

Zusammenfassend soll hier festgehalten werden, daß neben der Beibehaltung oder Verbesserung des **sozioökonomischen Standards** auch die Frage der **soziokulturellen Traditionen**, ihrer Bewahrung bzw. ihres Wandels von größter Bedeutung für Erfolg oder Mißerfolg der Rehabilitation ist. Die hier aufgeführten Hauptprobleme in den Neusiedlungen sind zwar ökonomischer Natur (weniger Land, kein Feuerholz, kaum Viehweiden, mangelnde alternative Beschäftigungsmöglichkeiten); doch spätestens mit der Umsiedlung der Bhils werden die soziokulturellen Probleme (Wald als ungestörter Lebensraum usw.) höchst aktuell werden.

# 8. DIE RESULTATE DER UMSIEDLUNG

Es ist schwierig, die Rehabilitation der vom Sardar-Sarovar-Projekt betroffenen Umsiedler in dieser ersten Phase bereits zu bewerten. Doch lassen sich anhand der Erfahrungen aus den 19 Dörfern in Gujarat bereits einige Tendenzen erkennen sowie Unterschiede zu den Ergebnissen bei anderen Projekten. Um einen Vergleich zu ermöglichen, soll hier zunächst auf das Ukai-Projekt in Gujarat eingegangen werden.

## 8.1. Rehabilitation beim Ukai-Projekt

Das Ukai-Projekt weist hinsichtlich der Projektgröße und seiner Lage im Stammesgürtel des Hügellandes von Ost-Gujarat ähnliche Bedingungen auf wie das Sardar-Sarovar-Projekt. Der Ukai-Damm wurde 1973 fertiggestellt und staut einen 600 km² großen See am Tapti auf (SSP: 370 km²). Zur Umsiedlung gezwungen waren rund 16.000 Familien aus 170 Dörfern (SSP: 12.000 Familien aus 236 Dörfern), von denen 2.000 eine Barkompensation annahmen und individuell fortzogen, während 14.000 in 17 neu geschaffenen, größeren Dörfern angesiedelt wurden. Offiziell wurde eine Zahl von 52.500 Umsiedlern angegeben (SSP: 37.000); tatsächlich dürften um die 90.000 Menschen betroffen gewesen sein.

Die Umsiedlung erfolgte auf rund 7.400 ha eigens dafür gerodetem Waldland in der Nähe. Die Bedingungen für die Landzuteilung waren wie folgt:

| enteignetes Land | unter 3 ac | 3-9 ac | 9-12 ac | über 12 ac |
| --- | --- | --- | --- | --- |
| zugeteiltes Land | gleichviel | 3 ac | 3-4 ac | 4 ac |

Die Barkompensation lag zwischen 450 und 700 Rs. pro Acre. Wer keine formale Besitzurkunde für sein altes Land hatte, ging ohnehin leer aus; so erhielt nur jede fünfte Familie Land zugewiesen. Für selbständige Bauern gab es Hausparzellen von 300 m², für Landlose von 150 m². Die Regierung gab Kredite für den Bau neuer Häuser und initiierte einige Ausbildungskurse. Insgesamt gesehen lag alledem keine sorgfältig geplante Rehabilitationspolitik zugrunde, sondern es handelte sich eher um kurzfristige Reaktionen auf eine durch das Projekt verursachte Notstandssituation (MANKODI 1986, S. 7ff. und CSE 1985, S. 105).

95% der Bevölkerung lebte vorher von der Landwirtschaft; sie wurde auf viel weniger und weit schlechteres Land umgesiedelt. Während sie vorher fruchtbare Alluvialböden in der Flußniederung kultivierten und z.T. Mehrfachernten einbrachten, wurde der Boden in den Bergen nach der Rodung des Waldes schnell ausgewaschen und degradiert. Während sie vorher ihre Felder z.T. mit Wasser vom Tapti bewässern konnten (lift irrigation), verweigerte ihnen die Regierung am neuen Ort sogar die Finanzierung von Brunnen mit der Begründung, sie hätten ja vorher auch keine gehabt. So waren viele Umsiedler zur Arbeitsmigration in die Küstenebene gezwungen, wo sie vor allem als saisonale Landarbeiter bei der Zuckerrohrrernte in den neu geschaffenen Bewässerungsgebieten oder als Tagelöhner in den Städten gegen ein geringes Entgelt arbeiten mußten (MANKODI a.a.O. und 1982, S. 12f).

MANKODI/GANGOPADHYAY (1983, S. 87ff.) fassen die Resultate der Rehabilitation beim Ukai-Projekt in folgenden Punkten zusammen:

1. Wegen des drastisch (auf rund 25% der Fläche) reduzierten Landeigentums erhöhte sich die "illegale" Kultivierung von Wald- und Ödland erheblich.

2. Der enorme Anstieg der saisonalen Arbeitsmigration zeigt die Verarmung der Betroffenen besonders deutlich.

3. 95% der Haushalte im betroffenen Kreis liegen jetzt unterhalb der Armutslinie (gegenüber vorher 65%).

4. Die Ernährungssituation hat sich qualitativ verschlechtert; es gibt weniger Fleisch, Gemüse und Obst.

5. Die Monetarisierung ihrer Wirtschaft (z.B. Arbeit für eine staatliche Kooperative) hat zu einer erhöhten Ausbeutung der Umsiedler durch Händler usw. geführt.

6. Die Stammesgruppen, die spezielle Formen der Waldwirtschaft praktizierten (z.B. Korbflechten), sind die am stärksten Leidtragenden.

7. Die veränderte Siedlungsstruktur in großen und engen Siedlungen und der saisonale Wassermangel haben die hygienischen Bedingungen ver-

schlechtert. Dafür verbesserten sich die Verkehrsverbindungen und die Schulsituation.

8. Viele Umsiedler, insbesondere die jüngeren, sind der Außenwelt verstärkt ausgesetzt, was zu einem bedenklich schnellen soziokulturellen Wandel geführt hat (Konsumwünsche, Vergnügen usw.).

9. Die Umsiedlung hat die starken Familien- und Dorfbande erheblich geschwächt.

Um den alten Lebensstandard der Familien wiederherzustellen, hätten sich die Rehabilitationskosten verdoppeln müssen! (a.a.O., S. 103).

## 8.2. Bisherige Ergebnisse beim Sardar-Sarovar-Projekt

Beim Sardar-Sarovar-Projekt gibt es mehrere grundlegende Unterschiede zum Ukai-Projekt in den politischen Rahmenbedingungen für die Umsiedlung:

1. Beim Ukai-Projekt war nur Gujarat betroffen und politisch zuständig; beim Sardar-Sarovar-Projekt sind drei Bundesstaaten betroffen, und die mit der Umsiedlung verbundenen Verantwortlichkeiten wurden durch den NWDT-Beschluß von 1979 genau geregelt.

2. Wegen der Bestimmungen des "Forest Conservation Act" von 1980 war keine Rehabilitation auf Waldland möglich, sondern nur auf öffentlichem Ödland oder privatem Kulturland.

3. Durch das aktive Eintreten eines Teils der Umsiedler für ihre Rechte mit Hilfe einiger sozialer Aktionsgruppen, durch öffentliche Benennung der Probleme im In- und Ausland und durch die Forderungen der Weltbank wurden die bislang besten Rehabilitationsbedingungen in Indien durchgesetzt.

4. Erstmalig in Indien gibt es eine spezielle staatliche Rehabilitationsbehörde und eine genau festgelegte Form von "Monitoring & Evaluation" durch unabhängige Institutionen.

In Tabelle 8.1. soll die unterschiedliche Rehabilitationspolitik bei beiden Projekten anhand einer Reihe von Faktoren detaillierter aufgezeigt werden.

Tab. 8.1: Unterschiede in der Rehabilitationspolitik zwischen Ukai-Projekt und Sardar-Saro-var-Projekt

| | Ukai | Sardar Sarovar |
|---|---|---|
| Landkompensation | gering | höher |
| neues Landeigentum | viel weniger | etwa gleich |
| neue Hausparzellen | bezahlt | frei |
| Transport | frei | Kostenzuschuß |
| Umsiedlungsorte | Waldland | Privatland, z.T. öff. Ödland |
| Weideland | vorhanden | nicht vorhanden |
| Waldland | vorhanden | nicht vorhanden |
| Art der Rehabilitation | meist dorfweise | stärkere Aufsplitterung |
| Rehabilitationsplanung | ad hoc | besser und verbindlich |
| Rechtsgrundlagen | Land Acq. Act | NWDT, Abkommen mit der Weltbank |
| pol. Entscheidungen | einfach | kompliziert |
| Implementation | allg. Projektbürokratie | spez. Rehabilitationsbehörde |
| Öffentlichkeit | keine | stark |
| Sozialwissenschaft | nicht vertreten | stark vertreten |
| voluntary groups | Kollaboration mit dem Staat | Konfrontation mit dem Staat |
| Monitoring & Evaluation | nicht vorgesehen | genau festgelegt |
| Gesamtergebnis | katastrophal | nicht katastrophal |

(nach: MANKODI 1986, S. 32f)

Selbst ein vorläufiges Gesamturteil zum Sardar-Sarovar-Projekt kann heute noch nicht gegeben werden, da die Umsiedlung immer noch im Anfangsstadium steckt. Trotz aller Kritik an einzelnen Punkten lassen die stark verbesserten Rahmenbedingungen aber ein wesentlich besseres Gesamtergebnis als beim Ukai-Projekt erwarten.

Wenn die verantwortlichen Behörden sich bei der Projektimplementation im wesentlichen an die politischen Beschlüsse halten, wenn eine unabhängige Durchführung von "Monitoring & Evaluation" gewährleistet wird und die "voluntary groups" nicht vom Staat an ihrer engagierten Arbeit für die Rechte der Betroffenen gehindert werden, sollten sich die bislang aufgetretenen und künftigen Probleme im großen und ganzen zufriedenstellend lösen lassen. Doch genau diese drei Bedingungen werden nach den bisherigen Erfahrungen allzu leicht verletzt[1] Es reicht daher keineswegs aus, sich auf die Beteuerung guter Absichten zu

_____

1    Beispiele wurden bereits am Schluß von Kapitel 5.5.1. sowie in der Fußnote 6 zum 5. Kapitel genannt.

verlassen, sondern es wird langfristig nötig sein, die Implementation der Rehabilitationsbeschlüsse genauestens zu kontrollieren, um Praktiken der Korruption seitens der Bürokratie u.ä. zu verhindern.

"Monitoring is crucial in India as elsewhere simply because good intentions all too frequently are not incorporated into plans and good plans all too frequently are not implemented." (SCUDDER 1983, S. 36).

Trotz der deutlich verbesserten Rahmenbedingungen bleibt festzuhalten, daß die bisherige **Praxis der Rehabilitation** beim Sardar-Sarovar-Projekt eine Reihe von **schwerwiegenden Mängeln** aufweist:

- Die Regierung hat den Umsiedlern kein alternatives Land in der Nachbarschaft und überhaupt kaum akzeptables Land angeboten.
- Die Regierung hat den Umsiedlern zum privaten Landkauf geraten, ohne ihnen genügend Schutz vor Benachteiligung dabei zu gewähren.
- Bislang wurde noch keine Kompensation für kultiviertes staatliches Ödland ausgezahlt.
- Nur in den seltensten Fällen wurde kultiviertes Waldland anerkannt.
- Umsiedler, die nur einen Teil ihres Landes verlieren oder nur ihr Land, aber nicht ihr Haus, werden benachteiligt.
- Dorfbewohner, deren Land und Häuser nicht überflutet werden, während der größte Teil des Dorfes evakuiert wird, gehen leer aus.
- Für die Landlosen gibt es bislang keine Ausbildungs- und Beschäftigungsprogramme.
- Es gibt bisher keine Bestimmungen, um die Rechte der Umsiedler auf neue Beschäftigungsmöglichkeiten in der Region zu schützen (z.B. Baustellen des Projekts, später Fischerei usw.).
- Die Regierung gibt kein Waldland für die Rehabilitation frei, auch nicht für die Bhils.
- Die Transportkosten für Haus und Habseligkeiten werden nur zum Teil von der Regierung übernommen.
- Die Ausstattung der Umsiedlungsdörfer weist Mängel auf; die Bestimmungen darüber greifen nicht, wo es sich um kleinere Gruppen von Umsiedlern handelt.

- Viele der alten Dorfgemeinschaften werden aufgesplittert, und zumindest ein Teil der Stammesgruppen ist vom Verlust der kulturellen Identität bedroht.
(vgl. hierzu u.a. JOSHI 1983, MANKODI 1986)

Damit muß nach wie vor ein größerer Teil der Umsiedler befürchten, einen ökonomischen Rückschlag zu erleiden oder seine Existenzbasis ganz zu verlieren. Aber selbst wenn die Umsiedler für ihre ökonomischen Verluste entschädigt würden, bleiben die soziokulturellen Verluste wie Heimat der Vorfahren, soziale Beziehungen und psychologische Bindungen, die in Geldeinheiten nicht kompensierbar sind. Hier hilft nur eine umfassende Rehabilitationspolitik, die Umsiedlung nicht als notwendiges Übel, sondern als Entwicklungschance für bislang benachteiligte Bevölkerungsgruppen begreift.

## 8.3. Rehabilitation von Zwangsumsiedlern – Entwicklungschance oder Marginalisierung?

Von verschiedensten Seiten werden Empfehlungen für den künftigen Verlauf der Rehabilitation beim Sardar-Sarovar-Projekt gegeben:
- von den beteiligten sozialwissenschaftlichen Instituten (z.B. JOSHI 1983, CSS-Dorfstudien);
- von den indischen Planungsbehörden (z.B. VARMA 1985, VYAS-Interview);
- von Weltbank-Experten (z.B. SCUDDER 1983);
- von den "voluntary groups" (z.B. SETU 1986, DHAGAMVAR-Interview).

Hier sollen die wichtigsten Empfehlungen aufgeführt werden, wobei zu unterscheiden ist zwischen prinzipiellen Überlegungen, Sofortmaßnahmen und längerfristigen Entwicklungsmaßnahmen.
"The existing rehabilitation policy and programme seem to be based on the narrow concept of shifting the household from one locality to another." (JOSHI 1983, S. 190).

Rehabilitation sollte nach JOSHI aber mehr bedeuten, nämlich die Integration einer Gemeinschaft am neuen Ort, die Bewahrung oder Verbesserung ihres Lebensstandards sowie den Schutz ihrer kulturellen Identität. Darum sollte sie folgenden **Mindestkriterien** genügen:

1. minimale Entfernung vom alten Lebensraum
2. Land für alle (möglichst auch für Landlose)
3. Beschäftigung für alle
4. umfassende Entwicklungsplanung
5. Bewahrung des sozioökonomischen Milieus.

Rehabilitation soll die Interessen aller Betroffenen vertreten, aber den ärmsten Gruppen besonderen Schutz gewähren.

> "The rehabilitation of the tribal oustees is a part of our total approach to the development of the weaker section of society. It is more a question of political will rather than mere administrative arrangements." (a.a.O., S. 197).

Wie JOSHI, so kritisiert auch SCUDDER (1983, S. 26) den mangelhaften Grundansatz der Rehabilitationspolitik:

> "The strengths of the officials involved relate to land acquisition and compensation but not to rehabilitation. (...) The approach to rehabilitation is inadequate simply because the emphasis is not on the future welfare of the oustees but rather on their physical transference from the reservoir basin."

Die Verantwortlichkeit für die Rehabilitation sollte einer der Regierung unterstellten Behörde, unabhängig vom Bewässerungs- und Finanzministerium übertragen werden.[2]

VARMA, Vorsitzender der "Narmada Valley Development Authority", hat der Frage der Umsiedlung ein dickes Buch gewidmet, in dem er nach Entwicklungsperspektiven für die Familien, die ihre Dörfer verlassen müssen, sucht. Die Betroffenen dürften nicht vom Staat vernachlässigt werden, indem man ihnen z.B. lediglich eine Geldkompensation gibt; andererseits dürften sie auch nicht in eine langfristige Abhängigkeit von staatlichen Hilfsmaßnahmen geraten. Deshalb müsse ihnen so schnell wie möglich eine eigene Existenzbasis wiedergegeben werden. Auch VARMA (1985, S. 113) tritt für spezielle Rehabilitationskomitees (auf Distriktebene) ein, um der betroffenen Bevölkerung in allen Phasen der

---

2  In Gujarat wurde inzwischen eine Rehabilitationsabteilung des Narmada-Projektes gebildet, die unabhängig von den beiden genannten Ministerien ist. Ihr Direktor wurde G.D. VYAS (vgl. Interviewaussagen), der vorher länger mit Stammesfragen beschäftigt war.

Umsiedlung ein Gefühl der Partizipation zu geben und so Agitatoren fernzuhalten(!). Aus VARMA's Äußerungen geht seine Überzeugung hervor, daß der Staat seinen sozialpolitischen Verpflichtungen gegenüber den benachteiligten Bevölkerungsgruppen nachkommen muß, wenn er bedeutende Entwicklungsprojekte realisieren will.

> "The family getting displaced (...) makes a sacrifice for the sake of the community. It undergoes hardships and distress and faces an uncertain future so that others may live in happiness and be economically better off. For this, the community and the nation should be grateful to that family. But the matter does not end with that; the nation owes the family the obligation to get it resettled in an appropriate manner." (a.a.O, S. 1).

Nach VYAS sollten die Stammesvölker an der Entwicklung teilhaben und ihren Lebensstandard verbessern können. Dafür sei ein sensitives und flexibles Vorgehen nötig. Gute Beispiele aus anderen Ländern sollten befolgt werden. Die Waldlandbauern dürften nicht länger diskriminiert werden. Um für alle Umsiedler eine ausreichende Subsistenzbasis zu schaffen, müssen die landwirtschaftliche Produktivität gesteigert und mehr außerlandwirtschaftliche Arbeitsplätze geschaffen werden (Interviewaussagen).

In seinem Bericht an die Weltbank macht SCUDDER (1983, S. 29f) eine Reihe von Vorschlägen zur **Sicherung der Existenzbasis** der Umsiedler. Er schlägt u.a. vor, daß die Regierung Privatland zur Vergabe an die Umsiedler aufkaufen sollte und auch eine geregelte Waldnutzung in ihre Planung einbeziehen sollte. Im Gegensatz zur Regierung von Gujarat stimmt VARMA als Vertreter der staatlichen Behörden von Madhya Pradesh beidem zu (nach Interviewaussage). Er sieht zwei mögliche Zonen für die Rehabilitation:

> "The land to be allotted has either to be in the command (area) of the project or in close proximity to the submergence area." (VARMA 1985, S. 103).

SCUDDER (1983, S. 36) hält es für durchaus wünschenswert, wenn möglichst viele Umsiedler freiwillig in die "Command Areas" gehen, weil dort ihre Zukunftschancen generell besser seien und der Bevölkerungsdruck auf die ökologisch instabilere "Catchment Area" abnehmen würde. Andererseits hätte auch eine Umsiedlung in Stauseenähe einige Vorteile:

1. Die Betroffenen hätten relativ schnell Zugang zu Bewässerungsmöglichkeiten.

2. Sie könnten in den nicht ganzjährig von Wasser bedeckten Uferzonen mit ihren fruchtbaren Schlammablagerungen saisonalen Feldbau betreiben (draw-down cultivation).

3. Sie könnten für eine neue Art von Aufforstungsprogrammen, z.B. mit vererbbaren Besitzrechten an kleineren Waldstücken, interessiert werden.

Da zu befürchten ist, daß viele Umsiedler auf eigene Faust dem künftigen Stausee nach oben hin, auf die höheren Hangbereiche ausweichen werden ("self-help relocation"), sei eine ideenreiche Planung zur Verminderung ökologischer Schäden, die aus gesteigerter Armut resultieren, besonders dringend geboten. Dabei könnten die Kenntnisse der Stammesgruppen in spezifischen, der Region angepaßten Landnutzungsformen sinnvoll einbezogen werden (a.a.O., S. 32ff.).

DHAGAMVAR befürchtet eine völlige Veränderung des Lebensstils für einen Teil der Umsiedler, wenn sie aus dem waldreichen Hügelland ins bewässerte Flachland umsiedeln. Die meisten Umsiedler wollen ihre traditionelle Lebensweise aufrechterhalten (insbesondere die älteren). Um sie vor Ausbeutung zu schützen, sei aber ein **vorsichtiger sozialer Wandel** notwendig. Insbesondere müsse der Ausbildungsstand erhöht werden, um die Betroffenen für neue sinnvolle Beschäftigungen in der Region zu qualifizieren. So ließen sich z.B. bei einer Ausbildung für Aufforstung und Waldschutz Beschäftigungs- und Umwelteffekte sinnvoll miteinander kombinieren. Insgesamt gehe es nicht nur um eine gute Gesetzgebung zur Rehabilitation, sondern vor allem um ihre Implementation. Grundsätzlich sollten die Betroffenen selber gefragt werden, was sie wollen (Interviewaussage).

KALATHIL (1983, S. 68f) äußert sich besonders besorgt über die drohende Verdrängung bestimmter Stammesgruppen wie der Bhils aus ihrem traditionellen Lebensraum.

"The concern of the government for forests may be meaningfully expressed in many ways without insisting on forest dwellers perishing in an environment they cannot cope with. Driving the forest dwellers outside the forests with amount of perpetrating a mini genocide of illiterate, ignorant, and unarmed peace-loving tribals living in the forests."

Der Vorwurf vom drohenden "Ethnozid" ist bereits mehrfach gegen ähnliche Umsiedlungsprogramme in Indien erhoben worden.[3] In den hier beschriebenen Dörfern sind vor allem die Bhils bedroht; doch auch Tadavis und Rathwas laufen Gefahr, immer mehr ihre kulturelle Identität zu verlieren. Darum sollten, soweit irgend möglich, Familien mit ökonomischen und kulturellen Verbindungen gemeinschaftlich umsiedeln können. DAS (1982, S. 81) nennt zwei grundlegende Anforderungen an die Umsiedlungsorte:

1. Die alten Verbindungen im Dorf und unter den Familien dürfen nicht zerbrochen werden.
2. Es müssen ähnliche wirtschaftliche Aktivitäten wie am alten Ort möglich sein.

Um den unterschiedlichen Gruppen zu einer angemessenen Rehabilitation zu verhelfen, reiche keine einheitliche Politik aus, sondern nur gesonderte 'bedürfnisorientierte' Ansätze, die den verschiedenen Interessen gerecht werden (a.a.O., S. 84).

Neben einer ökonomischen Benachteiligung durch das Projekt sehen die "voluntary organizations" vor allem in der sozialen Entwurzelung der betroffenen Stammesgruppen einen entscheidenden Grund für ihre ablehnende Haltung gegenüber derartigen Großprojekten.

"Without a total understanding of the cultural ethos and psychological make-up of the tribal and the peasant, rehabilitation is bound to be a failure." (KALPAVRIKSH 1985, S. 281).

Erfahrungen auch aus anderen Ländern zeigen, daß schon kleine äußere Eingriffe den kulturellen Tod ganzer Stammesgruppen bedeuten können. Deshalb ist allen Regierungsplänen, die einen möglichst raschen soziokulturellen Wandel durch Umsiedlungsprogramme erzwingen wollen, um

---

3   So bezeichnete z.B. BABA AMTE, ein landesweit bekannter Aktivist der sozialen Bewegungen in Indien, die drohende Vertreibung der Madhya Gonds im Südosten von Maharashtra aus ihrem angestammten Lebensraum im Wald als "cultural ethnocide". Sie sollen mehreren großen Staudämmen im Südosten von Maharashtra weichen, von denen Inchampalli und Bhopalpatnam die größten sein würden (vgl. CSE 1985, S. 118 und HÖRIG 1985, 1986).

den Menschen zum sogenannten "Fortschritt" zu verhelfen, mit größter Skepsis zu begegnen (GOLDSMITH/HILDYARD 1984, S. 46f). Entsprechende Äußerungen von Rehabilitationsbeamten beim Sardar-Sarovar-Projekt wie: "they (the oustees) are in a 'jungle' state, we are bringing them into civilization" (zitiert nach: KALPAVRIKSH 1985, S. 280) lassen nichts Gutes erwarten.

Abschließend sei hier die Haltung der Weltbank zu dieser Frage wiedergegeben:

> "It is not the Bank's policy to prevent the development of areas presently occupied by tribal people. The Bank will assist projects within areas used or occupied by such people only if it is satisfied that best efforts have been made to obtain the voluntary, full and conscienable agreement of the tribal people. (...) **Assuming that tribal people will either acculturate or disappear,** there are two basic design options: The World Bank can assist the government either with acculturation, or which protection in order to avoid harm." (zitiert nach: GOLDSMITH/HILDYARD 1984, S. 46).

Aus alledem sei hier folgendes festgehalten: Um den Weg der Umsiedler in noch tiefere ländliche Armut oder in den städtischen Slums zu vermeiden, muß

1. ihre ökonomische Existenzbasis gesichert werden, die nicht unbedingt identisch sein muß mit der bisherigen, und

2. ihr soziokulturelles Netzwerk, das ihnen zugleich einen gewissen ökonomischen Schutz gewährt, soweit als möglich intakt bleiben.

# 9. ZUSAMMENFASSENDE SCHLUSSBETRACHTUNG

Die Ergebnisse dieser Arbeit lassen kein Gesamturteil über das Sardar-Sarovar-Projekt und seine Auswirkungen zu, da lediglich ein Aspekt, nämlich die erzwungene Umsiedlung und die Rehabilitation der davon Betroffenen behandelt wurde. Wie eingangs an den internationalen Erfahrungen dazu aufgezeigt wurde, gehört diese Frage aber neben den ökologischen Schäden zu den besonders schwerwiegenden und unbefriedigend gelösten Folgen großer Staudammprojekte.

Das Sardar-Sarovar-Projekt ist ein Hauptbestandteil einer ganzen Kette von geplanten Staudämmen im Narmada-Tal und gehört zugleich zu den größten und aufwendigsten seiner Art, die in Indien je begonnen wurden. Die teilweise Finanzierung durch die Weltbank und andere ausländische Kreditgeber stellt das Projekt in den Zusammenhang mit weltwirtschaftlichen Aspekten. Andererseits waren interne politische und ökonomische Interessen letztlich ausschlaggebend für die Annahme des Projektes, entgegen allen Warnungen hinsichtlich seiner unerwünschten Nebenwirkungen.

Mehr als andere vergleichbare Projekte hat das Sardar-Sarovar-Projekt zu einer öffentlichen Debatte über das 'Für' und 'Wider' großer Staudämme geführt. In Indien wurden projektbegleitende Studien über soziale und ökologische Folgen von vorher unbekanntem Ausmaß angefertigt, und die Presse brachte zahlreiche kritische Artikel. Dies ist sicher auch eine Folge der gestiegenen Aufmerksamkeit und des aktiven Eingreifens sozial und ökologisch engagierter Gruppierungen in Indien wie im Ausland.

So verbesserten sich auch die legalen Rahmenbedingungen für die Umsiedler gegenüber früheren Projekten. Wie die bisherigen Erfahrungen zeigen, ist damit aber für die Betroffenen keineswegs die Bewahrung oder Verbesserung ihres bisherigen Lebensstandards in den Neuansiedlungsdörfern gesichert. Wo ihnen keine konkrete Hilfe vor Ort zuteil wird, um ihre Interessen auch gegen den Staat durchzusetzen, liegt ihr Schicksal weitgehend im Argen.

Somit erscheint es als durchaus sinnvoll, u.a. anhand von Fallbeispielen auf der Mikroebene die Situation einzelner Dörfer und Umsied-
lerhaushalte längerfristig zu beobachten, um zu aussagekräftigen Ergebnissen über die sozialen Folgen eines solchen Projektes zu kommen.
Die vorliegende Arbeit versteht sich als ein Beitrag in dieser Richtung.
Im folgenden soll eine Zusammenfassung anhand der einleitenden Fragestellungen (vgl. Kapitel 1) gegeben werden.

1. **Entwicklungsziele:** Das Sardar-Sarovar-Projekt ist in erster Linie ein
Bewässerungsprojekt und muß im Zusammenhang mit der Ausdehnung der
"Grünen Revolution" auf weitere regionale Schwerpunktgebiete gesehen
werden. Gujarat's Küstenebene gehört zu den traditionellen Baumwollge-
bieten Indiens und kann trotz seiner starken Gefährdung durch Dürren
zu den überdurchschnittlich entwickelten Räumen Indiens gerechnet werden. Für eine weitere Produktionssteigerung in der Landwirtschaft erscheint eine Ausdehnung der Bewässerungsflächen unumgänglich. Energieerzeugung für Industrie, Städte und moderne Landwirtschaft, Wasserversorgung und Hochwasserschutz gelten als weitere wichtige Ziele. Eine
Entwicklung der rückständigen, von Stammesgruppen bewohnten Bergge-
biete im östlichen Grenzraum von Gujarat, in dem Staudamm und Stausee
entstehen, gehört dagegen nicht zu den Projektzielen. Politisches
Prestige und Ingenieursmentalität lassen die verantwortlichen Planer
trotz aller kritischen Stimmen am eingeschlagenen Weg der Entwicklung
"von oben" und "mit Großprojekten" festhalten.

2. Die **Rechtsgrundlagen** für die Umsiedlung erscheinen relativ kompliziert, zumal sie sich in den einzelnen Bundesstaaten unterscheiden und
laufend verändert werden.
  - Der "Land Acquisition Act" von 1894 legt eine Geldkompensation
    fest, aber nur für registrierten Landbesitz, und benachteiligt da-
    mit die Stammesvölker mit ihren üblichen Nutzungsformen von öf-
    fentlichem Wald- und Ödland (Eigentumsrecht vs. Gewohnheits-
    recht).

- Der NWDT-Beschluß von 1979 legt eine Land-für-Land-Kompensation fest (5 ac pro Familie), außerdem die Rehabilitation in Umsied-lungsdörfern mit einer näher bestimmten Infrastruktur, allerdings nur für Umsiedler aus Madhya Pradesh und Maharashtra, die Pri-vatland besitzen.
- Das Abkommen mit der Weltbank von 1985 macht die Gleichbehand-lung der Umsiedler aus Gujarat und die Rehabilitation der Landlo-sen zur Vorbedingung für die Kreditvergabe.
- Spätere Erklärungen der Regierung von Gujarat machen die ge-nannten Regelungen z.T. wieder rückgängig und bewirken in der Konsequenz, daß die meisten Umsiedler sich doch selbst auf die Suche nach alternativem Land machen und es von der Geldkompen-sation für ihr altes Land bezahlen müssen.

Da es sich bei den Umsiedlern überwiegend um noch unerfahrene und nichtgebildete Stammesbevölkerung handelt, ist ihre Benachteilung vor-programmiert, wenn der Staat nicht für sie sorgt. Mit der Rechts- und Informationshilfe einiger kleiner Gruppierungen ist jedoch ein erstaun-licher Prozeß der Aktivierung unter den Betroffenen in Gang gekommen, so daß in vielen Dörfern heute nicht mehr von einer fatalistischen Grundhaltung die Rede sein kann.

3. Die **traditionelle Lebensweise** der Stammesgruppen im Untersuchungsge-biet (19 Überflutungsdörfer in Gujarat) hängt engstens mit dem Natur-raum und seinen Nutzungsmöglichkeiten zusammen. Die Siedlungsstruktur paßt sich an das hügelige Gelände an, und die Bewirtschaftungsweise kombiniert Feld- und Waldwirtschaft miteinander. Die Sozialstruktur ist, verglichen mit den Hindu-Dörfern anderer Regionen, relativ egalitär. Die traditionelle Kultur differenziert sich nach den verschiedenen Stäm-men (Tadavis, Bhils und Rathwas) mit ihren Untergruppen.

4. **Veränderungen vor Projektbeginn:** Bedingt durch ihre unterschiedliche Entfernung und Erreichbarkeit von den Marktorten außerhalb der Hügel-region, unterteilt sich der Untersuchungsraum in drei Zonen von unter-schiedlichem Entwicklungsstand. Während sich die westliche Zone auf-grund der länger bestehenden und stärkeren Außenkontakte den be-nachbarten Dörfern in der Ebene mehr und mehr angeglichen hat, ist

die östliche Zone bis heute aufgrund ihrer Unzugänglichkeit noch relativ unverändert geblieben. Mit zunehmender Marktintegration ist zugleich die soziale Differenzierung gestiegen und die ethnische Identität geschwächt worden. Dabei vermischt sich die Assimilation an die Hindu-Kultur mit modernen kapitalistischen Konsumeinflüssen.

5. Neue Prozesse infolge des Projektes: Nach anfänglicher Verunsicherung setzt sich mehr und mehr eine aktivere Haltung unter den Umsiedlern durch. Dabei gilt ihr Interesse vor allem der Höhe der Kompensation und der Suche nach geeignetem Ersatzland. Da der Staat sich nicht als Helfer bei der Durchsetzung ihrer Interessen erwiesen hat, haben in vielen Dörfern die Bauern selber die Initiative bei der Landsuche ergriffen. Regierungsvertreter werden heute beargwöhnt, und es kam sogar zu einigen früher undenkbaren Protestaktionen der Betroffenen.

Andererseits versuchen große Landbesitzer in der Umgebung, die Zwangslage der Umsiedler ausnutzend, diesen ihr Land zu gestiegenen Preisen zu verkaufen. Mangels besserer Alternativen bleibt vielen Betroffenen kein anderer Weg, als sich darauf einzulassen. In Gujarat bilden die Landpreise ein größeres Problem als die Landknappheit, was sich aber nicht auf andere Regionen übertragen läßt. Die neuen Beschäftigungsmöglichkeiten beim Bau des Staudammes usw. haben für einen Teil der Umsiedler neue Einkommensquellen eröffnet und zugleich ihre traditionellen Arbeitsfelder erweitert.

6. Die Umsiedlungsentscheidungen erfolgen sowohl nach sozioökonomischen als auch nach soziokulturellen Kriterien (vgl. 7.3.8.). Dabei sind die räumliche Distanz und das Verbleiben im ethnisch-sozialen Netzwerk mindestens ebenso wichtig wie der Landpreis und die Bodengüte. Der Entscheidungsspielraum der einzelnen Familien hängt von ihrer Zugehörigkeit zu ethnisch-sozialen Gruppen und von ihrer wirtschaftlichen Lage ab. Die etwas wohlhabenderen Bauern mit etwas Schulbildung haben den relativ größten Handlungsspielraum, die ärmsten und rückständigsten Gruppen den geringsten. Demgemäß haben sich in den meisten Dörfern verschiedene Interessengruppen herausgebildet, z.T. mit neuen, dynamischen Führungspersonen. Diese Differenzierung in Interessengrup-

pen ist aber, dem unterschiedlichen Entwicklungsstand der Dörfer entsprechend, verschieden stark vorangeschritten und führt letztlich zu einer Desintegration der alten Dorfgemeinschaften. Die Entscheidungen werden zunehmend von einzelnen Familien oder kleineren sozialen Verbänden und nicht mehr auf der Ebene des ganzen Dorfes gefällt.

7. **"Entwicklungsbereitschaft"**: Der Wandel von Einstellungen und Erwartungen und die Innovationsfähigkeit ist bei den einzelnen Gruppen recht unterschiedlich. Während einige ihre ganze Hoffnung auf ein besseres Leben in den Dörfern der Ebene mit Bewässerungsmöglichkeiten, Schulen, Elektrizität usw. setzen (Teile der Tadavis und Rathwas), bedeutet die Umsiedlung aus der angestammten Umgebung für andere den drohenden Ruin. Dabei wurde vor allem auf die Bedeutung des Waldes als Lebensraum für die Bhils hingewiesen. Erstaunlich positive Erwartungen für ihre Zukunft nannten einige Frauen. Inwieweit die geäußerten Erwartungen der einzelnen Interview-Partner als typisch anzusehen sind, muß aber angesichts der begrenzten Zahl von Aussagen ungewiß bleiben. Generell läßt sich eine Stärkung der individuellen gegenüber den kollektiven Interessen infolge des Staudammbaus und des durch ihn beschleunigten sozialen Wandels feststellen. Neben der Größe des Landbesitzes und dem Bildungstand beeinflussen auch persönliche Erfahrungen aus anderen Dörfern die unterschiedliche "Entwicklungsbereitschaft".

8. Die **Neuansiedlungsdörfer** unterscheiden sich nach ihrer Lage, ihren Bewässerungsmöglichkeiten, ihrer Bodengüte und Bevölkerungszusammensetzung erheblich untereinander. Mit Suka und Tentalav wurden zwei Dörfer ausgewählt, die zum künftigen Bewässerungsgebiet des Projektes gehören. Neben der geschrumpften Ackerfläche wird der Verlust von Wald- und Weideland für Feldbau, Viehwirtschaft und Nebenerwerb am meisten beklagt. Die Infrastruktur hat sich bisher nicht deutlich verbessert, nur die besseren Transportwege in der Ebene werden als Vorteil empfunden. Die Siedlungsstruktur der Dörfer hat sich von Streusiedlungen zu geschlossenen Plansiedlungen gewandelt, was aber nicht als Nachteil empfunden wird. Infolge der bislang festzustellenden Aufsplitterung der alten Dorfgemeinschaften auf verschiedene neue Dörfer

und infolge der größeren räumlichen Nähe zur Hindu-Bevölkerung und zu den von ihr dominierten Marktorten ist mittelfristig mit einem noch stärkeren Verlust traditioneller Kulturelemente der Stammesgruppen zu rechnen.

9. Für die Regierung scheint die **Rehabilitation** von Umsiedlern immer noch mehr ein notwendiges Übel für den Staudammbau und seine Finanzierung (Weltbank-Konditionen) als ein Teil eines umfassenden Entwicklungsprogrammes für die betroffenen armen ländlichen Bevölkerungsgruppen zu sein. Da hohe soziale und ökologische Kosten die ökonomische Rentabilität jedes großen Projektes gefährden, tendiert der Staat generell dazu, sie zu minimieren. Im Falle des Sardar-Sarovar-Projekts gibt es zwar zahlreiche sozialwissenschaftliche Studien, eine spezielle Behörde für die Rehabilitation der Umsiedler und genaue Vorschriften für "Monitoring & Evaluation". Aber die bisherigen Erfahrungen zeigen, daß all dies nicht ausreicht, solange der Staat seine Politik der konzentrierten Entwicklung einiger Gebiete und der Förderung bestimmter ökonomisch-sozialer Gruppen (meist unter Vernachlässigung der armen Mehrheit) beibehält. Gewisse Fortschritte gegenüber früheren Projekten (z.B. Ukai) sind zwar nicht zu übersehen, doch erscheinen die bisherigen Maßnahmen des Staates immer noch mehr wie ein Trostpreis um des sozialen Friedens willen. Die Forderung, daß alle Umsiedler zumindest ihren alten Lebensstandard bewahren müssen (vgl. Weltbank-Abkommen), und diejenige nach "Land bzw. Beschäftigung für alle" sind bislang nicht eingelöst worden, ebensowenig wie die nach ihrer adäquaten Partizipation.

Nach dieser Zusammenfassung der wichtigsten Ergebnisse der Arbeit sollen zuletzt die vier eingangs aufgestellten Arbeitshypothesen überprüft werden.

**These 1:** Der größte Teil der Umsiedler nimmt nicht an den geplanten Entwicklungsfortschritten teil und wird durch unzureichende Rehabilitation sozioökonomisch marginalisiert.

Die bisherigen Ergebnisse der Umsiedlung bekräftigen diese These im großen und ganzen, können aber bei ihrem jetzigen Stand noch nicht als ausreichend angesehen werden. Vor allem geben sie einige Erkenntnisse darüber, welche Gruppen am ehesten eine Chance zur Verbesserung ihrer Situation haben und warum die Rehabilitation der meisten Umsiedler unzureichend ist. Es hat sich auch hier gezeigt, daß die ärmsten Gruppen in ihrer Existenz am meisten bedroht sind und daß die sozialen Disparitäten mit fortschreitender Entwicklung steigen. Inwieweit wirklich von einer Marginalisierung (d.h. deutliche Verschlechterung, Verlust der Existenzbasis) für die Mehrheit die Rede sein kann, muß sich in Zukunft erst noch erweisen. Bisher waren die Kompensationszahlungen meist zu gering, um den Umsiedlern zu ermöglichen, Land von gleicher Größe und Qualität wie das alte zu kaufen. In Kapitel 2 wurde auf die Probleme in der Übergangsphase nach erfolgter Umsiedlung hingewiesen und auf eine mögliche Wendung zum Besseren nach einigen Jahren. Insofern können in dieser ersten Projektphase nur vorläufige Schlüsse gezogen werden. Wenn in 10-20 Jahren die "Command Area" des Projektes mit Bewässerungskanälen erschlossen ist, könnte spätestens nachgeprüft werden, wieviele der Umsiedler ihren Lebensstandard dadurch haben verbessern können.

**These 2:** Die Umsiedlung führt zur Aufsplitterung der alten Dorfgemeinschaften und damit zur sozialen Desintegration.

Soweit es sich nach dem bisherigen Stand der Dinge erkennen läßt, trifft auch diese These weitgehend zu. Entgegen der ursprünglich vorgesehenen dorfweisen Umsiedlung müssen die meisten Familien nun selbst für ihre Zukunft sorgen und verlieren z.T. den Anspruch auf die vorgesehene Infrastruktur in den Zuzugsdörfern. Da es an preisgünstigen zusammenhängenden Landstücken in der näheren Umgebung mangelt, ist es zu einer Aufsplitterung auf eine größere Zahl von Dörfern gekommen, wobei allerdings einige deutliche Schwerpunkte existieren. So ist es das vorrangige Bestreben der meisten Familien, wenigstens im Siedlungsraum ihrer jeweiligen ethnisch-sozialen Gruppe zu verbleiben.

Die These muß insofern modifiziert werden, als in einigen der alten Dörfer (z.B. Gadher) verschiedene Stammesgruppen und Dorfteile (Falias) schon seit längerem relativ unverbunden nebeneinander existiert haben, u.a. eine Folge von Zuwanderungen in früherer Zeit. So kommt es bei der Umsiedlung zu einer Art von räumlicher Sortierung gemäß der ethnisch-sozialen Zugehörigkeit, wobei aber innerhalb der Nachbarschaftsgruppen meist noch zusätzlich eine Aufsplitterung auf verschiedene neue Dörfer in der jeweils bevorzugten Zuzugsregion stattfindet.

**These 3:** Für die Stammesbevölkerung bedeuten ihre Verdrängung aus der angestammten Umgebung und eine aufgezwungene "Modernisierung" zugleich den Verlust ihrer kulturellen Identität ("Ethnozid"-These).

Auch diese These kann im wesentlichen aufrechterhalten werden, muß aber differenzierter formuliert werden. Es ist nämlich keineswegs so, daß die Dorfbewohner vorher vom Prozeß der "Modernisierung" völlig abgeschottet gewesen wären. Wie aufgezeigt, hat der Staudammbau vielmehr die Rolle eines Katalysators für einen ohnehin, nur vorher viel langsamer ablaufenden Prozeß des sozialen Wandels. Völlig von der Außenwelt abgeschlossene, selbstgenügsame Stammesgruppen dürfte es wohl heute nirgends mehr in Indien geben; doch der Intensität ihrer Außenkontakte nach gibt es viele Abstufungen, wie allein schon am Beispiel der behandelten 19 Dörfer deutlich wird. Ihre kulturelle Identität ist schon seit längerem durch das Vordringen hinduistischer und westlich-kapitalistischer Kulturelemente bedroht.

Eine räumliche Dispersion der alten Dorfgemeinschaften über den Hauptsiedlungsraum der jeweiligen Stammesgruppen hinaus dürfte sicherlich einen noch schnelleren Verlust ihrer kulturellen Identität bedeuten. Dies gilt ebenso für den Fall, daß die Bhils aus dem Waldland verdrängt werden bzw. der Wald als ihr traditioneller Lebensraum allmählich verschwindet. Eine Umsiedlung in die unmittelbare Nachbarschaft und die Bewahrung des sozioökonomischen Milieus (z.B. bisherige Anbaustruktur und Arbeitsformen) erscheinen noch als die beste Alternative, um die traditionellen Stammeskulturen vor ihrem endgültigen

Verfall zu bewahren. Hieran knüpft sich die weiterführende Frage nach der Überlebensfähigkeit ethnischer Minderheiten im Modernisierungsprozeß der indischen Nation. Generell von einem "Ethnozid" für alle betroffenen Stammesgruppen infolge des Staudammes zu reden, ist auf jeden Fall zu undifferenziert.

Die Thesen 1 bis 3 entsprechen im wesentlichen den Positionen der indischen Kritiker des Projektes. These 4 dagegen sollte die Position der Regierung zum Ausdruck bringen.

**These 4:** Die Umsiedler, die überwiegend zur rückständigen Stammesbevölkerung gehören, bekommen durch das Staudammprojekt die Chance, am regionalen Entwicklungsprozeß teilzuhaben.

Diese These kann zum jetzigen Zeitpunkt der Umsiedlung nicht endgültig widerlegt werden, doch deutet bisher vieles darauf hin, daß es sich hierbei um Schönfärberei handelt. Insbesondere sollte der Gehalt der Begriffe "rückständig" auf der einen und "Fortschritt" bzw. "Entwicklung" auf der anderen Seite stets hinterfragt werden. Ist eine weitgehend selbstgenügsame Wirtschafts- und Lebensweise im dörflichen Rahmen wirklich "rückständig"? Bedeuten der Einzug moderner Technik, mehr Marktwirtschaft und die Einbindung in überdörfliche Zusammenhänge (z.B. bei Kanalbewässerung und "cash crop"-Anbau) wirklich einen "Fortschritt" für die Betroffenen?

Ein Mehr an Schulen in den neuen Dörfern macht vor allem die bisherige Vernachlässigung der Überflutungszone deutlich. Die Beschäftigungsmöglichkeiten durch das Projekt sind räumlich begrenzt und nur temporär wirksam. Es ist fraglich, ob sie längerfristig den Verlust traditioneller Subsistenzformen (Waldnutzung) ausgleichen können. Vorteile durch Bewässerung werden nur für einen Teil der Umsiedler und erst nach längerer Zeit wirksam werden. Elektrizität, wo vorhanden, werden viele nicht bezahlen können. Von anderen Entwicklungsmaßnahmen (z.B. Ausbildungsprogramme für neue Erwerbszweige) ist bislang noch kaum etwas zu sehen. Somit ist es durchaus fraglich, ob die

Tab. 9.1: Einflußfaktoren bei erzwungenen Umsiedlungen
(verallgemeinerndes Schema)

| Interne Einflußfaktoren (traditionelles System) | prozessualer Aspekt | Externe Einflußfaktoren (moderne Systeme) |
|---|---|---|
| selbstgenügsame Wirtschaftsweise; ethnischsoziale Kohärenz | Stammesdörfer an der Narmada | zunehmende Kontakte zu Marktorten; Schulen; einzelne neue Konsumwünsche |
| | ↓ Zwang zur Umsiedlung | Sardar-Sarovar-Projekt; nationale und internationale Interessen (ind. Reg., Weltbank) |
| alte Dorfführer versagen | ↓ Verunsicherung | mangelhafte Information; keine Partizipation |
| Entstehen von Interessengruppen; neue Führer | ↓ Suche nach Ersatzland | mangelhafte Landangebote; steigende Landpreise; Hilfe durch "vol. groups" |
| unterschiedl. Einstellungen u. Erwartungen; sozioökon. und soziokulturelle Entscheidungskriterien | ↓ Bewertung von Alternativen | Kompensationshöhe; Rehabilitationsbestimmungen; neue Beschäftigungsmöglichkeiten |
| Bewahrung d. sozioökon. Standards und d. soziokulturellen Milieus angestrebt; notfalls Übergangslösungen | ↓ Umsiedlung | Kostenersparnis für das Projekt und soz. Wandel vom Staat erwünscht; keine ausreichenden Rehabilitationsdörfer |
| Innovationsfähigkeit einzelner Familien und Gruppen entscheidend; Anpassungsfähigkeit an die neue Umgebung | ↓ künftige Ergebnisse der Rehabilitation | neue Anbautechniken (Bewässerung, Dünger); mehr Marktverflechtung; soziokulturelle Impulse aus der neuen Umgebung |
| Stabilisierende Grundtendenz (Homogenität) | | Dynamisierende Grundtendenz (Heterogenität) |

Erosion     Verstärkung
der alten   der sozialen
Stammesge-  Disparitäten
sellschaft

(Entwurf: T. Methfessel 1988)

große Mehrheit der Betroffenen ihre sozioökonomische Basissicherheit wiederfindet in einem dichter besiedelten Raum, der eine intensivere landwirtschaftliche Nutzung oder ein alternatives Arbeitsangebot erfordert.

Der vom Staat, wenn auch nicht explizit, angestrebte soziokulturelle Wandel ist ebenso zweischneidig. Ergebnis dieser Arbeit soll es nicht sein, die bisherige Lebensweise der Umsiedler romantisch zu verklären, doch ebensowenig darf "Entwicklung" den erzwungenen Wandel von sozialen Systemen bedeuten, die bisher das Überleben gesichert haben. Hier wäre weiter danach zu fragen, inwieweit ein Wertewandel erfolgen muß, damit eine zufriedenstellende ökonomische und soziale Fortexistenz der betroffenen Stammesgesellschaften gesichert wäre.

In Tabelle 9.1 sind die wichtigsten Ergebnisse der Arbeit, nämlich die verschiedenen Einflußfaktoren auf die Betroffenen bei ihrer erzwungenen Umsiedlung, noch einmal systematisch dargestellt. Abschließend soll hier festgehalten werden:

1. Es gibt einige erfreuliche Verbesserungen der legalen Rahmenbedingungen für die Umsiedlung und Rehabilitation beim Sardar-Sarovar-Projekt.

2. Wenn es keine unabhängigen Institutionen und Gruppierungen gibt, die aktiv für die Umsiedler Partei ergreifen und zusammen mit ihnen ein Gegengewicht gegenüber dem Staat schaffen, nützen die besten gesetzlichen Regelungen wenig.

3. Die bisherigen Ergebnisse der Umsiedlung deuten darauf hin, daß die meisten Betroffenen eher Leidtragende als Nutznießer des Projektes sein werden. Damit unterscheiden sich die Erfahrungen beim Sardar-Sarovar-Projekt nicht grundsätzlich von denen vergleichbarer Großprojekte in anderen Entwicklungsländern. Seine zukünftige Durchführung wird weiterhin der öffentlichen Aufmerksamkeit bedürfen.

This study deals with problems of resettlement and rehabilitation of tribal groups in Gujarat (India) resulting from a large dam project (Sardar Sarovar). Its conclusions are based on a three-month field-work in the Narmada region, on a lot of interviews with officials, independent social workers and village people as well as on a plenty of Indian literature relating to this project.

After some remarks on the international experience in involuntary resettlement and a short description of the project and its history (chapter II and III), the legal framework of the resettlement programme is analyzed in detail (chapter IV and V). Chapter VI gives an overview of the traditional socioeconomic and sociocultural structures of the affected tribal communities and the impact of the dam project on them. The process of resettlement and its main results up to 1987 are the subject of chapters VII and VIII. The most important conclusions, listed in chapter IX, are as follows:

1. The Sardar Sarovar project is the largest irrigation project ever started in India. Its benefits shall go to the coastal plains of Gujarat and to the Kathiawar and Kutch peninsulae. The social and ecological costs have mainly to be borne by the affected tribal areas in East Gujarat, Madhya Pradesh and Maharashtra.

2. There are some new legal regulations for the resettlement and rehabilitation of the oustees, one of them being part of the loan agreement with the World Bank. Although they are much better as compared to former dam projects in India, it is not at all guaranteed that these regulations will be implemented to the advantage of the oustees.

3. The traditional economy and life-style in the submerging villages are closely connected to the natural environment, especially to the forests around them. There are different tribal groups in the area (Tadavis, Bhils and Rathwas) with markedly distinctive cultures.

4. Among the 19 dam affected villages of Gujarat (out of 235 in total) which are the subject of this study, the stage of development is quite different depending on their degree of integration in the market economy. The influence of the Hindu culture is mixed with modern capitalist influences.

5. The oustees demand a just compensation for their old land and houses. Meanwhile, many of them have taken an active attitude towards their rehabilitation, since the state government of Gujarat has offered them only very bad lands. As a result, they have to look for other lands on the private market. Rising land prices in the surroundings are one of the major problems. Another one is the compensation for the forest-cultivators and for the landless who hold no legal ownership titles.

6. The decisions of the displaced people for one of the possible relocation sites are dependent on various socioeconomic and sociocultural factors of which spatial distance and the wish to remain in the sociocultural network seem to be the most important. The process of decision-making has led to the emergence of new dynamic leaders, different factions in many of the villages and to a disintegration of the old communities. Individual interests of families or small groups are more and more dominating over the former collective interests.

7. The attitudes of the oustees towards their rehabilitation show clear differences. Whereas some are optimistic towards their future life in the relocation villages and hope for irrigation, schools and electricity, others are strongly linked to their old environment and are afraid to leave it.

8. The relocation villages with their planned settlement patterns differ considerably from the submerging villages in the hilly area with their scattered houses. The families who have already shifted complain about the lack of forests and pastures as well as about less acreage than they cultivated before. Because of the mixed population in their new neighbourhood the cultural identity of the tribals could vanish much faster than otherwise.

9. The government tries to minimize the social and ecological costs of large development projects. Thus, rehabilitation of oustees is not conceived as an integrated part of a development strategy. The promised land-for-land-compensation has not been realized in most cases.

The resettlement and rehabilitation programme of the Sardar Sarovar Project is still in its first phase of implementation. Most of the oustees are still living in their old villages. An evaluation at this stage can only be preliminary, although some general tendencies in the government's approach can be seen.

Probably, only a smaller part of the oustees will benefit from the intended regional development whereas many of them will face a worse future. During the process of resettlement most of the old village communities will split up and the evacuees try at least to remain in the respective areas of each tribe. Social and cultural change has strongly been accelerated by the dam project and has spread some disorientation among the affected tribal communities. The question remains how ethnic minorities can survive amidst the overall process of modernization of the Indian nation.

It cannot be the task of this study to give recommendations, therefore the following principles are more a general guideline which could be applied to all similar projects:
- The future economic base of the oustees has to be guaranteed in any case though its forms might change during the process of rehabilitation.
- The oustees should at least regain their former standard of living.
- Their sociocultural network should be kept intact as far as possible because it also means an economic security for them.
- They should themselves participate in the planning of their future life.

Concluding, it can be stated that improvements in the legal framework of rehabilitation are not enough. If there are no independent organizations which help the displaced people, they cannot make much use of their rights. The results of the resettlement in the Sardar Sarovar case until today are definitely not better as in most other similar projects in the developing countries and need further attention.

# LITERATUR

ACKERMANN, W.C. et al. (Hrsg.): Man-made lakes. Their problems and environmental effects. Geophysical Monograph Series, Bd. 17. Washington,
D.C. 1973.

ADHVARYU, Bh.: Problems of rehabilitation. Paper presented at the seminar
on "Political economy of rehabilitation". Centre for Social Studies,
Surat 1982.

ALVARES, C. und R. BILLOREY: Damning the Narmada - The politics behind
the destruction. In: The Ecologist, 17. Jg. (1987), H. 2/3, S. 62-
74 (zuerst veröffentlicht in: The Hindustan Times, 30.3.1987).(Zit. als
1987a).

ALVARES, C. und R. BILLOREY: The dammed. In: The Illustrated Weekly of
India, 1.11.1987, S. 8-17 (Zit. als 1987b).

ATTESLANDER, P.: Methoden der empirischen Sozialforschung. 4., erw. Aufl.
Berlin, New York 1975.

BAUMANN, W. et al.: Ökologische Auswirkungen von Staudammvorhaben. Erkenntnisse und Folgerungen für die entwicklungspolitische Zusammenarbeit. Forschungsberichte des Bundesministeriums für wirtschaftliche
Zusammenarbeit, Bd. 60. München, Köln, London 1984.

BHURIYA, M.: Tribal religion in India - A case study of the Bhils. In:
Social Compass, 33. Jg. (1986), H. 2-3, S. 275-283.

BICHSEL, U. und R. KUNZ: Indien. Entwicklungsland zwischen Tradition und
Fortschritt. Frankfurt, Aarau 1982 (Studienbücher Geographie).

BLANCKENBURG, P.v. (Hrsg.): Sozialökonomie der ländlichen Entwicklung.
Handbuch der Landwirtschaft und Ernährung in den Entwicklungsländern,
2., neubearbeitete Auflage, Bd. 1. Stuttgart 1982.

BLENCK, J. et al. (Hrsg.): Südasien. Fischer-Länderkunde, Bd. 2. Frank-
furt/Main 1977.

BOHLE, H.-G.: Die Grüne Revolution in Indien - Sieg im Kampf gegen den
Hunger? (Fragenkreise, Bd. 23554) Paderborn 1981 (Zit. als 1981a).

BOHLE, H.-G.: Bewässerung und Gesellschaft im Cauvery-Delta (Südindien).
Eine geographische Untersuchung über historische Grundlagen und jünge-
re Ausprägung struktureller Unterentwicklung. Geographische Zeitschrift
Beihefte, Erdkundl. Wissen, Bd. 57. Wiesbaden 1981 (Zit. als 1981b).

BOHLE, H.-G.: Indiens ländliche Entwicklungsprobleme. In: Geographische
Rundschau, 36. Jg. (1984), H. 2, S. 72-79.

BOHLE, H.-G.: Grundzüge eines Entwicklungslandes im Kartenbild. Anmerkungen zum beigehefteten Indien-Atlas. In: Geographische Rundschau, 39.
Jg. (1987), H. 3, S. 150-151.

BOSE, P.K.: Stratification among the Scheduled Tribes in the Vadodara,
Sabarkantha and the Dangs District of Gujarat. Centre for Social Studies. Surat 1978.

BOSE, P.K.: Stratification among tribals in Gujarat. In: Economic and Political Weekly, 16. Jg. (1981), H. 6, S. 191-196.

BROKENSHA, D.: Volta resettlement and anthropological research. In: Human Organization, 22. Jg. (1963), H. 4, S. 286-290.

BROKENSHA, D. und T. SCUDDER: Resettlement. In: N. Rubin, W.M. Warren (Hrsg.): Dams in Africa. An interdisciplinary study of man-made lakes in Africa. London 1968, S. 20-62.

BRONGER, D.: Der sozialgeographische Einfluß des Kastenwesens auf Siedlung und Agrarstruktur im südlichen Indien. Erdkunde, 24. Jg. (1970), H. 2, S. 89-106 und H. 3, S. 194-207.

BRONGER, D.: Studien zur vergleichenden Regionalforschung im südlichen Indien. Bericht über geographische Untersuchungen 1969/70. In: Geographische Zeitschrift, 60. Jg. (1972), H. 1, S. 53-71.

BUKO (Bundeskongreß entwicklungspolitischer Aktionsgruppen) (Hrsg.): Ökologie und Dritte Welt. Vorbereitungsmaterialien zum 9. BUKO. Hamburg 1985.

CENSUS of India 1971: Series-5, Gujarat. District Census Handbook, Parts X-A&B. Bharuch District. Ahmedabad 1972.

CENSUS of India 1971: Series-5, Gujarat. District Census Handbook, Parts X-A&B. Vadodara District. Ahmedabad 1972.

CENSUS of India 1981: Series-5, Gujarat. District Census Handbook, Parts XIII-A&B, Bharuch District. Ahmedabad 1986.

CERNEA, M.M. (Hrsg.): Putting people first. Sociological variables in rural development. Washington, D.C. 1985.

CERNEA, M.M.: Social issues in involuntary resettlement processes. Policy guidelines and operational procedures in World Bank-financed projects. The World Bank. Washington, D.C. 1987.

CINEMART Foundation (Hrsg.): Scenario of the 7 percent. 2 Bde. New Delhi 1985.

COLCHESTER, M.: An end to laughter? The Bhopalpatnam and the Godavari projects. In: E. Goldsmith, N. Hildyard (Hrsg.): The social and environmental effects of large dams, Bd. 2. Camelford, Cornwall 1986, S. 245-254.

COLSON, E.: The social consequences of resettlement. The impact of the Kariba resettlement upon the Gwembe Tonga. Manchester 1971.

CSE (Centre for Science and Environment): The state of India's environment 1982. A citizen's report. New Delhi 1982.

CSE: The state of India's environment 1984-85. The second citizen's report. New Delhi 1985.

CYSV (Chhatra Yuva Sangarsh Vahini): Special Civil Application No. 231 of 1985 to the High Court of Gujarat. CYSV and advocate versus State of Gujarat and Land Acquisition and Rehabilitation Officer (Narmada Project). (Zit. als 1985a).

CYSV: A note to the commission appointed by the Hon. Supreme Court on the pattern of land possession and on the process and pattern of dispossession in village Vadgam. Mangrol, 5.6.1985 (Zit. als 1985b).

CYSV: A memorandum to the supervisory mission of the World Bank. Mangrol, 3.5.1986 (Zit. als 1986a).

CYSV: A note to the Govt. of Gujarat's latest resolution regarding the rehabilitation of the oustees of Sardar Sarovar Project. Mangrol 1986 (Zit. als 1986b).

DAS, B.: Studies on rehabilitation of submerging villages. Vadgam. Centre for Social Studies. Surat 1982.

DAS, B.: Studies on rehabilitation of submerging villages. Mokhdi. Centre for Social Studies. Surat 1983.

DAS, B.: Submerging tribal belt in Gujarat. Spatial variations and stratification. In: State and Society, 7. Jg. (1986), H. 1, S. 24-53.

DESAI, M.: Environmental time bomb (by Rajiv Gandhi). Sardar Sarovar - Narmada Dam. (aus dem Gujarati übersetzte Kurzfassung eines Artikels in: Shitraleka, 8.12.1986.)

DHAR, L.: Starving tribals live in hope of relief. In: The Telegraph, 14.6.1987.

DOGRA, Bh.: The Indian experience with large dams. In: E. Goldsmith, N. Hildyard (Hrsg.): The social and environmental effects of large dams, Bd. 2. Camelford, Cornwall 1986, S. 201-208.

DOMRÖS, M.: Südasien. In: E. Grötzbach, W. Röll (Hrsg.): Harms Handbuch der Geographie. Asien, Bd. 1. München 1981, S. 118-190.

DORIA, R.S.: Environmental impact of Narmada projects. Barwani, West Nimar Dist., M.P. 1983.

EHLERS, E.: Bevölkerungswachstum - Nahrungsspielraum - Siedlungsgrenzen der Erde. Frankfurt, Aarau 1984 (Studienbücher Geographie).

EIDEM, J.: Forced resettlement - Selected components of the migratory process. In: W.C. Ackermann et al. (Hrsg.): Man-made lakes - Their problems and environmental effects. Geophysical Monograph Series, Bd. 17. Washington, D.C. 1973, S. 734-737.

EPK (Entwicklungspolitische Korrespondenz): Staudämme (Themenheft). 15. Jg. (1984), H. 1.

ERKLÄRUNG VON BERN für solidarische Entwicklung (Hrsg.): Schweizer Mammutkraftwerke in der Dritten Welt. Zürich 1985.

EXECUTIVE ENGINEER, Narmada Project (Land Acquisition and Rehabilitation Division): The proceedings by Special Land Acquisition Officer (Narmada Project) under Land Acquisition Act, 1894. Case No. 4/80: village Kathkadi. Kevadia, Bharuch Dist. 1986.

FACT-FINDING COMMITTEE on the Srisailam Project (sponsored by Lokayan): The Srisailam resettlement experience - the untold story. In: E. Goldsmith, N. Hildyard (Hrsg.): The social and environmental effects of large dams, Bd. 2. Camelford, Cornwall 1986, S. 255-260.

FAHIM, H.M.: Egyptian Nubia after resettlement. In: Current Anthropology, 14. Jg. (1973), H. 4, S. 483-485.

FERNEA, R.A. und J.G. KENNEDY: Initial adaptations to resettlement - A new life for Egyptian Nubians. In: Current Anthropology, 7. Jg. (1966), H. 3, S. 349-354.

4. Frankfurter Wirtschaftsgeographisches Symposium: Bewässerungswirtschaft und Binnenkolonisation in ariden und semiariden Räumen. Frankfurter Wirtschafts- und Sozialgeographische Schriften, Bd. 42. Frankfurt 1982.

FRISCHEN, A. und W. MANSHARD: Kulturräumliche Strukturwandlungen am Volta River. Die Entwicklung eines neuen "Aktivraumes" in Südostghana. In: Erdkunde, 25. Jg. (1971), H. 1, S. 51-65.

FÜRER-HAIMENDORF, C.v.: Tribal populations and cultures of the Indian subcontinent. Leiden, Köln 1985.

GOG (Government of Gujarat): Gujarat State Gazeteers. Broach District, revised edition. Ahmedabad 1961.

GOG: Gujarat State Gazeteers. Vadodara District. Ahmedabad 1979.

GOG: Gujarat State Gazeteers. Supplement Bharuch District. Ahmedabad 1979.

GOG (Irrigation Dept.): Sardar Sarovar Project. Identification report. Gandhinagar 1980.

GOG (Tribal Development Dept.): Draft tribal area sub-plan. Annual development programme 1986-87. Gandhinagar 1985.

GOG (Narmada Development Dept.): Sardar Sarovar Project. Land acquisition and rehabilitation of oustees. Gandhinagar 1986.

GOG: Sardar Sarovar (Narmada) Project, Gujarat State. Salient features. o.O., o.J.

GOI (Government of India): Report on the Narmada Water Disputes Tribunal with its decision, Bd. 2. New Delhi 1978.

GOI: The Constitution of India. As modified up to the 18th May, 1981. New Delhi 1981.

GOI: The Land Acquisition Act, 1894 (Act No. 1 of 1894 as amended upto Act 68 of 1984). New Delhi 1984.

GOI (Planning Commission): The Seventh Five Year Plan 1985-1990. 2 Bde. New Delhi 1985 (Zit. als 1985a).

GOI (Ministry of Home Affairs): Report of the committee on rehabilitation of displaced tribals due to development projects. New Delhi 1985 (Zit. als 1985b).

GOLDSMITH, E. und N. HILDYARD: The social and environmental effects of large dams, Bd. 1. Camelford, Cornwall 1984.

GOLDSMITH, E. und N. HILDYARD (Hrsg.): The social and environmental effects of large dams, Bd. 2. Camelford, Cornwall 1986.

GRAHAM, R.: Ghana's Volta Resettlement Scheme. In: E. Goldsmith, N. Hildyard (Hrsg.): The social and environmental effects of large dams, Bd. 2. Camelford, Cornwall 1986, S. 131-139.

HEINRITZ, G.: Die Entwicklung junger Bewässerungsprojekte unter dem Einfluß gruppenspezifischen Pächterverhaltens. Ein erster Bericht über sozialgeographische Untersuchungen im Khashm el Girba-Projektgebiet / Republik Sudan. In: Geographische Zeitschrift, 65. Jg. (1977), H. 3, S. 188-215.

HERRESTHAL, M.: Die landschaftsräumliche Gliederung des indischen Subkontinents. Saarbrücken 1976 (Diss.).

HÖRIG, R.: Indische Ureinwohner - eine Minderheit von 50 Millionen Menschen. In: blätter des iz3w, H. 115 (1984), S. 46-49.

HÖRIG, R.: Madia-Gond durch Staudamm bedroht. In: pogrom, 16. Jg. (1985), H. 118, S. 55-58.

HÖRIG, R.: Menschenketten gegen Staudamm. In: die tageszeitung, 10.4.1986.

HOERING, U.: Indien - Wachsender Protest gegen Staudammprojekt am Narmada-Fluß. In: epd-Entwicklungspolitik, 1985, H. 13/14, S. 2f.

HOERING, U.: Narmada-Staudämme - Hunderttausende verlieren ihr Land. In: Evangelischer Pressedienst (epd), 14.4.1986.

HOERING, U.: Indien - Wasser für vier Millionen Hektar Land. In: Entwicklung und Zusammenarbeit (E+Z), 27. Jg. (1986), H. 5, S. 14-16.

HOPFINGER, H.: Ein neues Staudamm- und Bewässerungsgroßprojekt am nordostsyrischen Khabour. Grundzüge und Probleme seiner Planung. In: Geographische Zeitschrift, 72. Jg. (1984), H. 3, S. 189-195.

JOHNSON, B.L.C.: South Asia. Selective studies of the essential geography of India, Pakistan, Bangladesh, Sri Lanka and Nepal. Second edition. London, Exeter 1981.

JOSHI, B.L.: Displacement and rehabilitation. Study of a dam affected rural community. Aurangabad 1982.

JOSHI, V.: Studies on rehabilitation of submerging villages. Interim report on Navagam, Limdi, Khalvani, Panchmuli and Zer. Centre for Social Studies. Surat 1981.

JOSHI, V.: Rehabilitation of submerging villages (Sardar Sarovar - Narmada Project). General report. Centre for Social Studies. Surat 1983.

JOSHI, V. und T. GANGOPADHYAY: Studies on rehabilitation of submerging villages. Gadher. Centre for Social Studies. Surat 1983.

JOSHI, V. und P. NAKOOM: Studies on rehabilitation of submerging villages. Panchmuli. Centre for Social Studies. Surat 1982.

KALATHIL, M.: Studies on rehabilitation of submerging villages. Makadkhada. Centre for Social Studies. Surat 1983.

KALPAVRIKSH - The Environmental Action Group and the Hindu College Nature Club, Delhi University: The Narmada Valley Project - Development or destruction? In: The Ecologist, 15. Jg. (1985), H. 5/6, S. 269-285. (Erstveröffentlichung in: Economic and Political Weekly, 19. Jg. (1984), H. 22/23, S. 907-920.)

KARVE, I. und J. NIMBKAR: A survey of the people displaced through the Koyna Dam (July 1965 to Jan. 1967). Poona 1969.

KOHLHEPP, G.: Itaipú - Basic geopolitical and energy situation; socioeconomic and ecological consequences of the Itaipú dam and reservoir on the Rio Paraná (Brazil/Paraguay). Braunschweig, Wiesbaden 1987.

KOTHARI, A.: The Narmada Project - Distorted priorities. In: The Illustrated Weekly of India, 2.8.1987, S. 28f.

KREBS, N.: Vorderindien und Ceylon. Stuttgart 1939.

KRIMMEL, T.: Social differentiation and peasant colonization. The impact of the new technology under conditions of compulsory relocation. A village case study of the resettlement of reservoir area evacuees in the Mahaweli development area, Sri Lanka. München 1982 (Diplom-Arbeit).

KULKARNI, Sh.: On survival. Adivasis, law and social justice. In: Lokayan Bulletin, 4. Jg. (1986), H. 1, S. 18-30.

LAMPE, K.: Bewässerungslandwirtschaft in der Dritten Welt. Gedanken eines Kleinbauern. In: Geographische Rundschau, 34. Jg. (1982), H. 12, S. 538-544.

LEIB, J. und G. MERTINS: Bevölkerungsgeographie. Braunschweig 1983 (Das Geographische Seminar).

MAHAPATRA, L.K.: Development for whom? (Paper for a symposium in Vancouver) Bhubaneshwar o.J.

MAHESHWARI, J.K.: Tribal ecosystem - an overview. Keynote adress to the national conference on tribal ecosystem of Narmada valley. Lucknow o.J.

MALHOTRA, J.: Die gesellschaftliche und wirtschaftliche Entwicklung Indiens in den vergangenen zehn Jahren. In: Aus Politik und Zeitgeschichte (Beilage zur Wochenzeitung Das Parlament), 6.6.1987, S. 16-33.

MANKODI, K.: Learning from the Ukai experience. Paper presented at the seminar on political economy of rehabilitation. Centre for Social Studies. Surat 1982.

MANKODI, K.: Rehabilitation - A concluding note. Centre for Social Studies. Surat o.J. (ca. 1983).

MANKODI, K.: Resettlement and rehabilitation at Sardar Sarovar Project on the Narmada. Progress Report No. 2 (unveröff. Entwurf). Centre for Social Studies, Monitoring and Evaluation Cell. Surat 1986.

MANKODI, K. und T. GANGOPADHYAY: Rehabilitation. The ecological and economic costs. Centre for Social Studies. Surat 1983.

MANSHARD, W.: Die großen Stauseen Afrikas. Zur Notwendigkeit ökologischer Grundlagenforschung bei Entwicklungsprojekten. In: Afrika-Spektrum, 1972, H. 1, S. 79-89.

METHFESSEL, T.: Die Adivasis - Stammestraditionen im Konfliktfeld indischer Modernisierungspolitik. (unveröff. Paper) Marburg 1986.

METHFESSEL, T.: "Opfer müssen gebracht werden" - Indiens größtes Staudammprojekt und seine absehbaren Folgen. In: K. Fiege, L. Ramalho (Hrsg.): Ländliche Entwicklung (Arbeitstitel). ASA-Studien. Saarbrücken, Fort Lauderdale (erscheint 1988).

MEYER, G.: Umsiedlungsprobleme des syrischen Euphrat-Projektes. In: Geographische Rundschau, 34. Jg. (1982), H. 12, S. 553-567.

MEYER, G.: Ländliche Lebens- und Wirtschaftsformen Syriens im Wandel. Sozialgeographische Studien zur Entwicklung im bäuerlichen und nomadischen Lebensraum. Erlanger Geographische Arbeiten, Sonderband 16. Erlangen 1984.

M.S. UNIVERSITY of BARODA (Dept. of Botany): The Sardar Sarovar Narmada Project. Studies on ecology and environment. Study sponsored by Narmada Planning Group, Irrigation Dept. (GOG). Baroda 1983.

NCA (Narmada Control Authority): Sardar Sarovar Project. Resettlement and rehabilitation programme. Supplementary report. o.O. 1984.

NITZ, H.-J.: Ackerwirtschaft mit knappen Wasserressourcen in semiariden Räumen Indiens. In: Geographische Rundschau, 36. Jg. (1984), H. 2, S. 62-70.

NPA (Narmada Planning Agency): Family based socio-economic survey of village Chhuchrel under submergence of Narmada Sagar Project at (RL - 740 ft). Bhopal 1985.

NUTBROWN, I.: Indian dams threat to tribals. What power for the people? In: Inside Asia, Feb./March 1986, S. 47f.

o.V.: Delay over Narmada project will hit state. In: Indian Express, 18.12. 1986.

o.V.: Narmada Valley Project - Completion not by 2000 A.D. In: Business Standard, Calcutta, 30.11.1984.

o.V.: Rehabilitation and resettlement without tears. In: The Hindu, Madras, 9.11.1984.

o.V.: Sacrifice at the temple of India - Narmada. In: International Dams Newsletter, San Francisco, 1. Jg. (1985), H. 1, S. 5.

OXFAM: Poor don't benefit - Dams in India. In: Issue No. 6, 1983, S. 5f.

OXFAM: Narmada dam project. In: Issue No. 9, 1984, S. 2.

OXFAM: Narmada dam project - Situation report. Oxford 1985.

PALMER, G.: The ecology of resettlement schemes. In: Human Organization, 33. Jg. (1974), H. 3, S. 239-250.

PARANJPYE, V.: Dams - Are we damned? An economic ecologic analysis of water-use in India. Pune 1986.

PATEL, A.: Studies on rehabilitation of submerging villages. Turkheda. Centre for Social Studies. Surat 1983.

PFEFFER, G.: Tribal social organization and "Hindu" influence. In: Internationales Asienforum, 13. Jg. (1982), H. 1/2, S. 45-54.

POPP, H.: Moderne Bewässerungslandwirtschaft in Marokko. Staatliche und individuelle Entscheidungen in sozialgeographischer Sicht. Erlanger Geographische Arbeiten, Sonderband 15. Erlangen 1983.

PUNALEKAR, S.P.: Voluntary action and rehabilitation - A case of Narmada dam oustees in Gujarat State. In: The Indian Journal of Social Work, 44. Jg. (1984), H. 4, S. 353-364.

RAO, K.L.: India's water wealth. Its assessment, uses and projections. Revised edition. New Delhi 1979.

RSSS (Rajpipla Social Service Society): Progress report - Free legal aid project 1985-86. Rajpipla, Bharuch Dist. 1986.

SATTERFIELD, M.H.: The removal of families from Tennessee Valley Authority Reservoir Areas. In: Social Forces, 16. Jg. (1937), S. 258-261.

SAUER, C.: Staudamm alarmiert Indiens Umweltschützer. In: Frankfurter Rundschau, 18.3.1987.

SAUER, C.: Großprojekt zerstört Lebensraum - Aber die Weltbank verdient gut. In: Vorwärts, 25.4.1987.

SCHAMP, H.: Die Umsiedlung der Nubier in Oberägypten - Eine sozialgeographische Studie. In: Deutscher Geographentag Bochum 1965. Tagungsbericht und wissenschaftliche Abhandlungen. Wiesbaden 1966, S. 283-291.

SCHERMERHORN, R.A.: Ethnic plurality in India. Tucson, Arizona 1978.

SCHMITT, E.: Indien. Politik, Ökonomie, Gesellschaft. 2 Bde. 2. Aufl. Berlin 1984.

SCHWEFEL, D.: Wofür, für wen und auf wessen Kosten werden Staudämme gebaut? Soziale Auswirkungen von großen Staudämmen in Lateinamerika. In: Entwicklung und Zusammenarbeit (E+Z), 26. Jg. (1985), H. 7/8, S. 20-22.

SCUDDER, T.: Man-made lakes and population resettlement in Africa. In: R.H. Lowe-McConnell (Hrsg.): Man-made lakes. London, New York 1966, S. 99-108.

SCUDDER, T.: The human ecology of big projects - River basin development and resettlement. In: Annual Review of Anthropology, 2. Jg. (1973), S. 45-60 (Zit. als 1973a).

SCUDDER, T.: Summary - Resettlement. In: W.C. Ackermann et al. (Hrsg.): Man-made lakes. Their problems and environmental effects. Geophysical Monograph Series, Bd. 17. Washington, D.C. 1973, S. 707-719.

SCUDDER, T.: The relocation component in connection with the Sardar Sarovar (Narmada) Project. Report for the World Bank. o.O. 1983.

SEN GUPTA, B.: Wachsende Umweltkrise in Indien. Die ländlichen Armen sind die Hauptleidtragenden. In: Solidarische Welt, H. 107 (1984), S. 11f.

SEN GUPTA, B.: Widerstand für Leben und Befreiung. Die ökologische Krise in Indien und die sozialen Bewegungen der Armen. In: blätter des iz3w, H. 124 (1985), S. 14-23.

SETU (Centre for Social Knowledge and Action): Rehabilitation of Sardar Sarovar affected tribals from Maharashtra. A case evoking concern. Ahmedabad 1986.

SHAH, Gh.: Stratification among the scheduled tribes in the Bharuch and Panch Mahals Districts of Gujarat. Centre for Regional Development Studies. Surat 1976.

SHAH, Gh. und P.K. BOSE: Supply of and demand for skilled and unskilled labour for the construction of Sardar Sarovar. Centre for Social Studies. Surat o.J. (ca. 1982).

SHARMA, L.T. und R. SHARMA (Hrsg.): Major dams - A second look. Development without destruction. Gandhi Peace Foundation. New Delhi 1981.

SIKKA, D.R.: Guidelines for resettlement and rehabilitation of uprooted agricultural population in river valley projects. In: W.C. Ackermann et al. (Hrsg.): Man-made lakes. Their problems and environmental effects. Geophysical Monograph Series, Bd. 17. Washington, D.C. 1973, S. 730-733.

SINGH, Chh.: Common property and common poverty. India's forests, forest dwellers and the law. Delhi usw. 1986.

SINGH, G.: A geography of India. Delhi 1970.

SINGH, N.K.: Narmada Project - Churning controversy. In: India Today, 11.5.1987.

SINGH, R.L. (Hrsg.): India. A regional geography. Varanasi 1971.

SINGH, R.L.: Presidential adress to the first conference of geographers on development of Narmada valley and analysis of planning for prosperity of posterity. Barwani, M.P. 1983.

SINGH, R.L.: Presidential adress to the national conference on tribal eco-system of Narmada valley. Barwani, M.P. 1985.

SKARIA, A.. The Narmada Project. Valley of the damned. In: Express Magazine, 17.2.1985.

STATISTISCHES BUNDESAMT (Hrsg.): Länderbericht Indien 1984. Wiesbaden 1984.

SUPREME COURT of India, Civil Appellate Jurisdiction, Special Leave Petition (Civil) No. 3608 of 1985: Chhatra Yuva Sangarsh Vahini (Petitioners) versus State of Gujarat (Respondents). Sub-Rejoinder on behalf of the respondents to the rejoinder affidavit of the petitioners. New Delhi 1986.

SURVIVAL INTERNATIONAL: India - World Bank violates international law. Urgent Action Bulletin, London, Oct. 1985.

SWAMINATHAN, S. und M. CHOUDHARY: Report of the commission appointed by the Supreme Court by order dated May 13, 1985. o.O., 11.7.1985.

TAKES, C.A.P.: Resettlement of people from dam reservoir areas. In: W.C. Ackermann et al. (Hrsg.): Man-made lakes. Their problems and environmental effects. Geophysical Monograph Series, Bd. 17. Washington, D.C. 1973, S. 720-725.

THOMI, W.: Umsiedlungsmaßnahmen und geplanter Wandel im Rahmen von Staudammprojekten in der Dritten Welt. Das Beispiel der Siedlungsneugründungen am Volta-Stausee / Ghana. Frankfurter Wirtschafts- und Sozialgeographische Schriften, Bd. 39. Frankfurt/Main 1981.

UHLIG, H.: Indien - Probleme und geographische Differenzierung eines Entwicklungslandes. In: H. Uhlig et al.: Beiträge zur Geographie tropischer und subtropischer Entwicklungsländer. Indien - Westafrika - Mexiko. Gießener Geographische Schriften, Bd. 2. Gießen 1962, S. 7-46.

UHLIG, H.: Der indische Subkontinent II. Land und Wirtschaft. Informationen zur politischen Bildung, H. 117 (1966).

VARMA, S.C.: Human resettlement in the lower Narmada basin. Narmada Valley Development Authority (GOMP). Bhopal 1985.

VIJAPURKAR, M.: Narmada project - hitch to progress. In: The Hindu, Madras, 3.10.1986.

WAGNER, H.-G.: Wirtschaftsgeographie. Braunschweig 1981 (Das Geographische Seminar).

WORLD BANK: Staff appraisal report. India. Narmada river development - Gujarat. Sardar Sarovar dam and power project. Washington, D.C. 1985 (Zit. als 1985a).

WORLD BANK: President's report and recommendation on a proposed loan and credit to India for the Narmada river basin (Gujarat), Sardar Sarovar dam and power project. Washington, D.C. 1985 (Zit. als 1985b).

WORLD BANK: World Development Report 1986. Washington, D.C. 1986 (Zit. als 1986a).

WORLD BANK: Involuntary resettlement issues are adressed in Bank-financed projects. In: World Bank News, 5. Jg. (1986), H. 49 (Zit. als 1986b).

WWF (World Wildlife Fund - India, Environmental Services Group): Dams on the Narmada - A people's view. New Delhi 1986.

ZÜLCH, T.: Vorbemerkung zur Situation der indischen Stammesvölker (Adivasi). In: pogrom, 12. Jg. (1981), H. 86, S. 56-60.

## Kartographische Quellen

BODECHTEL, J. und H.-G. GIERLOFF-EMDEN: Weltraumbilder. Die dritte Entdeckung der Erde. (S. 184f: Siedlungsstrukturen in Indien, nördlich von Bombay und der Golf von Cambay.) München 1974.

CHIEF ENGINEER (Narmada Project): Proposed layout plan for relocation site at Tentalav. Gandhinagar 1980, 1986.

GOG (Irrigation Dept.): Sardar Sarovar (Narmada) Project. Village plan Gadher. Kevadia 1984.

GOG (Irrigation Dept.): Sardar Sarovar (Narmada) Project. Proposed layout plan for relocation site at Suka. Kevadia o.J.

GOI (Irrigation Commission): Irrigation Atlas of India. Calcutta 1972.

India Meteorological Department: Climatological Atlas of India. Part A (Rainfall). New Delhi 1981.

NATIONAL ATLAS OF INDIA: Rainfall, Western India, 1:2 Mio. (Plate 74) Hyderabad 1979.

NATIONAL ATLAS OF INDIA: Physical, Bhopal, 1:1 Mio. (Plate 31), o.O. 1961.

NDD (Narmada Development Dept.): Sardar Sarovar (Narmada) Project. District map showing approach road and rehabilitation sites for oustees. Kevadia 1984.

WALTER, H. und H. LIETH: Klimadiagramm-Weltatlas. Jena 1960.

# GLOSSAR

| | |
|---|---|
| Adivasis | Stammesvölker, "Ureinwohner" Indiens, offiziell als "scheduled tribes" bezeichnet (vgl. Fußnote 3.2) |
| Arad (Urad) | regional vorkommende Bohnenart |
| Bajra | Kolbenhirse |
| Beedies | aus einem Tabakblatt oder anderen Blättern handgerollte Zigaretten |
| Bhagats | strikt hinduistisch lebende Tadavis (Vegetarier) |
| Bhils | eines der größten Stammesvölker Indiens (vgl. 6.1.3. und Fußnote 6.4) |
| Brahmanen | höchste Hindu-Kaste ("Priester"-Kaste) |
| Dayas | traditionelle Dorfführer ("weise Männer") |
| Dhankas | Untergruppe der Tadavis |
| Dhoti | langes, meist weißes Lendentuch, das zwischen den Beinen durchgezogen wird; unter den Bauern noch übliches Bekleidungsstück statt Hosen |
| Dungari Bhils | Hauptgruppe der Bhils in der Narmada-Region, die sich nicht als Vasavas bezeichnen (wörtlich: "Berg"-Bhils) |
| Falia | Dorfteil; kleines Dorf (hamlet) |
| Govals | Stammesgruppe der meist landlosen Viehhirten |
| Harijans | Bezeichnung Gandhis für die kastenlosen Hindus, offiziell als "scheduled castes" bezeichnet (wörtlich: "Kinder Gottes") |
| Hindus | an der hinduistischen Religion orientierte Hauptbevölkerungsgruppe Indiens |
| Janata Party | "Volks"-Partei (1977-79 Teil der Regierungskoalition) |
| Jowar (Juar) | Sorghum-Hirse |
| Kaccha (house/road) | Lehm-/Holzhaus; nicht-asphaltierte Straße ("ungebrannt") |
| Kharaba land | öffentliches Ödland |
| Kharif | Monsunperiode in der Landwirtschaft |

| | |
|---|---|
| Khatedar land | gemeinschaftlicher Landbesitz, der meistens auf den Namen des Haushaltsvorstandes der Großfamilie in den Landregistern eingetragen, real aber unter mehrere Familienmitglieder aufgeteilt ist |
| Kshatriyas | zweithöchste Hauptkaste im Hinduismus ("Krieger"-Kaste, Adels-Kaste) |
| Mahuda-Baum | großer Baum, aus dessen Blüten Schnaps gebraut wird |
| Nayakas | in Madhya Pradesh heimische Stammesgruppe |
| Panchayat Ghar | Dorfgemeinschaftshaus |
| Panchayat Raj | demokratisch gewählter Dorfrat |
| Parikrama | hinduistische Pilgerreise, bei der die Narmada an beiden Flußufern zu Fuß "umrundet" wird (ca. 2.600 km) |
| Parsis | Anhänger der aus Persien stammenden Religion des Zoroastrismus (Lehre des Zarathustra) |
| Patels | Land besitzende Hindu-Kaste |
| Pucca (house/road) | Ziegelhaus; asphaltierte Straße ("gebrannt") |
| Rabi | Winterperiode in der Landwirtschaft |
| Rajputs | Unterkaste der Kshatriyas; Grundbesitzer |
| Rathwas | Stammesgruppe im Gebiet um Kavant nördlich der Narmada, ursprünglich Bhils (vgl. 6.1.3.) |
| Rathwa Kolis | Untergruppe der Rathwas |
| Regur | indischer Name für tropische Schwarzerden (black cotton soils), der auf vulkanischem Trappgestein entsteht (Dekkan-Lava) |
| Sanskrit | altindische Gelehrtensprache; eine der Grundlagen des modernen Hindi |
| Sari | traditionelles Wickelgewand der Hindu-Frauen aus Seide oder Baumwolle |
| Sarpanch | Dorfvorsteher |
| Sarvodaya | Gandhianische Tradition der Sozialarbeit ("Wohl für alle") |
| Satyagraha | von Mahatma Gandhi eingeführte Form des gewaltlosen Protestes |
| Tadavis | Stammesgruppe im Gebiet um Garudeshwar an der Narmada (vgl. 6.1.3.) |

| | |
|---|---|
| Talati | führt die Landbesitzregister im Dorf (vgl. Fußnote 7.5) |
| Taluka | Kreis; Untergliederung der Distrikte |
| Tetariyas | Untergruppe der Tadavis |
| Tur (Tuvar) | erbsenähnliche Hülsenfrucht, in Gujarat sehr verbreitet |
| Vasavas | etwas hinduisierte Bhils (wörtlich: "seßhaft") |

## MAßEINHEITEN

12 Rupees (Rs.) ≅ 1 US-$ (1985)
≅ 2 DM (1985)
100 acre (ac) = 40,5 ha
100 feet (ft) = 30,5 m
1 mile = 1,605 km
1 lakh = 100.000

# ABKÜRZUNGEN

| | |
|---|---|
| ASA | Arbeits- und Studienaufenthalte in Afrika, Lateinamerika, Asien |
| BUKO | Bundeskongreß entwicklungspolitischer Aktionsgruppen |
| CDG | Carl Duisberg Gesellschaft e.V. |
| CSE | Centre for Science and Environment (New Delhi) |
| CSS | Centre for Social Studies (Surat) |
| CYSV | Chhatra Yuva Sangarsh Vahini (Mangrol, Bharuch Dist.) |
| DSE | Deutsche Stiftung für internationale Entwicklung |
| EPK | Entwicklungspolitische Korrespondenz |
| GOG | Government of Gujarat |
| GOI | Government of India |
| GOMP | Government of Madhya Pradesh |
| GPF | Gandhi Peace Foundation (New Delhi) |
| GTZ | Deutsche Gesellschaft für Technische Zusammenarbeit GmbH |
| ILO | International Labour Organization (Genf) |
| iz3w | Informationszentrum Dritte Welt (Freiburg) |
| MP | Madhya Pradesh |
| NCA | Narmada Control Agency (interstate agency) |
| NDD | Narmada Development Department of the GOG |
| NPA | Narmada Planning Agency (Bhopal, MP) |
| NVDA | Narmada Valley Development Authority of the GOMP |
| NWDT | Narmada Water Disputes Tribunal |
| OXFAM | Britische Entwicklungsgesellschaft (Oxford) |
| RSSS | Rajpipla Social Service Society (Bharuch Dist.) |
| SETU | Centre for Social Knowledge and Action (Ahmedabad) |
| SSP | Sardar Sarovar Project |
| WWF | World Wildlife Fonds |

## 1. Frageschema für die Dorfbewohner

## Submerging villages

1. Personal information (family size, tribe, education, occupation)
2. Land size (field pattern)
3. Main crops (irrigation facilities, any market crops?)
4. How many cattle?
5. Forest use (sale to contractors?)
6. Infrastructural facilities (drinking water, school, medical care, markets, transport, etc.)
7. Other employment (non-agricultural sector)
8. Indebtedness - self-sufficiency?
9. Household assets (house, trees, radio, bicycle, etc.)
10. When did you hear about the resettlement for the first time? What did you think about it?
11. Did you already look for / find new land? Where?
12. Will you get land from the government or buy it from private sellers? Do you prefer cash compensation? If yes, why?
13. Do you know when you will have to leave from here?
14. Do you plan to resettle together with your neighbours and to go to the same relocation site?
15. Are there different opinions / opinion groups in your village with regard to the relocation site?
16. Give your opinion on the dam project! Who will benefit from it?

(Spätere Ergänzungen:)

1. How far is the distance from your house to your fields, to the grazing lands, to fetch water and firewood?
2. Do you expect an approvement in the new village, e.g. better transport facilities to the market, a better settlement pattern, shorter walking distances?
3. What do you think about leaving the lands of your forefathers?
4. Please describe your daily routine during the agricultural / non-agricultural season!

5. Have you any advantage by the project such as regular work at the dam site?

6. Did you look for new land yourself? Who did help you to find land? Which was the most important criterion for your decision whether to accept the new land or not?

7. Economic conditions of rehabilitation:
   - land price of the old / new land;
   - family size (number of major sons), Khatedar land;
   - Kharaba / forest land, land records;
   - How did the government help you?

8. Did you harvest enough food crops for the whole year on your fields? Did you have to migrate for seasonal employment? How are the chances for an additional income at the relocation site?

9. Will you have to learn new forms of agricultural practice at the new site (e.g. irrigation)? How could you learn it?

10. Did you take part in any actions for a better rehabilitation? How do you think about your chances of fighting for better conditions of your rehabilitation against the administration? Is there any village committee for this purpose?

11. Are there any cooperative organizations in your village (e.g. for forest products) ?

12. Would you grow trees (in the forest) or orchards, if you get financial assistance from the government?


## Rehabilitation villages

1. Personal information (family size, tribe, education, occupation)

2. Name of original village

3. How long have you already lived in this village?

4. Why did you choose this place for your resettlement?

5. Did you get your new land from the government or did you buy it from a private land seller?

6. Do any members of your family still stay in your original village? If yes, why?

7. Which of the following items are (much) better, similar or (much) worse as compared to your old village:
   - land size
   - land quality
   - diet
   - drinking water
   - access to forest
   - access to grazing land
   - employment
   - markets, transport (bus)
   - school, medical care
   - financial situation
   - house
   - neighbours
   - village atmosphere
   - settlement pattern

8. Does any member of your family work at the dam site or in other public jobs?

9. How much land did (do) you cultivate before (now)?
   Which crops did (do) you grow before (now)?
   Did (do) you have own trees before (now)?
   Did (do) you have irrigation facilities before (now)?
   How many cattle did (do) you have before (now)?

10. Did you receive cash compensation?
    How long did it take to find acceptable new land?

11. Did you have any trouble with other people in this village?

12. What did you think as you heard about the resettlement for the first time?

13. Give your opinion about the dam project for which you had to give up your old house and land!

14. Would you like to go back to your old village if possible?


(Spätere Ergänzungen:)

1. Did (do) you have to work harder before (now)?
   (transport, water, firewood, fields)

2. Could you afford to buy new agricultural / household assets from your compensation?

3. Are you willing to migrate for work?
   Which kind of work would you prefer? (dam site, other jobs)

## 2. Liste der interviewten Personen

Anil AGARWAL (Centre for Science and Environment), New Delhi

Banwarilal CHOUDHARY (Alt-Gandhianer), Raisalpur, Hoshangabad Dist., M.P.

Biswaroop DAS (Centre for Social Studies), Surat

Mahendra DESAI (Journalist), Baroda

Vasudha DHAGAMVAR (Rechtsanwältin, Multiple Action Research Group), New
 Delhi

G.W. FAUSS (World Bank, Agricultural Division), New Delhi

Prof. Vidyut JOSHI (früher CSS-Mitarbeiter), Ahmedabad

Ashish KOTHARI (Kalpavriksh), Delhi

Smitu KOTHARI (Lokayan), Delhi

LAKSHMANBHAI TADAVI, Dorfvorsteher von Vadgam

M.M. MAHODAYA (Superintending Engineer, Tawa Project circle), Hoshangabad

Kashyap MANKODI (Centre for Social Studies), Surat

Anupam MISHRA (Gandhi Peace Foundation), New Delhi

NARANBHAI TADAVI, Dorfvorsteher von Gadher

NARJUBHAI RATHWA, Dorfführer aus Turkheda

Harivallabh PARIKH (Alt-Gandhianer, Anand Niketan Ashram), Rangpur (Kavant), Baroda Dist.

Dr. Anil PATEL (Action Research in Community Health, Chhatra Yuva Sangarsh
 Vahini), Mangrol (Rajpipla), Bharuch Dist.

S.C. VARMA (Chairman, Narmada Valley Development Authority, GOMP), Bhopal

Col. B.L. VERMA (Ingenieur, Consultant), New Delhi

G.D. VYAS (Director, Resettlement and Development of Narmada Oustees),
 Baroda

sowie zahlreiche Bauern der Tadavis, Bhils und Rathwas aus neun betroffenen
Dörfern und weitere ungenannte Informanten

## 3. Adressen und Kontakte

### Indien

Centre for Science and Environment (CSE),
807 Vishal Bhavan, 95 Nehru Place,
New Delhi 110 019.

Centre for Social Studies (CSS),
South Gujarat University Campus,
Udhna Magdalla Road,
Surat 395 007.

Centre for Tribal Conscientization,
2071 Yashodan, Vijayanagar Colony,
Pune 411 030.

Gandhi Peace Foundation (GPF),
221/3 Deen Dayal Upadhyaya Marg,
New Delhi 110 002.

Lokayan,
13 Alipur Road,
Delhi 110 054.

World Wildlife Fund - India (WWF),
B-1, LSC, J Block, Saket,
New Delhi 110 017.

### Großbritannien und USA

The Ecologist, Wadebridge Ecological Centre,
Worthyvale Manor, Camelford,
Cornwall PL32 9TT, U.K.

International Dams Newsletter, c/o FOR Foundation,
Fort Mason Center, Building C,
San Francisco, CA 94 123, U.S.A.

Oxfam,                                    (Kampagne gegen Narmada-Dämme)
274 Banbury Road,
Oxford OX2 7DZ, U.K.

Survival International,                    (Kampagne gegen Narmada-Dämme)
29 Craven Street,
London WC2N 5NT, U.K.

Rainforest Action Network,
300 Broadway,
San Francisco CA 94 133, U.S.A.

World Bank,
1818 H Street, N.W.
Washington, D.C. 20 433, U.S.A.


## Bundesrepublik Deutschland

Bund für Umwelt und Naturschutz Deutschland e.V. (BUND),
Im Rheingarten 7,
5300 Bonn 3.

Bundeskongreß entwicklungspolitischer Aktionsgruppen (BUKO),
Nernstweg 32-34,
2000 Hamburg 50.

Gesellschaft für bedrohte Völker,
Postfach 2024,
3400 Göttingen.
(Kampagne gegen Staudämme am Indravati und Godavari in Indien)

Indien-Hilfe (Verein für deutsch-indische Entwicklungszusammenarbeit e.V.),
Luitpoldstr. 20,
8036 Herrsching.

Informationszentrum Dritte Welt (iz3w),
Postfach 5328, Kronenstr. 16,
7800 Freiburg.

Institut für Ökologie und angewandte Ethnologie (infoe),
Lockhütter Str. 143,
4050 Mönchengladbach 1.


## Weitere Adressen beim Verfasser erhältlich:

Thomas Methfessel,
Cyriax-Str. 10,
3550 Marburg 1.

# 4. Nachträge

## Aktuelle inhaltliche Nachträge

"The Illustrated Weekly of India" vom 14.2.1988 berichtet, daß der Vorsitzende der "Narmada Valley Development Authority", S.C. Varma (wiederholt in der Arbeit zitiert), von seinem Amt zurückgetreten ist, um besser für die von der Umsiedlung beim Narmada-Sagar-Projekt betroffenen Menschen arbeiten zu können. Varma äußerte, daß sie ohne einen organisierten Kampf für ihre Rechte großen Schaden erleiden würden. In demselben Artikel ist auch von zahlreichen neuen Protestaktionen in Indien gegen die beiden Riesenprojekte an der Narmada (Sardar Sarovar und Narmada Sagar) die Rede.

Der jahrelange Kampf der "voluntary organizations" (CYSV u.a.) hat im Dezember 1987 zu einem großen Erfolg geführt. In drei neuen Resolutionen bekundete die Regierung von Gujarat ihren Willen, uneingeschränkt allen betroffenen Familien, d.h. den Landbesitzern, denen, die nur öffentliches Ödland oder Waldland kultiviert haben, sowie den Landlosen, 2 ha Land nach ihrer Wahl im Umsiedlungsgebiet zu gewähren. Alle Kosten will die Regierung als "ex-gratia-payment" tragen; die Last eines in 20 Jahren rückzahlbaren Kredits für den Landkauf entfällt damit. Die Landvergabe an die Landlosen wird damit begründet, daß die Möglichkeiten einer alternativen Beschäftigung begrenzt sind sowie "in order to maintain harmony in tribal living". Für die unerlaubt auf öffentlichem Land errichteten Häuser soll ebenfalls eine Entschädigung gezahlt werden. Schließlich soll allen Familien im ersten Jahr nach ihrer Umsiedlung eine Art von Sozialhilfe in Höhe von 15 Rs. pro Tag gezahlt werden.

## Literaturnachträge

ALVARES, C.: Exodus. In: The Illustrated Weekly of India, 14.2.1988.

BHATT, T.: Narmada basin projects: Centre holds back clearance on ecological grounds. In: Telegraph, 24./25.1.1987.

BUND (Bund für Umwelt und Naturschutz Deutschland: Wie die Weltbankmacht die Welt krank macht. Umweltzerstörung durch Weltbankprojekte. Bonn 1988.

CYSV & ARCH (Action Research in Community Health & Development): Displacement in Sardar Sarovar (Narmada) Project: A Gujarat experience. Mangrol 1988.

GOG (Narmada Development Dept.): Govt. Resolutions dated the 4th, 14th and 17th December 1987. Gandhinagar 1987.

o.V.: Indiens Regierung mißachtet Bedenken gegen Narmada Projekt. In: epd-Entwicklungspolitik, H. 12/13, 1987.

STÜBEN, P.E. (Hrsg.): Nach uns die Sintflut. Staudämme - Entwicklungs-"hilfe", Umweltzerstörung und Landraub. Gießen 1986 (Ökozid 2).

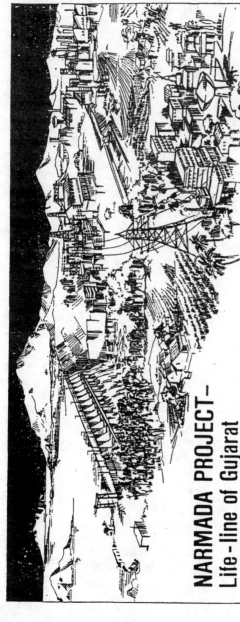

# NARMADA PROJECT –
# Life-line of Gujarat

Multifarious advantages to farmers and all other sections of society.

Project of Generations

SARDAR Sarovar Project –
Boost to Afforestation, Irrigation, Power Generation, Agricultural Production for people of Gujarat.

Salient Features :

- 34.28 lakh hectare of land in 62 talukas of Bharuch, Panchmahals, Kheda, Ahmedabad, Gandhinagar, Mehsana, Banaskantha, Kutch, Surendranagar and Rajkot districts to be

- covered under Irrigation schemes. 72% of total benefited area is drought prone
- World's biggest Irrigation scheme. 440 km. long canal
- Full reservoir level 138.68 Meters
- Gross storage 76.7 lakh acre ft. Out of which 47.2 lakh acre ft. to be used.
- Annual irrigation of 17.92 lakh hectare
- Annual increase in agricultural production 82 lakh tons.
- Water levels of tubewells to come up - reduction of electricity consumption.
- Rehabilation of displaced families.
- 24.81 lakh hectares drought - proven land in 33 talukas to be benefited under the irrigation schemes

- 10.8 lakh acre ft water for drinking and industrial use.
- Additional water facilities for 131 cities including Vadodara and Ahmedabad.
- 4,720 villages to recive potable water.
- Installed capacity of two hydro-power stations- 1450 MW
- Lift Irrigation facilities in Saurashtra, Kutch and North Gujarat to be increased.
- In lieu of forest land submerged in the reservoir compensatory afforestation in 4,650 hectares.
- To mitagate damage to forest at dam site afforestation in 500 hectares
- 31,000 hectare, in the catchment area will be treated-gully plugging, contouring and plantation.

- Canal side forest development 3000 km.
- Increase in reliability upto 80% of Irrigation schemes in Kutch.

"Narmada Project is destined to prove to be the life-line to Gujarat's progress. We are indebted to Our Prime Minister Shri Rajiv Gandhi and to all those who have contributed in its emergence. Our land's cherished dream of contributing in nation's prosperity will be realised through Narmada Project"

Amarsinh Chaudhari,
Chief Minister of Gujarat.

Mahiti

Quelle: The Telegraph, 3.6.1987.

- 208 -

# INDIENBÜRO

der INDIENHILFE -
Verein für deutsch-indische Entwicklungszusammenarbeit e.V.

Luitpoldstr. 20, 8036 Herrsching

Ziel des **INDIENBÜROs** ist es, in der BRD ein differenziertes Indienbild zu fördern und einen Bogen zwischen den sozialen und ökologischen Bewegungen hier und dort zu schlagen. Diese Arbeit wird durch Einzelspenden und durch Zuschüsse, u.a. der Kübel-Stiftung, Bensheim und der evangelischen Kirche, finanziert.

**Das INDIENBÜRO arbeitet auf folgenden Gebieten:**

* Auswertung von deutschen und indischen Zeitschriften
* Aufbau eines Archivs
* Bearbeitung von Informationsanfragen
* Beratung von Indienreisenden

Und bei **DURGA PRESS** – Verlag des **INDIENBÜROs** erscheint vierteljährlich der

## INDIENRUNDBRIEF – Zeitschrift des INDIENBÜROs
- ISSN 0934-5175 -

**Der INDIENRUNDBRIEF bietet:** Originalbeiträge aus indischen, englischen und deutschsprachigen Zeitschriften zu entwicklungspolitischen Themen, Hinweise auf Projekte, Initiativen Kampagnen und Aktionen, Buchtips und Besprechungen (v.a. indischer Publikationen), einen umfangreichen Leserservice, Kurzgeschichten indischer Autoren, Seminar- und Reiseberichte, Termine ...
Jede Ausgabe hat ein **Schwerpunktthema**, z.B.:

Heft 3+4/87: **Science for the People** (Ökologische Volkswissenschaft)
- vergriffen -
Heft 5+6/87+1/88: **Projekte - Initiativen - Aktionen** - lieferbar
Heft 2/88: **Landwirtschaft** - soeben erschienen -
Heft 3/88: **Forest and Tribals** - vorauss. Okt.88 -
Heft 4/88: **Health** - vorauss. Dez. 88 -

Der Preis der Einzelhefte richtet sich nach den Druckkosten. Abo-Preise auf umseitiger Bestellkarte.

# ekta koop tee aktion

### Eine Initiative der INDIENHILFE e.V. zur Unterstützung von Teearbeiter- kooperativen in Tripura

Im kleinen nordostindischen Bundesstaat Tripura ist der wichtigste Produktionszweig der **Teeanbau**, der von den englischen Kolonialherren begründet und nach der Unabhängigkeit von Einwanderern aus anderen indischen Bundesstaaten, meist Bengalen, übernommen wurde.

Im Lauf der 70er Jahre zeigte sich, daß das Interesse der Plantagen- besitzer vorwiegend schnellen Gewinnen galt, für die Pflege der Gärten und Investitionen in Neuanpflanzungen fühlten sie sich nicht verantwortlich. Dies führte dazu, daß viele der Gärten verwilderten und unrentabel wurden. Für die **landlosen Teearbeiter**, die meist zu den einheimischen Stammesvölkern gehören, eine Katastrophe, da so ihre **einzige Einkommensmöglichkeit** verloren ging.

Mit Unterstützung der Regierung von Tripura und der Gewerkschaften haben sich Anfang der 80er Jahre auf sechs Plantagen die Arbeiter zu Kooperativen zusammengeschlossen, um die Teegärten selbständig zu bewirtschaften. Sie haben mit großen Schwierigkeiten zu kämpfen, v.a. bei der Kreditbeschaffung und beim Verkauf des Tees, der lange wegen eines Boykotts durch die großen Händler auf der Teebörse von Kalkutta blockiert war.

Seit 1986 arbeiten die Koops mit der **Equitable Marketing Association (EMA)** zusammen, einer Vereinigung von Produktionskooperativen in Indien, die Partnerin für viele Dritte-Welt-Handelsorganisationen in Europa, Neuseeland und USA ist.

EMA hat die **ekta koop tee aktion** ins Leben gerufen und bittet Freun- de, Dritte-Welt-Läden und -Gruppen in der westlichen Welt um Unter- stützung für die Teekooperativen durch

* **MITHILFE** bei der Informationsarbeit
* **BESTELLUNG** von Tee (Bestellkarte umseitig!)
* **SPENDEN** für die Teeaktion
  (Konto 382 663 , KSK Starnberg, BLZ 700 540 80)

***** ekta-Tee ist rückstandsarm! *****

Seit sechs Jahren sind auf den Plantagen keine Pestizide mehr ver- wendet worden. Rückstandsanalysen werden regelmäßig veröffentlicht.

**Information und Bestellung:**

Preise (100 g):
FOP DM 5.--
GOP DM 4.50
OP DM 4.--
Bei VE von 4.5 kg Rabatt!

# 3.WELT LADEN

der Indienhilfe
Luitpoldstr. 20
8036 Herrsching

# 3.WELT LADEN

**Absender** (bitte deutlich schreiben):

.................................
.................................
.................................

**Bestellung:**

<u>ohne Rabatt</u> (beliebige Preise, abweichend von 4.5 kg-Ein-
heiten, Preise incl. 7 % Mehrwertsteuer)

..... Päckchen Tee â 100 g Orange Pekoe zu DM 4.--
..... Päckchen Tee â 100 g Golden O.P. zu DM 4.50
..... Päckchen Tee â 100 g Flowery O.P. zu DM 5.--

<u>mit 25 % Rabatt</u> zuzügl. 7 % Mehrwertsteuer: nur ganze Ver-
packungseinheiten â 45 Päckchen zu 100 g in beliebiger Zu-
sammenstellung:

..... Päckchen O.P.         ..... G.O.P.         ..... F.O.P.

O Bitte senden Sie mir weitere Informationen über die
ekta koop tee aktion zu.

Datum: .......... Unterschrift: .......................

----

---------------------------------------------------->

**DURGA PRESS**

**Absender** (bitte deutlich schreiben):

.................................
.................................
.................................

**Abonnement-Bestellung:**

Hiermit abonniere ich den INDIENRUNDBRIEF ab Ausgabe ....
für ein Jahr. Das Abo verlängert sich jeweils automatisch
um ein weiteres Jahr, wenn es nicht 3 Monate vor Beginn
les neuen Abo-Jahres gekündigt wird.

O Normal-Abo DM 50.--   O Förder- und Institutionen-Abo DM 70.--
O Studenten-Abo DM 30.-- (nur gegen Vorlage einer Immatrikulations-
                          bescheinigung!!)

Datum: .......... Unterschrift: .......................

An den

# 3.WELT LADEN

der Indienhilfe

Luitpoldstr. 20

8036 Herrsching am Ammersee

---

An

# DURGA PRESS

Verlag des Indienbüros

Luitpoldstr.20

8036 Herrsching am Ammersee